Marc Schneider

Computer Animation ... vom feinsten

Bewegte Computergrafik und hochwertige PC-Animation unter C und Assembler

Für etwaige Verbesserungsvorschläge sowie für Hinweise auf Fehler sind Verlag und Autor dankbar.

Ursprünglich erschienen bei Friedr. Vieweg & Sohn Verlagsgesellschaft mbH, Braunschweig/Wiesbaden, 1992

Umschlagsgestaltung: Schrimpf & Partner, Wiesbaden

Gedruckt auf säurefreiem Papier

ISBN 978-3-528-05245-4 ISBN 978-3-322-93808-4 (eBook)
DOI 10.1007/978-3-322-93808-4

Vorüberlegungen

Wenn man sich einmal im Computerbereich umschaut, erkennt man, daß immer mehr Softwareentwickler dazu übergehen, ihre Programme anwenderfreundlicher und visuell ansprechender zu gestalten. Zu der leichteren Bedienung der Programme kommt auch noch eine ansprechendere Oberfläche. Es werden viele Farben verwendet, um die Augen des Benutzers zu stimulieren und endlich dem Zeitalter der monochromen Bildschirmausgabe zu entfliehen.
Was auf Computern wie dem Macintosh, Atari ST, Amiga etc. schon immer gang und gäbe war, wurde in letzter Zeit nun auch auf dem PC zum Standard: Die grafische Benutzeroberfläche.
Mit WINDOWS 3.0 wurde hier, wie unter UNIX, durch die Einführung von X-WINDOWS eine Umgebung geschaffen, die zum einen Benutzer anzieht und zum anderen ihnen den Umgang mit dem Computer erheblich erleichtert.
Der sich allgemein abzeichnende Trend geht zu immer bunteren, hochauflösenderen und schnelleren Computersystemen. Der z.Z. stark aufkommende Multimediabereich profitiert von diesen Entwicklungen und wäre ohne diese nicht zu ermöglichen.
Die anfänglichen Zustände im Computerbereich, als man es noch mit Bildschirmausgaben zu tun hatte, die grün auf grün gehalten waren und Sekunden benötigten, den Bildschirm zu füllen, geraten allmählich in Vergessenheit.
Man hat erkannt, daß der Computer nicht nur eine reine Arbeitsmaschine ist, die nur Berechnungen durchführt und Zahlen auf dem Bildschirm ausspuckt, sondern auch für die Bildung, Freizeit und Unterhaltung eingesetzt werden kann.
Mir persönlich hat es noch nie gereicht, einen Computer nur als Taschenrechner einzusetzen. Besonders bei den Leistungsmerkmalen und Fähigkeiten, die heutige Computer aufweisen, ist es bedauerlich, wenn man diese ungenutzt läßt und nicht bis an die Leistungsgrenze ausreizt.
Die Bereiche, die am stärksten von den Fähigkeiten eines Computers Gebrauch machen, sind die Simulation und die Computer-Spiele. Von Spielprogrammen wird eine gute Grafikfähigkeit, d.h. viele Farben und hohe Auflösungen, eine Möglichkeit zur Erzeugung von Tönen und Geräuschen und eine hohe Rechenleistung gefordert. Wenn man dagegen eine normale Tabellenkalkulation oder eine Textverarbeitung betrachtet, sieht man, wie Computer unter Vernachlässigung ihrer Fähigkeiten betrieben werden.

Die Computer-Animation stellt dazu das Gegenteil dar. Um überhaupt eine Animation zu ermöglichen, muß der Computer über eine Reihe von Leistungsmerkmalen und Fähigkeiten verfügen. Besonders die Echtzeit-Animation, die man bei Simulationen und Spielen wiederfindet, ist ein sehr leistungsabhängiges Gebiet.

Durch die immer leistungsfähigere und billigere Hardware ist es zu einer raschen Entwicklung der Computer-Animation gekommen. Heutzutage kann man schon privat z.B. mit einem PC oder einem Amiga, seine eigenen Animationssequenzen entwerfen.

Die Echtzeit-Animation ist stark von der Leistung eines Computers abhängig. Sie ist teilweise hardwarenah und auf jeden Fall hardwareabhängig. Aus diesem Grund baut ihre Realisierung immer auf einem Zusammenspiel der Fähigkeiten eines Computers auf. Da die Computer-Animation zudem noch stark im Kommen und nicht zuletzt sehr interessant ist, wurde sie zum Thema dieser Arbeit gewählt.

Inhaltlich wird folgendermaßen vorgegangen:
Nach einer allgemeinen Einführung in die Computer-Animation werden die Methoden vorgestellt, nach denen die Animationsprogramme professioneller Animationsstudios arbeiten. Es wird der Vorgang zum Erstellen einer Computer-Animation beschrieben sowie verwendete Hardware und Software vorgestellt.
Im folgenden Abschnitt wird auf allgemeine Theorie eingegangen. Dort werden Dinge wie die heutigen Bildschirmtypen, die Auflösung, Grafikkarten für den PC-Bereich (ausführlich die VGA-Grafikkarte), spezielle Grafikkarten, Programmiersprachen, Anti-Aliasing-Techniken etc. besprochen.
Der darauf folgende Teil befaßt sich mit den Techniken der Echtzeit-Animation. Dieser Teil wird ausführlich besprochen und setzt damit den Schwerpunkt in der gesamten Arbeit. Alle Techniken der Echtzeit-Animation werden einzeln vorgestellt und anhand von Programmbeispielen erläutert. Die Programmbeispiele laufen auf einem PC unter dem Betriebssystem MS-DOS 3.3 und teilweise auf dem MX500 unter SINIX. Anschließend wird ein Vergleich der einzelnen Techniken aufgestellt und Tricks gezeigt, mit denen man die Ausführungsgeschwindigkeiten noch etwas erhöhen kann.

Marc Schneider

Inhaltsverzeichnis

1. Einleitung

1.1 Animation

Der Begriff Animation wird von dem lateinischen Wort "animare" abgeleitet und heißt übersetzt "belebt" oder "beseelt". Somit wäre alles, was sich bewegt und belebt ist, animiert.
In unserem täglichen Leben spielen sich ständig die unterschiedlichsten Bewegungen ab. Naturereignisse sowie die Tier- und Pflanzenwelt spielen dabei eine wichtige Rolle. Im Gegensatz zur unbelebten Natur des Mineralreiches steht die belebte Natur, welche von den Lateinern animierte Natur genannt wird.
Der Begriff Animation hat im Laufe der Zeit mehrere Bedeutungen bekommen. Im medizinischen Bereich bedeutet er Wiederbelebung, im Tourismus stellt er eine neue Form gesellschaftlicher Aktivitäten dar und in der Computergrafik umschreibt er die Möglichkeit, statische Bilder in Bewegung zu setzen.
Eine weitere klassische Bedeutung der Animation kommt aus dem Bereich der Trickfilme. Dort hängt die Animation eng mit dem Begriff Bild zusammen. Es handelt sich dabei um die künstliche Bildgestaltung, welche zwischen einzelnen Aufnahmebildern geschieht, die letztendlich als Bewegungssequenz dargestellt werden. Es geht hierbei um die kreative Veränderung der Bildinhalte der einzelnen Phasenbilder.
Animation steht hier als Oberbegriff für alle mittels filmtechnischer Verfahren hergestellten Trickfilme.
Man unterscheidet die "traditionelle Animation" und die computerunterstützte Animation. Unter traditionell versteht man die ursprüngliche Art der Trick- und Zeichentrick-Filmherstellung im Gegensatz zur Filmherstellung unter Verwendung eines Computersystems.
Der Trickfilm entsteht unter Verwendung der Einzelbildschaltung. Dabei werden die einzelnen Phasenbilder einer Bewegungssequenz mit einer Filmkamera aufgenommen und später mit einer Vorführeinheit angezeigt.
Das Anzeigen geschieht in einer so schnellen zeitlichen Abfolge, daß der Betrachter einen Bewegungsablauf wahrnimmt. Der Unterschied zum Zeichentrickfilm besteht darin, daß beim Trickfilm Gegenstände statischer Natur animiert werden, wobei beim Zeichentrickfilm die Gegenstände und Figuren nur auf Cello-Folien existieren.

Der positive Aspekt beim Zeichentrickfilm ist, daß jede Szene und jedes Bild exakt wiederholbar ist, da alle Bewegungsphasen als Zeichnungen existieren.

Beim computerunterstützten Zeichentrickfilm handelt es sich um die Herstellung von Zeichentrickfilmen mit Hilfe eines Computersystems. Dieses besteht aus Hardwarekomponenten und spezieller Anwendersoftware. In der Regel werden damit nur 2D-Animationen erzeugt. Aus diesem Grund findet man hierfür häufig die Bezeichnung "2D-Animation".

Wird der Computer bei der Herstellung von Animation verwendet, so kann man diese computer-generierte Animation in zwei Bereiche aufteilen, welche aber auch streckenweise ineinander übergehen:

- computer-unterstützter Zeichentrick oder 2D-Animation und
- Computer-Animation (3D).

Den Bereich der 2D-Animation, der sich nicht mit dem Unterstützen der Erstellung von Zeichentrickfilmen beschäftigt, sondern die Entwicklung von einfachen Animationsphasen beinhaltet, nennt man Animatics. Man kann diesen Bereich der Computer-Animation zuordnen.
Bei den Animatics werden die Animationsphasen aus wenigen sich immer wiederholenden Einzelbildern zusammengesetzt. Objekte aus Video-Spielen, wie z.B. der legendäre "Pac-Man", sind typische Animatics. Ein weiteres Beispiel für Animatics sind die Farb-Animationen (Color-Cycling), bei denen Bewegungen durch Veränderung der Farbpalette simuliert werden.

1.2 Computer-Animation

Allgemein bezeichnet man mit Computer-Animation die Gestaltung von Bewegungsabläufen mit Hilfe des Computers. Als Ausgangsprodukte dienen dabei zeichnerische Vorgaben oder Daten, die interaktiv beliebig bearbeitet werden können, um eine gewünschte Darstellungsform bzw. Bewegungssequenz zu generieren.
Damit der Mensch eine Animation auch als diese wahrnimmt, müssen mindestens 25 unterschiedliche Bilder pro Sekunde das Auge erreichen. Die Trägheit des Auges läßt es dann zu, daß man eine fließende Bewe-

gung wahrnimmt. Ob diese 25 Bilder pro Sekunde dabei von einem Filmträger aus projiziert oder in Echtzeit berechnet und auf dem Monitor dargestellt werden, ist für die Wahrnehmung nicht wichtig.

In der heutigen Zeit ermöglichen die Revolutionen im Homecomputer- und Videobereich vielen Menschen, sich mit diesen Maschinen zu beschäftigen und damit einfache Computer-Animationen zu erzeugen. Diese Arbeit ist lange nicht so aufwendig und kostenintensiv, wie die Arbeit mit Minicomputern und professionellen Film- und Videoausrüstungen.
Die Veränderung, die sich in der Computer-Animation vollzieht, ist vergleichbar mit der Veränderung der Herstellung von Dokumentarfilmen in den frühen 60er Jahren durch das Aufkommen von tragbaren und preisgünstigen 16-Millimeter-Filmkameras.
Die Kunst der Computer-Animation weicht immer mehr von ihren herkömmlichen Techniken und von hohen Preisen ab und ist somit an der Grenze zu einer populären Entwicklung.
Viele Beobachter datieren den Beginn der Computer-Animation auf das Jahr 1962, als Ivan Sutherland während seiner Studienzeit am MIT (Massachusetts Institute of Technology) ein interactives Linienzeichnungssystem entwickelte. Dieses System hieß "Sketchpad" und besaß nur einfachste Zeichenfähigkeiten. So ein System kann heutzutage leicht von jemandem entwickelt werden, der über einen Computer und BASIC-Kenntnisse verfügt.
Zu dieser Zeit erzeugten die Fähigkeiten des Programmes und seine interaktive Umgebung ein sehr großes Interesse beim Pentagon und der Waffenindustrie. Die Fähigkeiten waren zwar für CAD und Flugsimulatoren noch viel zu schwach, was sich aber bald änderte. Die anfänglichen Vektorgrafiken entwickelten sich während der 60er und 70er Jahre immer mehr zu vollständig ausgefüllten Objekten, welche der Realität immer näher kamen.

Eine Computer-Animation wird aus zwei Teilen zusammengesetzt: Aus der speziellen Technik der Animation und der computer-erzeugten bildlichen Darstellung (Computer-generated Imagery). Der Begriff Computer-Animation ist eine Kurzform des Begriffes "Computer-generated Animation". In den 70er Jahren bezeichnete man mit Computer-Animation sämtliche Arten von computer-generierten Laufbildern. Dazu gehörten sowohl die 2D-Animation, die 3D-Animation sowie visuelle Simulations-Sequenzen, wenn diese das Resultat eines

digitalen Prozesses waren. Das vorführfertige Endprodukt wurde als Computerfilm bezeichnet.
Bei den ersten Computerfilmen waren die Animationen immer zweidimensional. Durch den Einsatz immer leistungsfähigerer Computer und spezieller Programme wurde es ermöglicht, bei der Darstellung der Objekte von der Ebene in den Raum überzugehen.
Erst in den 80er Jahren konnte sich der Begriff Computer-Animation, vor allem durch die steigende Anzahl von Computer-Animation-Studios und verschiedenen Anwendungsgebieten durchsetzen. Er steht für den gestalterischen dreidimensionalen Laufbildbereich der Computer Grafik.
Die computer-gestützte Erzeugung von Simulationen bezeichnet man als "Computer-generated Simulation" bzw. als Computer-Simulation, welche natürlich auch eine Form der Animation darstellt.
Die Herstellung von Computer-Simulationen verläuft aber unterschiedlich zu der sonstiger Animationen. Bei den Simulationen entstehen die einzelnen Bilder durch meist physikalisch erzeugte Daten und mathematische Einflußgrößen innerhalb eines festgelegten Simulationsprozesses. Der Verlauf des Prozesses wird dann mit Unterstützung grafischer Software dargestellt.
Simulationen dienen mehr dem wissenschaftlichen und technischen Bereich, wo hingegen die Animation vor allem im Unterhaltungs-, Gestaltungs- und Ausbildungsbereich zur Anwendung kommt.
Eine andere Art der Animation beschäftigt sich mit dem simulierten physikalischen Kräftespiel und dem daraus resultierenden Bewegungsablauf, den man als dynamische Animation oder "Dynamics" bezeichnet. Mit Hilfe dieses Verfahrens ist es durchaus möglich, realistische Vorgänge mit natürlichen Bewegungen unter Berücksichtigung der physikalischen Gesetzmäßigkeiten zu erzeugen.

Heutzutage ist die Entwicklung weit fortgeschritten. Die reale Welt kann durch Techniken wie Film, Fernsehen und Video aufgezeichnet werden. Dadurch ist es dem Menschen möglich, sich vergangene Ereignisse jederzeit wieder zu vergegenwärtigen. Durch die Erfindungen von Einzelbild- und Zeitlupenverfahren ist es darüberhinaus auch noch möglich, die Wiedergabe von aufgezeichneten Ereignissen zu beeinflussen. Diese Beeinflussungen könnten von dem menschlichen Auge nicht vorgenommen werden.
Möchte man Bewegungssequenzen oder Ereignisse erstellen, welche nicht der Realität entsprechen, sondern vielmehr losgelöst sind von den

physikalischen Gesetzmäßigkeiten, dann kommt wieder die Computer-Animation zur Anwendung.
Die Computer-Technologie ist schon soweit entwickelt, daß bestimmte Szenen sogar fotorealistisch dargestellt werden können. In der digitalen Welt der Computer-Animation existieren bereits heute schon die ersten künstlichen Menschen und Tiere sowie Pflanzen und Landschaften.

In naher Zukunft wird auch der Schritt in die virtuelle Realität (Virtual reality) gemacht werden können und das sogar bildlich gesehen.
Dieses Gebiet der Computer-Animation ist in den letzten Jahren sehr stark im Kommen. Mit der Bezeichnung "Virtual reality" oder "Cyberspace" wird die scheinbare Wirklichkeit, die mit dem Computer erzeugt wird, betitelt. Dabei kann ein Mensch in eine virtuelle Welt eintreten und darin agieren. Diese Scheinwelt muß aber keinerlei Beziehungen zur Realität haben, da sie nur im Computer existiert.
Hinter Cyberspace steckt nichts anderes als eine Art interaktiver Computer-Simulation, die den Menschen mit einbezieht. Sozusagen ein großes Videospiel, in dem man selbst die Hauptrolle spielt.
Damit der Mensch in diese Scheinwelt eintreten kann, benötigt er spezielle Geräte. Zum einen trägt er eine Art Brille, deren Gläser durch zwei kleine Farb-Flüssigkristall-Displays ersetzt wurden. Jedes Display wird vom Rechner mit einem eigenen Bild versorgt. Insgesamt 20 bis 25 Bilder pro Sekunde vermitteln dem Träger den Eindruck, in einer bewegten dreidimensionalen Welt zu agieren. Zum anderen trägt er einen Datenanzug und Datenhandschuhe, die genau seine Körperbewegungen in den Rechner übertragen und dadurch innerhalb der Simulation verarbeitet werden können.
Da man mit Cyberspace der Wirklichkeit entfliehen kann und dies in jeglicher Beziehung, wird es auch als Droge der Zukunft bezeichnet.

2. Grundlagen

2.1 Einsatzgebiete der Computer-Animation

Durch die steigende Anzahl von Computer-Animation-Studios in den frühen 80er Jahren, entstand für die Computer-Animation ein regelrechter Markt, auf dem sie als Dienstleistung angeboten wurde und wird. Die Studios produzieren auf Kundenwunsch eine spezielle Animation und verkaufen diese als ein Produkt. Weiterhin gibt es Hard- und Software-Anbieter, die spezielle Rechner und Programme zur Erzeugung von Computer-Animation produzieren.
Die Einsatzgebiete der Computer-Animation kann man anhand der prozentualen Verteilung der produzierten Aufträge auflisten.

Werbung (Spots,Spezial-Effekte)	51%
TV (Vorspann,Musik-Clips)	15%
Unterhaltung (Film-,Videoproduktionen)	14%
Ausbildung/Industrie	8%
Ingenieurwesen/Wissenschaft	5%
Architektur/Design	4%
Medizin	3%

Weiterhin gibt es zu den Haupteinsatzgebieten in der letzten Zeit verstärkte Anwendung von Computer-Animation in folgenden Bereichen:

Produkt-Design
Weiterverarbeitung von CAD-Daten
Architektur
Mode-Design
Industrie-Design
Simulation
Schulungsfilme

Im Bereich der Architektur ermöglicht die Computer-Animation dem Architekten, sein entworfenes Gebäude realistisch zu gestalten und es zu betrachten, obwohl es vorerst nur im Rechner existiert. Er kann es genau der Umgebung anpassen. Nachverbesserungen oder sogar die Wahl der Innenausstattung können am Rechner vorgenommen werden. Es wird auch in näherer Zukunft möglich sein, daß der Architekt interaktiv durch sein Gebäude spaziert und sich somit einen realistischen Eindruck verschafft.

Im Mode-Design wird die Computer-Animation für den Entwurf von Kleidungsstücken mit Hilfe von dreidimensionalen Mannequins verwendet. Die Art der Stoffe, Muster, Farben und sogar die Maße der Mannequins können von dem Designer ausgewählt und eingestellt werden. Die Mannequins werden dann von dem Modedesigner am Bildschirm bekleidet. Änderungen und Variationen können schnell vorgenommen und durchgespielt werden.

Einer der zukunftsträchtigsten Märkte für die Computer-Animation ist der Bereich des Industrie-Design. Produkte können realistisch gestaltet werden.
Automobile können in verschiedenen Ausführungen, mit unterschiedlichen Ausstattungen und Farben betrachtet werden, ohne daß der Produktionsprozeß eingesetzt hat. Die Funktionalität von Maschinen kann simuliert und überprüft werden; eventuelle Fehlfunktionen oder Fehlkonstruktionen können somit frühzeitig erkannt und eliminiert werden. Es sind Varianten möglich, auf die man ohne einen Rechner überhaupt nicht stoßen würde. Man spart dadurch Geld und Zeit bei der Entwicklung der Produkte.

Ein weiteres wichtiges Kapitel der Computer-Animation ist die Simulation.
Unter Simulation versteht man die numerische und/oder bildliche Wiedergabe von Prozessen. Grundsätzlich kann man eine Unterteilung in mathematische und physikalische Simulation vornehmen. Zur physikalischen Simulation zählt man die künstliche Erzeugung eines Zustandes oder Vorganges, wie er sich auch in der Realität abspielen würde. Als Beispiel hierfür sind die Fahrzeug-, Flugzeug- und Raumfahrtsimulatoren zu nennen. Diese Simulationsart wird besonders vom Militär und der Automobilindustrie vorangetrieben. Bei der mathematischen Simulation werden Ergebnisse simuliert, die man aus mathematischen Vorgaben schließen kann und erwarten würde, ohne daß diese jedoch real existent wären.
Viele Videospiele der neueren Generation entstammen der Technik der physikalischen Simulation. Dort werden vom Spieler Rennwagen über die Pisten gesteuert oder Hubschrauberangriffe in irgendwelchen realen oder imaginären Kriegsgebieten geflogen.

Zukünftige Tätigkeitsfelder der Computer-Animation sind nicht nur die Erzeugung von wirklichkeitsgetreuen Bildern, sondern auch die Entwicklung von realistischen Bewegungsabläufen. Wobei die Erzeugung von realistischen Bildern heute schon möglich ist, bestehen bei der Erzeugung von Bewegungsabläufen noch Schwierigkeiten. Eine ganze Szene zu generieren, die so aussieht, als ob sie in Wirklichkeit existiert, ist der nächste große Schritt auf dem Gebiet der Computer-Animation. Echtzeit, eine größere Komplexität der Bilder und die Simulation von synthetischen Menschen sind die Aufgaben für die Zukunft.

2.2 Erstellung einer Computer-Animation

Zur Erstellung einer Computer-Animation müssen vier Produktionsstufen durchlaufen werden.
Als erste Stufe hat man die Vorbereitungsphase. In dieser geht man wie bei der Erstellung eines Zeichentrickfilms vor. Man benötigt eine Idee, um das betreffende Thema der Animation zu verwirklichen. Hat man diese, so kann man ein sogenanntes Storyboard erstellen. In diesem werden der visuelle Teil, Schlüsselbilder und auditive Dinge wie Sprache, Musik und Geräusche festgehalten. Dieses Storyboard bildet die Grundlage zur Verständigung und dient als Vorgabe für die Aufgabenstellung. Außerdem wird es bei der Kostenkalkulation verwendet. Oft entsteht das Storyboard unter Mitwirkung des Auftraggebers, der dabei die Fähigkeiten des jeweiligen Animations-Systems kennenlernt.

Als nächstes wird mit dem Entwurf der Objekte begonnen. Es werden Bildvorlagen und Modelle digitalisiert. Die Bildvorlagen können mit einer Video-Kamera oder einem Flachbett-Scanner digitalisiert werden, da sie sich nur auf 2 Dimensionen beschränken. Für die Objekte hat man andere Eingabegeräte entwickelt. Mit einem sogenannten 3D-Digitizer (ein elektronischer Stift) wird ein Objekt per Hand abgetastet. Man überzieht dazu das Objekt mit einem Netz aus Vielecken und tastet dann genau die Eckpunkte ab. Als Ergebnis erhält man die 3D-Koordinaten der Punkte und damit eine Gittermodelldarstellung des Objektes. Ein anderes Verfahren ist die Anwendung eines 3D-Laser-Scanners. Dabei wird das Objekt nicht manuell abgetastet, sondern automatisch von einem energieschwachen Laserstrahl. Als Ergebnis erhält man ein detailgetreues Modell mit einer Auflösungsgenauigkeit von bis zu 0,5 mm. Ein

weiterer Vorteil ist, daß auch die Einwirkung einer Lichtquelle, die das Objekt beleuchtet, mit erfaßt werden kann.
Hat man kein reales Objekt zur Hand, so kann man mit spezieller Software auch imaginäre Objekte erstellen. Diese sogenannte 3D-Modellierung ist die am häufigsten angewendete Methode zur Objekterstellung. Bekannte Verfahren sind die Körper-Modellierung, Kanten-Modellierung und Oberflächen-Modellierung. Ist diese Entwicklungsphase beendet, so kann man das Objekt auf dem Monitor in Echtzeit bewegen lassen. Hierbei handelt es sich aber noch um ein Drahtmodell des Objektes.

In der nächsten Produktionsstufe geht es um die Farb- und Oberflächengestaltung. Diese müssen entwickelt und anschließend auf Film oder Magnetband festgehalten werden. Es werden Lichtquellen, Farben, Texturen und andere physikalische Einflußgrößen hinzugenommen, um das Aussehen des Endproduktes zu bestimmen. Je höher die Auflösung ist, desto größer wird die Rechenzeit und entsprechend teuer wird die Produktion. Bei der Magnetbandaufzeichnung kann man eine geringere Auflösung wählen als beim Film.

Der letzte Schritt der Produktion ist das Rendering. Mit dem Begriff Rendering bezeichnet man die abschließende Bildgenerierungsstufe einer Computer-Animation, in der das räumliche Modell eines Objektes in eine 2D-Darstellung umgerechnet wird. Eine 3D-Animationssequenz wird bildweise in 2D-Bilder umgerechnet. Für das Rendering-Verfahren gibt es mehrere Techniken, wobei das Ray-tracing (Strahlverfolgung) das bekannteste sein dürfte. Dieses Verfahren wird immer dann eingesetzt, wenn man möglichst realistische Bilder erhalten möchte (siehe 3.8 Ray-tracing).
Die einzelnen Bilder werden anschließend auf einem digitalen Disk-Recorder abgespeichert, auf Film belichtet oder auf Magnetband aufgezeichnet. Abschließend kann die Animation noch mit Realaufnahmen kombiniert werden, wenn das gewünscht wird.

2.3 Animationsmethoden

Nachfolgend werden die wichtigsten Animationsmethoden beschrieben, die je nach Aufgabenstellung einzeln oder gemeinsam in einem Computer-Animation-System eingesetzt werden.

Mit Animationsmethode ist die Vorgehensweise der Animationssoftware bei der Generierung einer Animationssequenz gemeint.
Man unterscheidet einige verschiedene Vorgehensweisen. So gibt es Methoden, die sich an physikalischen Gegebenheiten orientieren, andere wiederum orientieren sich an natürlichen Verhaltensweisen und wieder andere sind von natürlichen Einflüßen losgelöst und lassen dadurch den Animator kreativ werden.
Im allgemeinen geht aus den Animationsmethoden als Ergebnis eine Folge von Bildern hervor, die jedes für sich über eine längere Rechenzeit hin entstanden sind. Die Bilder werden dann auf beliebigen Datenträgern gespeichert und später von dort gelesen und als Animationssequenz abgespielt. Es handelt sich also nicht um eine Echtzeit-Animation, bei der Objekte in Echtzeit berechnet, gezeichnet, bewegt und wieder gelöscht werden.

Bei der Realisierung einer wirklichen Echtzeit-Animation gibt es wiederum einige Vorgehensweisen, die man unterscheidet. Diese verschiedenen Vorgehensweisen werden an späterer Stelle in dem Kapitel Techniken der Echtzeit-Animation beschrieben und durch mehrere Programmbeispiele erläutert.

Hier aber folgen nun die Methoden zur Generierung von einzelnen Bildern, die dann später als Animationssequenz abgespielt werden. Die Wahl einer Animationsmethode hängt von dem zu erreichenden Realismus der Animationssequenz und den zu animierenden Körpern ab. Eine Unterscheidung trifft man zwischen einfachen Partikelchen, steifen Körpern, beweglichen Körpern und komplizierten gelenkigen Körpern.

2.3.1 Gestaltungs-orientierte Animation

Die folgenden Animationsmethoden ermöglichen Bewegungssequenzen zu generieren, die in ihrem Ablauf uneingeschränkt definiert werden können. Sie unterliegen keinen physikalischen Gesetzmäßigkeiten, können sich aber, wenn nötig, an natürlichen Bewegungsabläufen orientieren. Die typischen Vertreter sind: 3D-Keyframe-Animation, parameter-orientierte Animation, Programmierung und skript-orientierte Animation.

3D-Keyframe-Animation

Die Keyframe-Animation ist die am häufigsten angewendete Methode, um eine Animation zu erzeugen. Sie wird sowohl im 2D- als auch im 3D-Bereich angewendet. Dabei wird das zu animierende Objekt in seiner Ausgangsposition positioniert. Anschließend wird die Endposition der Bewegung sowie die Anzahl und Positionen der Zwischenphasen angegeben. Ein spezielles Interpolationsprogramm berechnet dann automatisch den vollständigen Bewegungsablauf. In einem Preview kann man sich den Bewegungsablauf in Echtzeit ansehen. Dazu werden die Objekte als Drahtkörper dargestellt.

Wenn jetzt noch Änderungswünsche bezüglich des Bewegungsablaufes auftreten, so können diese jeder Zeit noch eingebracht werden. Die Keyframe-Methode ist für alle Animationen geeignet, bei denen wenige Objekte vorhanden sind und wo die Bewegungsabläufe unabhängig voneinander ablaufen. Bei komplexen Animationen, z.B. die Bewegung des menschlichen Körpers, reicht die Keyframe-Methode nicht mehr aus. Dort bedient man sich anderer Verfahren.

Parameter-orientierte Animation

Bei dieser Animationsart wird eine parameter-gesteuerte Interpolation ausgeführt. Durch diese werden die Bewegungsphasen festgelegt. Ferner können durch die Interpolation noch Veränderungen der Objekt-Geometrie, der Objektfarbe, der Oberflächenbeschaffenheit, der Texturen und der Lichtquellen beliebig während einer Animationssequenz variiert werden.

Die Interpolationsparameter werden einem Diagramm entnommen, welches auf B-Spline-Kurven basiert. Eine Veränderung der Kurven bewirkt eine unmittelbare Veränderung des Bewegungsablaufes und der Objekteigenschaften. Es können dynamische Bewegungsabläufe generiert werden, bei denen z.B. das Objekt langsam startet, immer schneller wird und zum Ende hin wieder seine Bewegung verlangsamt oder auch plötzlich stehen bleibt. Die Geschwindigkeit wird im allgemeinen von der Anzahl der Einzelbilder bestimmt.

Die Metamorphose (Shape Interpolation) kommt bei dieser Animationsart stellenweise zur Anwendung. Dabei können Objektkörper von einer geometrischen Form in eine andere überführt werden.

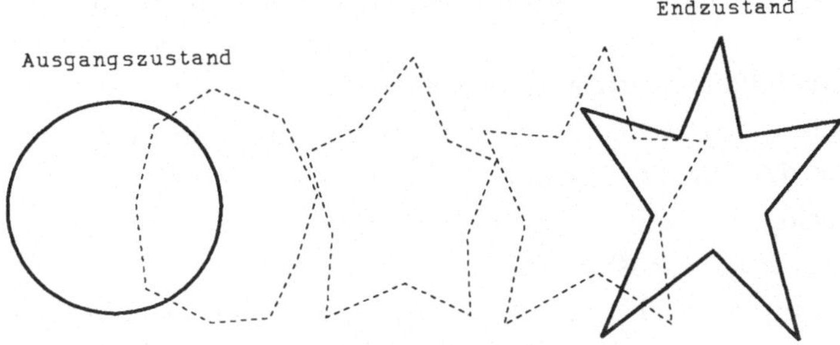

Abb. 1 Parameter-orientierte Animation

Bekannte Metamorphosen sind z.B. die Transformation einer Vase in einen Krug oder die eines Apfels in eine Birne. Ein schwieriges Gebiet der Metamorphose stellt die Transformation von einem Gesicht in ein anderes dar.

Programmierung

Verfügt der Animation-Designer über Programmierkenntnisse, so kann er all das selbst programmieren, was er bei anderen Softwareprodukten vermißt. So z.B., wenn Spezial-Effekte benötigt werden, die individuell auf die jeweilige Animation zugeschnitten werden müssen.
Ein Vorteil dabei ist, daß man unabhängig von den üblichen Animationsprogrammen ist. Als Nachteil erweist sich aber die Tatsache, daß man erst das Resultat sieht, wenn das Programm vollständig geschrieben ist. Man kann daher nicht interaktiv in die Bewegungsgestaltung eingreifen und Veränderungen vornehmen. Wenn etwas geändert werden muß, so muß das Programm umgeschrieben und neu übersetzt werden. Die erzeugten Bilder müssen dann natürlich auch nochmals berechnet werden.

Skript-orientierte Animation

Die skript-orientierten Systeme ermöglichen dem Animation-Designer ohne Kenntnisse einer Programmiersprache, sich unabhängig und kreativ eine Animations-Sequenz zu generieren. Dazu muß er nur Kenntnisse über den Aufbau und die Grammatik eines Scriptes haben. Ein Script beinhaltet mehrere Stufen, welche zusammengenommen die Beschreibung des Bildes bzw. der Animations-Sequenz beinhalten.

Man macht folgende Stufenunterteilung:
1) Festlegung des Aufbaus und der Eigenschaften der Objekte
2) Position der Objekte im Bild
3) Integration der Objekte in die Szenerie
4) Positionierung der Kameras
5) Festlegung der Lichtquellen und der atmosphärischen Bedingungen
6) Festlegung der eigentlichen Animation

2.3.2 Wissenschaftlich-orientierte Animation

Hierunter fallen die Animationsmethoden, welche auf physikalischen Gegebenheiten basieren. Die grundlegenden Modelle kommen aus der Dynamik und der Künstlichen Intelligenz.

Physikalisch-orientierte Animation

Die naturgetreue Simulation von Bewegungsabläufen ist die Aufgabe der physikalisch-orientierten Animation. Die erzeugten Bewegungen werden so dargestellt, wie sie in der Natur unter Einfluß der physikalischen Gesetzmäßigkeiten auch ablaufen würden. Dabei spielen besonders die Mechanik und die Dynamik (Bewegung von Körpern unter Einfluß von Kräften) eine wichtige Rolle. Die bekanntesten Methoden sind die der Dynamik und die Vielteilchen-Systeme.

Dynamik-Methode

Bei der Dynamik-Methode kommen nicht nur die Kräfte, die auf einen Körper einwirken zum Tragen, sondern auch die Masse und die innere Beschaffenheit des Körpers. Hierzu werden die Kinematik und Kinetik benötigt.
Die Kinematik beschäftigt sich mit der geometrischen Beschreibung der Bewegungen, wie z.B. Geschwindigkeit und Beschleunigung. Kräfteeinwirkungen sind hierbei nicht relevant.

Durch die Abhängigkeit von den Gesetzmäßigkeiten der Kinematik ist es nicht möglich, die Bewegungen der Objekte frei zu definieren. Die Anwendung der kinematischen Gesetze wird in der Computer-Animation als inverse Kinematik bezeichnet. Ihre Anwendung kommt aus dem Bereich der Robotik und ist für die Bewegung von künstlichen Menschen und Tieren eine wichtige Voraussetzung.
Die Kinetik ist die Lehre von den Bewegungen, die durch innere und äußere Kräfte beeinflußt werden. Dazu zählen die Flächenreibung, der Luftwiderstand und die Gravitation. Typische Beispiele für diese Animationskathegorie sind fallende Stoffe und wehende Fahnen. Dort nehmen Kräfte, wie Erdanziehung und Winde, Einfluß auf den Bewegungsablauf.

Abb. 2 Bewegungsphase einer wehenden Fahne

Bei der Erstellung einer Bewegungssequenz werden die Anfangsposition und die -geschwindigkeit eines Objektes vorgegeben. Ein spezielles Programm berechnet daraus die Beschleunigung, die Geschwindigkeit und die Position. Zu jedem Zeitpunkt ergibt sich für das Objekt eine mathematisch genau berechenbare Position.
Für die Bewegung von möglichst realistisch anmutenden Körpern stellt die Dynamik zur Zeit die beste Methode dar. Körper bewegen sich natürlich und wirken so, als ob sie ein Eigengewicht hätten. Je nach Anzahl der sich bewegenden Körperteile steigt der realistische Eindruck.

Vielteilchen-Systeme

Bei einem Vielteilchen-System hat man tausende von sehr kleinen Teilchen (Kügelchen). Mit diesen Kügelchen kann man sowohl Körper modellieren als auch Bewegungsabläufe darstellen. Sie eignen sich besonders für die Simulation von Luft- und Flüssigkeitsströmungen, Feuer und Feuerwerk, Schnee, Wasserfällen, Gischt, Sprühregen, Rauch, Wolken, Gras und Bäumen.
Der Bewegungsverlauf der Teilchen unterliegt den das jeweilige Objekt betreffenden Gesetzmäßigkeiten. So werden die Bewegungen nicht von dem Animator, sondern z.B. durch die Strömungsmechanik oder durch auf Wahrscheinlichkeiten beruhende Prozesse bestimmt. Jedes Teilchen hat seine eigene Flugbahn, Farbe, Entstehungszeit und -position sowie Lebensdauer.
Während der Bewegungsphase können aus einem Teilchen mehrere neue Teilchen entstehen. Die dargestellten Objekte sind zumeist unregelmäßig und nicht genau zu definieren. Sie können ihre Form (Geometrie) während eines bestimmten Zeitraumes verändern, was z.B. bei Wellen und Feuer unabdingbar ist. Ein Nachteil der Vielteilchen-Methode ist, daß man dazu eine sehr hohe Rechenleistung benötigt, da jedes einzelne Teilchen gesteuert werden muß.

KI-orientierte Animation

Bei der auf Künstliche Intelligenz gestützten Animation möchte man nicht mehr alle Bewegungsphasen Bild für Bild selbst generieren, sondern den Rechner am Entwurf der Bilder und Szenen beteiligen. Man versucht, sich von der bisherigen Bildgenerierung über Koordinaten zu lösen.
Zur Zeit gibt es zwei Gebiete, in denen die KI-orientierte Animation eingesetzt wird: die zielgerichtete Animation und die verhaltensbedingte Animation.

Zielgerichtete Animation

Zielgerichtete Animationsprogramme versuchen, das Zusammenspiel zwischen einem Regisseur und einem Darsteller nachzuvollziehen. Der Regisseur, hier der Animation-Designer, gibt dem Darsteller, hier die

Objekte, Anweisungen über die Tätigkeiten, die diese(r) ausführen soll(en). Unter Verwendung von Stichworten werden den Objekten Bewegungsziele vorgegeben. Damit diese Ziele erreicht werden können, werden durch die Logik-Programme die Eigenschaften des zu bewegenden Objektes sowie die Bedingungen des Umfeldes, in dem es sich bewegt, berücksichtigt. Man kann damit den Objekten Fähigkeiten beibringen, so daß sich diese in einer vorgegebenen Umgebung korrekt bewegen können, ohne mit anderen Objekten zu kollidieren. Diese Fähigkeiten sind von einem Objekt auf ein anderes übertragbar. Einmal definierte Bewegungsvorgänge, wie z.B. das Aufnehmen eines Gegenstandes, können später mit einem Stichwort abgerufen werden.

Verhaltensbedingte Animation

Will man natürliche Bewegungsabläufe von Lebewesen simulieren und darüber hinaus noch je nach Typ verhaltensbedingt, so scheitert diese Aufgabe meistens an den Koordinierungsfähigkeiten des Animation-Designers. Aus diesem Grunde gibt es aus dem Bereich der KI spezielle Programme, mit denen man verhaltensbedingte Bewegungen simulieren kann. Ein klassisches Beispiel sind Schwärme von Vögeln oder Fischen. Es wird ein Leitobjekt bestimmt mit den Angaben über dessen Verhalten, Bewegungsrichtung, Geschwindigkeit etc. Alle übrigen Objekte des Schwarmes folgen dann diesem Leitobjekt mit jeweils zufälligen Abweichungen, aber immer in der typischen Schwarmformation. Für jedes Objekt wird die Bewegung vom Programm automatisch berechnet. Die Objekte stoßen nicht aneinander und kollidieren auch nicht mit vorhandenen Hindernissen.

2.4 Animation von Körpern und Gesichtern

Die realistische Nachbildung und Animation von menschlichen Körpern und Gesichtern stellt eines der schwierigsten Gebiete der Computer-Animation dar. Geometrische Körper, reale technische Objekte oder Fantasieprodukte zu animieren, stellt heutzutage keine großen Probleme dar. Die Bewegungen werden entweder von dem Animation-Designer kreativ entwickelt oder entsprechen einem technischen Vorgang. Die Objekte sind meist steif und verändern sich nur in ihrer Lage aber nicht in ihrer Geometrie.

Sollen Objekte generiert werden, die wie Lebewesen gelenkig und flexibel sind, so muß jeder Körperteil sehr viel genauer modelliert werden, da die Realitätsnähe einer Animation von den Proportionen und Feinheiten der einzelnen Teile abhängt. Die Animation von Gesichtern ist zur Zeit noch die am schwierigsten zu realisierende. Als nächstes folgt die Animation von Händen und Fingern und anschließend die eines Körpers mit Armen und Beinen.

Um eine Animation von natürlichen Bewegungsabläufen möglichst realistisch zu gestalten, sind unbedingt ausgiebige Anatomie- und Bewegungsstudien notwendig. Bei der Herstellung eines künstlichen Menschen muß zuerst das Aussehen entworfen und festgelegt werden. Das zu erstellende Körper-Modell wird in einzelne Arbeitsschritte aufgeteilt. Es werden der Grundkörper, der Kopf und die Hände einzeln modelliert. Die räumlichen Koordinaten werden in der Regel mit einem 3D-Digitizer oder 3D-Laser-Scanner von einem künstlichen oder lebenden Modell abgetastet. Der menschliche Grundkörper wird in das Skelett als Grundgerüst, die Muskeln zur Bewegung der Knochen und die Haut zur Ummantelung eingeteilt.

Ist die Modellierungsphase beendet, kann das Körpermodell entsprechend seinen vorhandenen Gelenken animiert werden. Dazu werden genaue Studien über die natürlichen Bewegungsabläufe von Menschen und Tieren herangezogen.

Meßpunktverfahren

Abb. 3 Mensch und Modell

Es werden auch teilweise Bewegungsstudien an Menschen mittels dem Meßpunkt-Verfahren durchgeführt (siehe Abb. 3). Dabei wird ein Mensch mit Meßpunkten beklebt, deren Positionsänderungen bei einer Bewegung mittels drei synchron laufenden Kameras aufgenommen werden. Im Rechner befindet sich ein Modell, welches an den gleichen Körperpunkten Meßpunkte aufweist. Die natürlichen Bewegungen werden dann auf dieses Modell übertragen. Alle Bewegungspositionen können gespeichert und später in einer Animationssequenz verarbeitet werden.
Für die Animation von künstlichen Menschen können je nach Grad der gewünschten Perfektion geeignete Animationsmethoden angewendet werden. Es werden sowohl gestalterische als auch wissenschaftlich-orientierte Methoden verwendet. Die parameter-orientierte Animation und die dynamische Animation werden für komplexe Körper-Animationen eingesetzt.

Bei der Generierung von einem synthetischen Menschen, sollten möglichst folgende Punkte erfüllt werden:

- er sollte das Aussehen einer natürlichen Person haben
- sein Verhalten sollte dem einer echten Person entsprechen
- er sollte eine eigene Persönlichkeit haben
- er sollte sich seiner Umgebung bewußt sein
- er sollte die Fähigkeit besitzen, zu gehen, zu sprechen, Gefühle zum Ausdruck zu bringen und Objekte zu greifen

Um die Realitätsnähe eines solchen synthetischen Menschen weiter zu steigern, fehlt es noch an einiger Programmier- und Entwicklungsarbeit. So fehlt es heutzutage noch an so selbstverständlichen Dingen, wie z.B. dem Heben und Senken des Brustkorbes beim Atmen.

Die Animation eines Gesichts stellt eine der größten Anforderungen an den Animator. Jede untypische Bewegung und Unregelmäßigkeit wird sofort registriert und nimmt der Animation die Realitätsnähe. Es wird noch einige Zeit dauern, bis man eine realistische Animation eines synthetischen Gesichts verwirklichen kann.

Zur Vorbereitung einer Gesichts-Animation modelliert man zuerst einen künstlichen Kopf oder eine Gesichts-Maske. Dies geschieht entweder frei Hand oder durch einen Gipsabdruck. Anschließend wird dieser mit einem polygonalen Netz überzogen. Dieses Netz besteht aus unterschiedlich großen Drei- und Vierecken, die umso kleiner sind und häufiger auftreten, je stärker eine Krümmung ist.

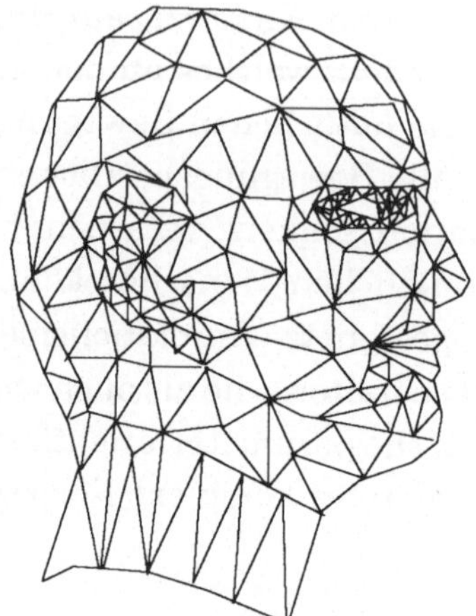

Abb. 4 Drahtgittermodell eines Kopfes

Die entstandenen Eckpunkte der Flächen werden per Hand mit einem 3D-Digitizer Punkt für Punkt digitalisiert. Die jeweils aktuelle Position des Stiftes wird im Rechner als 3D-Koordinate gespeichert. Als Ergebnis erhält man ein 3D-Drahtmodell des Kopfes.
In der letzten Zeit ist man dazu übergegangen, den Kopf oder die Maske automatisch mit einem 3D-Laser-Scanner zu digitalisieren. Das Ergebnis ist viel detaillierter als bei der manuellen Methode und muß anschließend in ein polygonales Netz umgerechnet werden.
Eine Bewegung bestimmter Gesichtspartien oder eine Veränderung eines Gesichtsausdruckes erreicht man durch Verzerrungen des polygonalen Netzes. Die derzeit beste Animationsmethode dafür ist die parameterorientierte. Der Animator kann einen Bewegungsablauf exakt über ein Kurvendiagramm definieren.
Schwierig zu realisierende Bereiche eines Gesichts sind die Augen und die Mundpartie. Die dortigen Bewegungen laufen sehr schnell auf einer kleinen Fläche ab. Der Mund schwingt z.B. beim Sprechen bis zu 40 Mal in der Sekunde.
Zu den wichtigsten Zielen gehört die Abstimmung von unterschiedlichen Bewegungspartien wie Gesichtsmuskeln und Haut. Dabei macht es schon Schwierigkeiten, eine natürlich aussehende Haut zu gestalten und diese dann auch noch zu verzerren und elastisch wirken zu lassen.
Bei Echtzeit-Animationen von Gesichtern verwendet man derzeit Draht-

modelle, die ca. 2000 bis 4000 Polygone aufweisen. Für die Zukunft plant man die interaktive Echtzeit-Animation. Das Modell kann dann lachen, weinen etc. und in Echtzeit sprechen.

2.5 Echtzeit-Animation

Unter Echtzeit-Animation versteht man die Fähigkeit, Bildveränderungen ca. 25 Mal pro Sekunde durchzuführen und anzuzeigen. Die einzelnen Animationssequenzen entstehen erst in dem Augenblick, in dem sie auch angezeigt werden.
Ein ganz normales Malprogramm ist schon ein Beispiel für ein Echtzeitsystem. In dem Augenblick, in dem mit einem Pinsel gezeichnet wird, erscheint das Ergebnis auf dem Bildschirm.

Man unterscheidet bei der Echtzeit-Animation zwischen Echtzeit-Wiedergabe und Echtzeit-Berechnung. Optimal wäre natürlich die Synthese aus beidem.
Bei der Echtzeit-Wiedergabe können die einzelnen Bilder auch über eine längere Zeit hin berechnet werden, müssen dann aber von einem Datenträger in Echtzeit ausgelesen und angezeigt werden.
Mit Echtzeit-Berechnung bezeichnet man im Gegensatz dazu die extrem schnelle Berechnung von Daten und Einflußgrößen, durch die es ermöglicht wird, Probleme im Augenblick ihrer Entstehung zu lösen und Prozesse zu steuern. Wird die Verarbeitung von Daten simultan zur ihrer Eingabe durchgeführt, spricht man von einem Echtzeitsystem. Dies ist besonders bei interaktiv gesteuerten Programmen der Fall.

Daß dies enorme Rechnerleistungen voraussetzt, ist leicht einzusehen. Diese Rechnerleistungen, besonders für detailreiche oder realistisch erscheinende Bilder, sind heutzutage noch längst nicht verfügbar. Aus diesem Grunde werden die Bilder bei den zuvor besprochenen Animationsmethoden nach ihrer Generierung, die je nach Inhalt und Auflösung Tage dauern kann, auf einem Daten- oder Filmträger gespeichert und zu späterer Zeit als Film angezeigt.
Von eigentlicher Echtzeit-Animation kann hier also keine Rede sein. Nur im Preview, wenn der Körper oder das Objekt noch aus einem Drahtmodell besteht, ist es möglich dieses in Echtzeit zu animieren.

Echtzeit-Animation ist besonders im Bereich der Fahr- und Flugzeug-Simulationen von großer Bedeutung. Dort wird interaktiv in den Bewegungsprozeß eingegriffen, was eine sofortige Reaktion des Programmes erfordert. Damit der Rechner schnell genug reagieren kann, sind die Simulationsszenen eines heutigen Simulators noch grob strukturiert und nicht realistisch dargestellt. Dadurch wird die erforderliche Rechenleistung auf ein realisierbares Maß reduziert. Man erkennt aus diesem Grund bei den typischen Simulationen sofort, daß es sich um ein computer-generiertes Bild handelt, welches aus mehr oder weniger vielen Polygonen aufgebaut ist.
Einen weiteren wichtigen Bereich der Echtzeit-Animation stellen die Videospiele dar. Da diese Spiele fast immer interaktiv gesteuert werden, ist hier eine Echtzeit-Berechnung und -Wiedergabe erforderlich. Durch besondere Grafik-Chips, welche sich in den TV-Game-Geräten befinden, wird die erforderliche Rechenleistung zur Verfügung gestellt.
Weiterhin wird die Echtzeit-Animation bei Spielen dadurch begünstigt, daß meistens kein großer Wert auf Wirklichkeitsnähe gelegt wird und somit eine geringe Auflösung und wenige Farben verwendet werden können. Zudem finden häufig nur schnell ausführbare Blockverschiebeoperationen statt oder Animatics werden bewegt.

Der Traum von der Echtzeit-Animation wurde erstmals 1987 zumindest ansatzweise Realität. Zu diesem Zeitpunkt stellte der amerikanische Workstation-Hersteller Silicon-Graphics auf einer Fachmesse eine neue Workstation vor. Mit dieser konnte man erstmals 3D-Grafiken mit Oberflächen interaktiv manipulieren. Der Bewegungsablauf eines Objektes, das aus ca. 2000 Polygonen besteht und farbige Oberflächen besitzt, kann mit dieser Workstation für 25 Bilder pro Sekunde neu berechnet werden.

Die verschiedenen Vorgehensweisen zur Erzeugung von wirklicher Echtzeit-Animation werden in dem Kapitel Techniken der Echtzeit-Animation vorgestellt und mit Hilfe von Beispielprogrammen erläutert.

2.6 Elektronische Animation

Von Bild-Effekten oder Bildmanipulationen spricht man im Bereich der digitalen Bildverarbeitung, wenn man Bilder aus dem Fernseh- und Videobereich beliebig in ihrem Bildpunkt-Raster verändern kann. Dabei geht es um die geometrische Veränderung von digitalisierten Ausgangsbildern in Echtzeit. Ob es sich bei den Bildern um Realbilder oder um Computergrafiken handelt, spielt keine Rolle.
Die digitalisierten Bilder werden mit Hilfe von speziellen Computer-Systemen auf dem Monitor manipuliert.
Diese Art der Bildbearbeitung nennt man elektronische Animation.
Je nach Effekt-Programm werden die einzelnen Bildpunkte nicht nur in ihrer Position verändert, sondern sie können in beliebigen Formen dargestellt werden. Man kann Bilder verzerren, rotieren, spiegeln, um- und wegkippen, vergrößern, verkleinern, auf Kugeloberflächen abbilden und damit auch beliebige geometrische Körper bilden.
Aufgrund der großen Leistung, die diese Effekt-Computer zur Verfügung stellen und die gegenüber dem Filmbereich wesentlich geringere Auflösung eines Fernsehbildes, ist es möglich, in Echtzeit 25 Einzelbilder pro Sekunde zu manipulieren und darzustellen.
Einige Systeme verfügen über einen Joystick, mit dem man die Manipulationen interaktiv durchführen kann.

Bei der Bildung von geometrischen Körpern aus einem digitalisierten Bild, werden vorher die Positionen der einzelnen Bildpunkte berechnet und z.B. auf einer schnellen Platte abgelegt. Bei der eigentlichen Animation können dann die Punkte exakt und schnell positioniert werden, da ihre Positionen bereits bekannt sind.

2.7 Pixel- und Vektorgrafiken

Vektoren sind gerichtete Strecken, die durch jeweils einen relativen Anfangs- und Endpunkt eindeutig festgelegt sind.
Mit Vektorgrafik bezeichnet man die Art der grafischen Darstellung von zumeist dreidimensionalen Gebilden, bei der Körper in reduzierter Form nur mittels Geraden (Vektoren) dargestellt werden.
Um einen Körper, der aus Vektoren besteht, abzuspeichern oder zu bewegen, benötigt man nur die jeweiligen Anfangs- und Endpunkte der Vektoren.

Bei Pixelgrafiken hingegen muß man sich sämtliche Punkte merken, die einen Körper ausmachen. Eine Gerade ist hier nicht nur durch ihren Anfangs- und Endpunkt bestimmt, sondern durch die gesamte Punktemenge. Dadurch verbraucht man bei Bildmanipulationen entsprechend mehr Speicherplatz und Rechenzeit.

Typische Anwendungsgebiete der Vektorgrafik sind CAD und Fahrzeugsimulationen. Pixelgrafiken findet man vor allem in der Bildverarbeitung, die sich mit Satellitenbild-Auswertung, Geländedaten-Verarbeitung, Computer-Tomographie, Thermographie und Mustererkennung beschäftigt.
Möchte man realistische Bilder darstellen, so greift man dazu immer auf Pixelgrafiken zurück. Vektorgrafiken eignen sich nicht für die Darstellung von vielen Farben und Farbverläufen. Ein Vektor besitzt immer nur eine einzige definierte Farbe. Hat man ein Bild mit vielen farblich unterschiedlichen Pixeln nebeneinander, so müßte man bei Vektorgrafiken für jedes dieser Pixel einen Vektor zur Verfügung stellen.
Der Umgang mit Vektorgrafiken ist gegenüber den Pixelgrafiken aber um ein Vielfaches einfacher. Vektoren können direkt aus einem Bild gelöscht oder manipuliert werden. Dies ist bei Pixelgrafiken nicht möglich. Man kann sich das so vorstellen, daß bei einer Pixelgrafik kein Pixel weiß, wo es hingehört und welche Beziehung es zu seinen Nachbarn hat. Bei Vektorgrafiken hingegen ist jedes Pixel definiert und mindestens zu einem Vektor oder sogar zu einem aus Vektoren bestehenden Objekt zugehörig.

In der Computer-Animation werden beide Arten von Grafiken eingesetzt. Je nach Realismus und Inhalt einer Szene wählt man sie aus. Für realistische Bilder muß man immer Pixelgrafiken verwenden. Dann ist aber aufgrund der vielen Daten auch keine Echtzeit-Animation möglich. Vektorgrafiken werden bevorzugt bei Simulationen eingesetzt, wo ein schneller Bildaufbau und Echtzeit erforderlich sind.
In Computerspielen werden beide Arten verwendet. Vektorgrafiken bei Spielen, die vornehmlich aus dem Simulationsgebiet kommen, und Pixelgrafiken bei den Arcade-Games und Adventures. Die Darstellung von Spielfiguren ist aufgrund der vielen Details und Farben mit Pixelgrafiken einfacher.

2.8 Computer-Animations-Systeme

In der ersten Generation der Computer-Animation in den 70er Jahren mußten sich die Animation-Designer ihre Software noch selber schreiben und auf sogenannten Grafik-Terminals arbeiten. Diese Grafik-Terminals waren an einem Großrechner angeschlossen. Es war zu dieser Zeit noch nicht möglich interaktiv zu arbeiten. Das Ergebnis einer Berechnung konnte man erst dann auf dem Bildschirm sehen, wenn das Programm fertig abgearbeitet worden war. Danach wurden die Animationssequenzen über meist selbstentwickelte Aufnahmevorrichtungen auf Film belichtet.

Anfang der 80er Jahre kamen die ersten leistungsfähigen Super-Minicomputer auf den Markt. Die zweite Generation der Computer-Animation hatte begonnen. Zwar mußten die Programme nach wie vor selbst geschrieben werden, aber durch die neue Hardware war die Arbeit erheblich anwenderfreundlicher geworden. Einer der bekanntesten Vertreter dieser Minicomputer war die "VAX 11/780". Sie wurde zum klassischen Produktionsrechner der Animations-Studios. Der Animator war durch sie erstmals unabhängig von einem Großrechner geworden. Die Arbeit konnte von nun an interaktiv durchgeführt werden: Das heißt, das Ergebnis seiner Eingaben konnte er bereits während des Programmiervorganges am Bildschirm verfolgen.

Die dritte Generation der Computer-Animation begann mit dem Aufkommen von leistungsfähigen Workstations Mitte der 80er Jahre. Typische Workstation-Anbieter sind Apollo, DEC, HP, IBM, SGI und SUN. Die Workstations zeichnen sich dadurch aus, daß sie Bildschirm-Arbeitsplätze mit einem eigenen lokalen Rechnersystem beinhalten. Seit dieser Zeit gibt es fertige Animations-Systeme, die aus einer Workstation mit betriebsfertiger Software bestehen, mit denen der Anwender ohne selbst eigene Entwicklungen betreiben zu müssen, dreidimensionale Objekte modellieren und animieren kann.
Da die meisten Computer-Animationen sehr rechenaufwendig sind, wird das Rendering auf schnelle Hintergrundrechner verlagert, um zu verhindern, daß die Workstation unnötig blockiert wird.
Ein typisches Animations-System besteht aus folgenden System-Komponenten: Workstation, hochauflösender Farbmonitor, Digitalisiertablett, Maus und Tastatur.

Man unterscheidet je nach Rechenleistung und den Softwaremöglichkeiten zwischen High- ,Middle- und Low-end-Systemen. Die Möglichkeiten der Software sind dabei abhängig von der jeweiligen Rechnerleistung.

In letzter Zeit sind immer mehr PC-orientierte Systeme auf den Markt gekommen, welche dem Middle- und Low-end-Bereich zugeordnet werden. Dabei werden bevorzugt 32-bit-Rechner eingesetzt. Typische Vertreter sind die IBM-kompatiblen Rechner mit den Prozessoren INTEL 80386 und 80486 sowie einem mathematischen Koprozessor und die Apple Computer der Macintosh-Serie mit den MOTOROLA-Chips 68020, 68030 und 68040. Sie weisen die typischen Leistungsmerkmale einer Workstation auf.
Ein Nachteil bei den PC's ist allerdings, daß man diese erst einmal aufrüsten muß. Ein mathematischer Koprozessor sowie ein hochauflösender Farbmonitor mit einer leistungsfähigen Grafikkarte, ein Netzwerkanschluß und Peripheriegeräte, wie z.B. Maus und Scanner, müssen meistens zusätzlich gekauft werden. Da diese Komponenten nicht alle von einem Hersteller kommen, sind sie oft nicht optimal aufeinander abgestimmt und entwickeln dadurch nicht ihre optimale Leistung. Im Gegensatz zu den echten Workstations haben die PC's zwar Leistungseinschränkungen, sind aber billiger und deswegen auch in Zukunft im Middle- und Low-end-Bereich zunehmend vertreten.
Um die Leistungseinschränkungen abzubauen, gibt es auch schon Zusatzkarten für den PC, durch die seine Leistung erheblich gesteigert wird. Die i860-Karte von Intel ist eine solche Zusatzkarte. Sie beinhaltet den 64 Bit RISC Prozessor i860, der mit 40 MHz getaktet wird und besitzt bis zu 32 MByte Arbeitsspeicher. Unter Verwendung dieser Karte läßt sich auf einem PC 3D-Grafik in Echtzeit berechnen und animieren.

Es sind auch noch einige andere Rechnertypen vorhanden, die in Verbindung mit der Computer-Animation eingesetzt werden.
So z.B. die sogenannten Number-Cruncher, die als schnelle Hintergrundrechner das Rendering übernehmen, während die mit ihnen in Verbindung stehenden Workstations für andere Modellierarbeiten genutzt werden können. Diese Number-Cruncher kommen meist aus den Kategorien Mini-Supercomputer und Super-Minicomputer, die mit speziellen 64 bzw. 32-Bit-Prozessoren und leistungsfähigen Grafik-Chips ausgestattet sind.
Der Unterschied zwischen den beiden Kategorien liegt in den unterschiedlichen Zielrichtungen, im Preis und der dafür gebotenen Rechenlei-

stung. Auf den Super-Minicomputern, z.B. "VAX 8600", dauert die Bildberechnung zwar länger, dafür entstehen bei einer durchschnittlich hohen Auslastung aber weniger Leerlaufzeiten. Zudem sind sie billiger als die Mini-Supercomputer. Man kann also sagen, daß je nach Auslastung des Animations-Studios eine Rechnerkategorie bevorzugt wird. Eine Besonderheit bilden sogenannte Graphics Supercomputer, die gleichzeitig Workstation und Number-Cruncher sind. Sie werden ebenfalls für die Computer-Animation eingesetzt, sind aber auch im industriellen und wissenschaftlichen Bereich anzutreffen sowie in der Bildverarbeitung und der Chemie. Es ist mit ihnen eine Berechnung und Echtzeitdarstellung von dreidimensionaler Grafik und Animation möglich. Diese Leistung wird durch den Einsatz von Multiprozessor-Architekturen ermöglicht.

Als letzte Kategorie wären hier noch die Supercomputer zu nennen. Führende Hersteller sind Cray Research, ETA-Systems und Fujitsu. Im Gegensatz zu Großrechnern arbeiten Supercomputer nicht nach dem herkömmlichen Skalar Verfahren mit sehr hohen Taktfrequenzen, sie setzen statt dessen neben integrierten Skalar-Prozessoren hauptsachlich Vektor- und Parallel-Prozessoren ein. Bei der Skalar-Verarbeitung werden die einzelnen Befehle sequentiell nacheinander verarbeitet. Dadurch sind Skalar-Rechner in ihrer Rechengeschwindigkeit immer stark eingegrenzt. Ein Vektorrechner hingegen teilt ein Programm in Teile auf, die auf gleiche Weise abgearbeitet werden müssen und faßt diese zusammen. Diese Programmteile können dann nebeneinander parallel ausgeführt werden.
Supercomputer sind die zur Zeit schnellsten und teuersten Computer überhaupt. Aufgrund ihrer hohen Anschaffungs- und Unterhaltskosten sind sie selten im Bereich der Computer-Animation im Einsatz. Nur vereinzelt werden sie im Forschungsbereich an wissenschaftlichen Einrichtungen und für Animations-Sequenzen aus Spielfilmen eingesetzt.

2.9 Software

In den 70er Jahren wurden die ersten Programme für die Generierung von Computer-Animationen von amerikanischen Firmen für ihre teilweise selbstentwickelten Grafik- und Animations-Systeme geschrieben. Die ersten Animations-Programme für die Workstations entstanden Ende der 70er und vor allem in der ersten Hälfte der 80er Jahre. Anfänglich wurden alle diese Programme für den Eigenbedarf geschrieben. Im Laufe der Zeit wurden sie ständig komfortabler und ausgereifter, boten immer mehr Möglichkeiten und Effekte. Allmählich begannen einige Firmen die selbstentwickelten Programme auf dem Markt zu verkaufen. Ab 1983 entstanden reine Software-Firmen für den Vertrieb von Animations-Programmen.

Je nach Anwendungsgebiet sind die Leistungsanforderungen an ein Animations-Programm verschieden. Die Anforderungen steigen mit der Komplexität und dem Realismus der zu generierenden Objekte und ihrer Bewegungen. Die meisten angebotenen Programme sind Komplettprogramme und somit vom Anwender nicht mehr erweiterbar. Ein solches Programmpaket besteht aus mehreren Modulen. Jedes Modul hat seine eigene spezielle Aufgabe. So gibt es zum Entwerfen der Objekte ein Modellier-Programm und für die Festlegung und Steuerung der Bewegungen ein weiteres Programm. Dann liefern manche Hersteller noch ein zusätzliches Animationsprogramm für Symbol- und Zeichenanimationen und als letztes folgt ein Rendering-Programm. Für das Rendering bieten einige Hersteller auch Ray-tracing-Programme an, um fotorealistische Bilder zu erzeugen. Weiterhin verfügen diese Programmpakete noch über Bibliotheken, in denen verschiedene Objekte, Körper, Hintergründe und Texturen vorhanden sind. Vor dem Kauf einer Animations-Software, sollte man sich darüber informieren, welche Beleuchtungsmodelle und Animationsmethoden geboten werden. Des weiteren ist die Frage nach der Kompatibilität mit anderen Programmen und mit Peripherie-Geräten wie Filmrecorder, Digitizer, Scanner etc. von Wichtigkeit.

Seit einiger Zeit gibt es Animations-Programme für die PC's. Durch neue Grafik-Koprozessoren und geeignete Grafikkarten konnten immer aufwendigere Programme entwickelt werden. So gibt es z.B. das Programmpaket "PictureMaker" von Cubicomp, welches ein sehr gutes Preis-/Leistungs-Verhältnis bietet und als Topmodell im gehobenen Middle-end-Bereich angesehen werden kann. Da die Zeiten für die Bildgenerierung auf den PC's noch relativ hoch sind, gibt es sogenannte Beschleunigungs-Karten, die die Zeit für das Rendering um ein Vielfaches verkürzen. Mit steigender Leistung der PC's, immer schnelleren und hochauflösenderen Grafikkarten, Einsatz von Beschleunigungskarten und besseren Programmen steigt das Interesse der Animateure an der Computer-Animation auf dem PC.

Ein gewisser Nachteil von Animationsprogrammen liegt darin, daß eine Animationssoftware oft sehr speziell ausgelegt sein muß. Der Programmierer weiß vorher, für welchen Rechnertyp, welche Workstation und mit welchen grafischen Fähigkeiten er sein Programm schreibt. Dadurch kann er zwar bei einem System genau auf seine Fähigkeiten eingehen und diese optimal nutzen, die Software wird aber rechnerabhängig und nicht portabel oder kompatibel. So kann meistens ein PC-Programm nicht auf eine Workstation übertragen werden und umgekehrt. Es ist auch teilweise nicht möglich, von einem PC auf einen anderen, oder von einer Workstation auf eine andere ein Programm zu portieren, da die Grafikausstattung und Fähigkeiten eines Systems sehr speziell und individuell ausfallen können.

3. Theorieteil

3.1 Bildschirmtypen

Die verschiedenen Bildschirmtypen werden durch das Kriterium unterteilt, auf welche Art das Bild auf dem Bildschirm erzeugt und gehalten wird. Die zwei zu unterscheidenden Techniken kommen bei den Speicherbildschirmen und den Refresh-Bildschirmen zur Anwendung.

3.1.1 Speicherbildschirme

Die Speicherbildschirme haben eine bistabile Speicher-Bildröhre (DVST - Direct View Storage Tube), die es gestattet, das geschriebene Bild direkt auf dem Schirm zu speichern. Eine Bildwiederholung ist dabei nicht erforderlich, wodurch auf einen Bildwiederholspeicher verzichtet werden kann. Das Auflösungsvermögen ist nur durch die Fokussierung des Elektronenstrahls begrenzt. Die Geräte arbeiten völlig flimmerfrei, da keine Bildwiederholung stattfindet. Der Speicher kann nur als Ganzes gelöscht werden, da selektives Löschen nicht möglich ist. Für die Computer-Animation kann man einen solchen Bildschirm nicht verwenden, weshalb er hier auch nicht näher erläutert wird.

3.1.2 Refresh-Bildschirme

Die Refresh-Bildschirme (CRT - Cathode Ray Tube) sind die derzeit am stärksten vertretenen Bildschirmtypen. Ein solcher Bildschirm besteht aus einer Kathode, die gemeinsam mit einer Anode einen Elektronenstrahl erzeugt, einem Ablenkungssystem, das die Steuerung der Elektronen durchführt und aus der auf der Innenseite phosphor-beschichteten Schirmoberfläche (der Anode). Die Anzeige erfolgt durch laufendes Aussenden von Elektronen, die durch eine hohe elektrische Spannung beschleunigt werden, fokussiert und abgelenkt auf die Schirmoberfläche treffen und dort ein Aufleuchten des Phosphors bewirken, die sogenannte Fluoreszenz. Soll ein Punkt für das menschliche Auge kontinuierlich leuchten, so muß er mindestens 25 Mal pro Sekunde angestrahlt werden. Dieses Neuauffrischen der Bildinformation wird als Refresh bezeichnet. Der Wiederholungsfaktor für den Refresh ist abhängig von der Nachleuchtdauer des Phosphors.

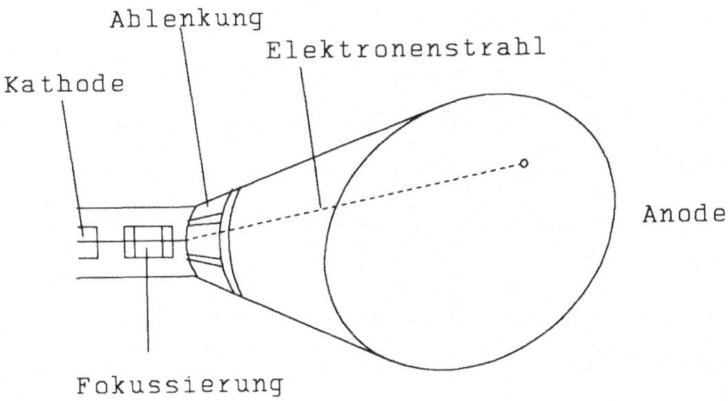

Abb. 5 CRT mit magnetischer Ablenkung

Sollen in sehr kurzer Abfolge ständig wechselnde Bilder angezeigt werden, wie es bei der Echtzeit-Animation oder interaktiven Anwendungen der Fall ist, so darf der Phosphor nicht zu lange nachleuchten. Ein Verschmieren des Bildes wäre die Folge. Andererseits muß bei gleicher Refresh-Rate für Anwendungen mit großteils statischen Bildern die Nachleuchtdauer hoch sein, da sonst ein Flimmern des Bildes auftreten würde.
Die Refresh-Bildschirme teilt man je nach Art der Anzeige in Vektor- und Raster-Bildschirme auf.

Vektor-Bildschirm

Bei den Vektor-Bildschirmen (random scan) wird der Elektronenstrahl frei am Bildschirm bewegt. Sollen einzelne Punkte oder Linien angezeigt werden, so wird der Elektronenstrahl auf diese Punkte gerichtet und dann eingeschaltet bzw. im eingeschalteten Zustand vom Anfangspunkt der Linie zum Endpunkt bewegt (Abb. 6).
Hauptbestandteil eines Vektor-Bildschirmes ist der Vektorgenerator. Dieser besteht aus einer Elektronenkanone, die nur für das Zeichnen von Punkten und Linien konstruiert ist. Zur Erzeugung einer Linie erhält die Kanone vom Computer die Koordinaten des Anfangs- und Endpunktes, welche in Spannungen umgewandelt, den Lauf des Elektronenstrahls

steuern. Der Strahl wird so über die Phosphorschicht geführt, daß die dadurch erzeugte Leuchtspur genau der Linie der grafischen Vorgabe entspricht.

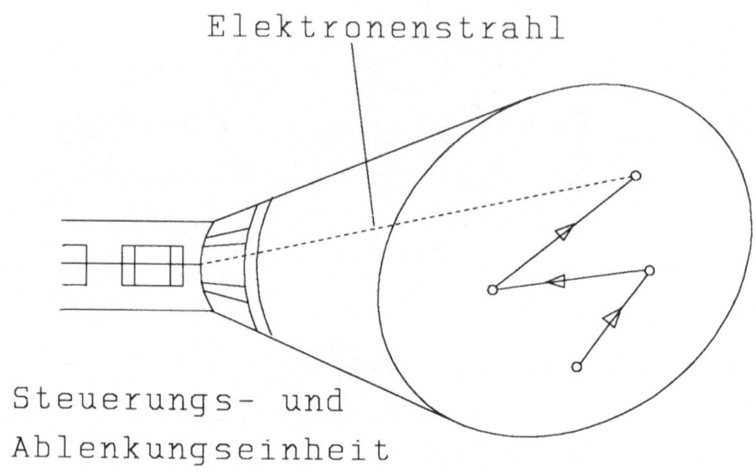

Abb. 6 Vektor-Bildschirm

Wie schon erwähnt, muß bei Refresh-Bildschirmen das Bild in Abhängigkeit der Nachleuchtdauer des Phosphors in regelmäßigen Abständen angezeigt werden, um am Bildschirm sichtbar zu bleiben. Sollte der Bildinhalt aber zu komplex werden, so kann es passieren, daß das Bild nicht mehr hinreichend oft angezeigt wird und zu Beginn des Refresh-Zyklus dargestellte Objekte zu flimmern beginnen.
Die Vorteile des Vektor-Bildschirms sind die hohe Geschwindigkeit der Anzeige und die höhere Auflösung gegenüber einem Raster-Bildschirm. Linien werden immer als glatte Geraden dargestellt und nicht als Treppen.
Nachteilig ist aber, daß diese Geräte sehr teuer sind und in ihren Anzeigemöglichkeiten beschränkt. So können keine Flächen gefüllt, Kreise nur schwer dargestellt werden und die Anzahl der Bildschirmobjekte ist durch den Refresh-Zyklus begrenzt.
Die ständig sinkenden Preise der immer besser werdenden Raster-Bildschirme verdrängen die Vektor-Bildschirme mehr und mehr vom Markt. Für Computer-Animationen werden heutzutage ausschließlich Raster-Bildschirme verwendet.

Raster-Bildschirm

Bei der rasterorientierten Anzeige erfolgt der Refresh zeilenweise von oben nach unten. Die eigentliche Bildinformation liegt Bildpunkt für Bildpunkt in einem eigenen Speicher, dem Bildwiederholspeicher (frame buffer, refresh buffer, video-ram). Aus diesem Speicher wird vor der Anzeige jedes einzelnen Bildpunktes (Pixel) die Information über Farbe und Helligkeit von einem Grafik-Prozessor entnommen. Es ist damit möglich, im Gegensatz zu Vektor-Bildschirmen auch ausgefüllte Objekte darzustellen.

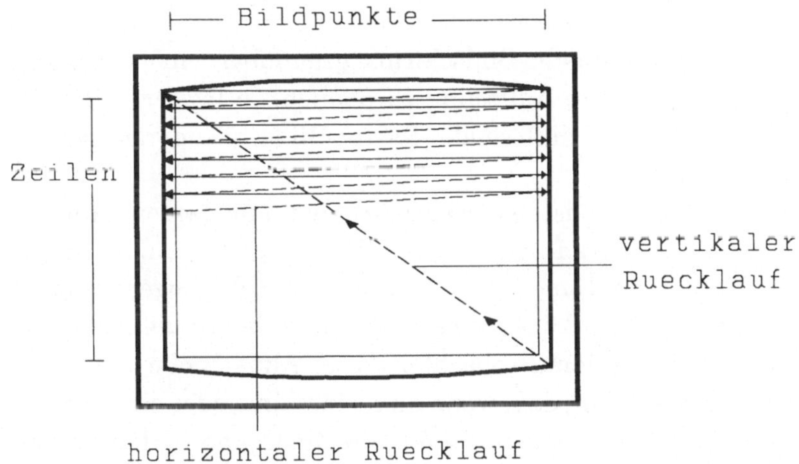

Abb. 7 Raster-Bildschirm

Um die Steuerung des Elektronenstrahls zu vereinfachen, wird der Strahl horizontal und zeilenweise über den Bildschirm bewegt (Abb. 7). Immer wenn sich der Elektronenstrahl von links nach rechts bewegt ist er eingeschaltet und legt die vorher gelesene Bildinformation auf dem Bildschirm ab. Dabei wird der Übergang von einer Zeile in die folgende (horizontaler Rücklauf) durch das horizontale Synchronisationssignal und der Übergang von rechts unten nach links oben (vertikaler Rücklauf) durch das vertikale Synchronisationssignal gesteuert. Bei den Rückläufen des Elektronenstrahls ist dieser immer ausgeschaltet.
Der Elektronenstrahl geht bei der Abarbeitung des gesamten Bildschirms immer links und rechts sowie oben und unten über den be-

schreibbaren Bereich hinaus. Diesen Vorgang bezeichnet man als horizontalen bzw. vertikalen Overscan. Unter Ausnutzung von diesem kann man z.B. die Randfarbe des Bildschirmes einstellen.
Durch die Refresh-Rate wird die Anzahl der Bildauffrischungen pro Sekunde bestimmt. Die üblichen Refresh-Raten liegen zwischen 50 und 110 Hertz.
Die rasterorientierte Anzeige bietet gegenüber der vektororientierten Anzeige den Vorteil, daß keinerlei Einschränkungen bezüglich der Bildkomplexität bestehen. Jeder einzelne Punkt kann angesprochen und modifiziert werden. Es muß aber auf der Hardware-Seite darauf geachtet werden, daß die Zeit für das Auslesen des Video-Rams mit der vorgegebenen Refresh-Rate übereinstimmt. Dazu werden immer schneller auslesbare Video-Ram-Bausteine entwickelt.
Als Nachteil eines Raster-Bildschirms gegenüber einem Vektor-Bildschirm ist die geringere Auflösung zu nennen. In letzter Zeit sind aber mehr und mehr hochauflösende Raster-Bildschirme auf den Markt gekommen.
Ein anderer Nachteil ist die Tatsache, daß nur Linien unter einem Winkel von n * 45 Grad zur Horizontalen als glatte Linien dargestellt werden. Alle anderen Linien weisen Treppen auf, den sogenannten Alias-Fehler (siehe 3.7 Anti-Aliasing-Techniken). Je höher die Auflösung ist, desto weniger fällt einem Beobachter dieser Alias-Fehler auf.
Nachteilig ist weiterhin, daß, wenn man eine Linie oder ein Objekt zeichnen will, man jeden einzelnen Punkt berechnen und in den Bildschirmspeicher schreiben muß. Dies dauert natürlich länger als bei den Vektor-Bildschirmen, wozu dort nur der Elektronenstrahl bewegt werden muß.
Auch das Löschen eines Objektes, das mehrere dahinterliegende Objekte verdeckt, erfordert unter Umständen ein völliges Neubeschreiben des Bildschirmspeichers, da dieser nur Informationen über die sichtbaren Teile der einzelnen Objekte beinhaltet.

Trotz dieser Nachteile hat sich der Raster-Bildschirm durch seine vielen Möglichkeiten durchgesetzt. Verschiedene Texte, Schraffuren, beliebige Farben und bewegte Bilder stellen für ihn kein Problem dar.
Dagegen ist der Vektor-Bildschirm, der nur Vektoren anzeigen kann und meist nur eine Farbe besitzt, längst nicht mehr zeitgemäß und für die Computer-Animation unbrauchbar.
Die folgenden Kapitel beziehen sich deshalb ausschließlich auf den Raster-Bildschirm.

3.2 RGB-Farbmodell

Dieses Farbmodell zur Beschreibung von Farben ist das am weitesten verbreitete. Es existiert nur intern und ist damit für den Benutzer nicht sichtbar, d.h., daß unter Umständen das Grafiksystem dem Benutzer ein anderes Farbmodell zur Farbauswahl anbietet, dieses aber intern auf das RGB-Modell abbildet.
Bei den Raster-Farbbildschirmen besteht die Phosphorschicht aus Tripeln von roten, grünen und blauen Phosphorpunkten. Diese Tripel werden von dem Elektronenstrahl getroffen, wodurch eine bestimmte Farbe aufleuchtet.

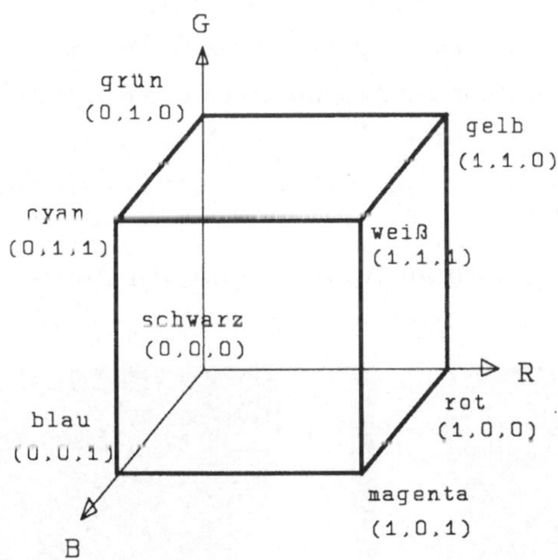

Abb. 8 additives RGB-Modell

Durch den Aufbau des Farbbildschirms bietet sich die Verwendung des RGB-Modells an. Es handelt sich bei diesem um ein sogenanntes additives Farbmodell, da das von den einzelnen Phosphorpunkten ausgehende Licht addiert wird, um andere Farben zu erzeugen. Eine übliche Darstellung des Modells ist die Darstellung im Einheitswürfel.
Jede Farbe innerhalb des Würfels wird durch ihre Koordinaten, d.h. durch ihre Anteile an den Grundfarben Rot, Grün und Blau charakterisiert. Zum Beispiel wird die Farbe Gelb als Summe von rot und grün dargestellt (1,1,0) = (1,0,0) + (0,1,0).

Um zwischen zwei beliebigen Farben einen kontinuierlichen Übergang mit n Farbstufen zu erhalten, verbindet man die beiden den Farben entsprechenden Punkte im Einheitswürfel mit einer Geraden und unterteilt diese in n+1 gleich lange Teile. Die Endpunkte der Geradenstücke entsprechen den gesuchten Farbstufen. Bei dieser Methode muß natürlich berücksichtigt werden, daß für die Darstellung der Grundfarbenanteile der Wertebereich groß genug ist. Zum Beispiel müssen für die Darstellung von 16 Graustufen (Übergang von schwarz (0,0,0) nach weiß (1,1,1)) 4 Bit pro Grundfarbe zur Verfügung stehen.

3.3 Auflösung

Mit Auflösung oder Bildauflösung bezeichnet man bei einem Bildschirm oder sonstigem grafischen Ausgabegerät wie z.B. Drucker, die maximale Anzahl optisch voneinander unterscheidbarer Punkte, die auf einer Fläche dargestellt werden können. Bei einer Auflösung von 100 Punkten pro cm können also Punkte, die 0,1 mm voneinander entfernt sind, noch unterschieden werden.
Man gibt eine Auflösung normalerweise als die Anzahl der Spalten mal der Anzahl der Zeilen an.

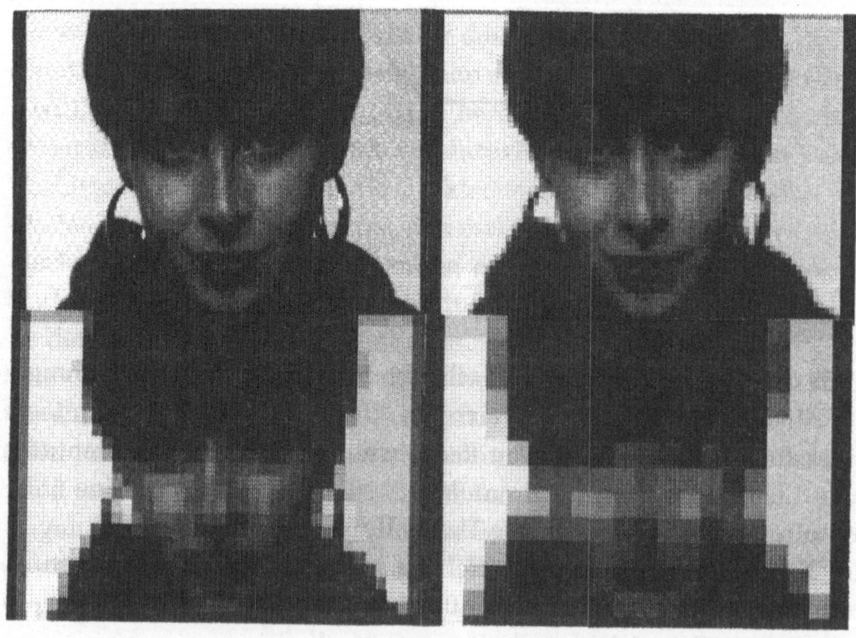

Abb.9 Qualitätsunterschiede verschiedener Auflösungen

Eine höhere Auflösung bewirkt eine höhere Qualität der grafischen Darstellung. Die einzelnen Teilbilder in Abb. 9 haben eine immer niedriger werdende Auflösung und damit eine sinkende Aussagekraft. Die Auflösungen der Teilbilder sind folgende: 320 x 200 Pixel, 80 x 50 Pixel, 40 x 25 Pixel und 20 x 12 Pixel. In dem letzten Bild ist die Rasterung so grob, daß der Inhalt nicht mehr als das erkannt werden kann, was er eigentlich darstellt.
Je mehr Linien bei immer enger werdenden Abständen noch zu unterscheiden sind bzw. noch aufgelöst werden können, desto besser ist die Bild-Wiedergabequalität eines Gerätes.

Es gelten zur Zeit folgende Standardauflösungen:

Heimcomputer	320	x	200	Bildpunkte
Fernsehgerät	720	x	625	Bildpunkte
PC (max. Aufl.)	1024	x	768	Bildpunkte
Workstation	1280	x	1024	Bildpunkte
grafische Sichtstation	4096	x	4096	Bildpunkte

Die jeweilige Auflösung des Rechners wird von der eingesetzten Grafikkarte bestimmt. Der angeschlossene Monitor muß die Fähigkeit haben, die von der Grafikkarte gebotenen Auflösungen darzustellen.

3.4 Grafikkarten für den PC

Um einen PC grafikfähig zu machen, benötigt man eine Grafikkarte, welche in den PC in einen dafür vorgesehenen Slot (Steckplatz) gesteckt wird. Es ist dadurch möglich, jeden PC individuell mit einer beliebigen Grafikkarte auszurüsten.
Dabei hat man nur darauf zu achten, daß die Grafikkarte die gleiche Bit-Breite wie der Slot aufweist.
Die Standard-Grafikkarten verfügen über einen oder mehrere Textmodi und mehrere Grafikmodi. Da für die Computer-Animation nur die Grafikfähigkeiten einer Karte interessant sind, wird hier auch nur auf die Grafikmodi eingegangen.
Es gibt preisgünstige Grafikkarten mit wenigen Farben und geringer Auflösung und teure, die wesentlich mehr Fähigkeiten besitzen und für professionelle Anwendungen sowie für CAD und Computer-Animation verwendet werden.
Im folgenden werden die gängigen PC-Farbgrafikkarten vorgestellt.

3.4.1 Color Graphics Adapter (CGA)

Die CGA-Grafikkarte war die erste Grafikkarte, mit der man verschiedene Farben darstellen konnte. Sie hat zwei Grafikmodi zwischen denen man wählen kann. Der eine liefert eine Auflösung von 320 x 200 Pixeln mit 4 Farben und der zweite 640 x 200 Pixel mit 2 Farben. Der Bildschirmspeicher ist 16 KByte groß und die Farbpalette umfaßt 16 Farben. Diese Farb- und Grafikfähigkeiten wurden aber bald schon den steigenden Ansprüchen der Anwender nicht mehr gerecht und so folgte die EGA-Grafikkarte.

3.4.2 Enhanced Graphics Adapter (EGA)

Die Auflösung und die Anzahl der Farben wurden bei dieser Grafikkarte gegenüber der CGA-Grafikkarte erhöht. So steht eine Farbpalette mit 64 Farben zur Verfügung, aus welcher man die gewünschten Farben auswählen kann. Die Grafikmodi sind folgende: 320 x 200 Pixel mit 16 Farben, 640 x 200 Pixel mit 16 Farben und 640 x 350 Pixel mit 16 Farben. Weiterhin werden die Grafikmodi der CGA-Grafikkarte unterstützt.
Der Bildschirmspeicher umfaßt je nach Ausführung der Grafikkarte 64 bis 256 Kbyte.
Die Entwicklung auf dem Gebiet der Grafikkarten ging schnell voran, so daß schon ein Jahr nach dem Erscheinen der EGA-Grafikkarte die VGA-Grafikkarte präsentiert wurde.

3.4.3 Video Graphics Array (VGA)

Die VGA-Grafikkarte ist kompatibel zu den Vorgängern CGA und EGA. Eine wichtige technische Neuerung ist, daß sie einen Analog-Monitor ansteuert und nicht wie ihre Vorgänger einen digitalen Monitor. Dadurch kann theoretisch jede nur denkbare Farbe dargestellt werden. Praktisch ist die VGA-Karte aber durch die digitale Hardware auf eine Palette mit 262144 Farben begrenzt.
Als Grafikmodi kamen folgende hinzu: 320 x 200 Pixel mit 256 Farben und 640 x 480 Pixel mit 16 Farben, jeweils frei wählbar aus der gesamten Farbpalette.
Der Bildschirmspeicher betrug bei den ersten VGA-Karten 256 Kbyte. Dieser Wert wurde bald überholt und somit haben heute eigentlich alle

VGA-Karten mindestens 512 Kbyte, wenn nicht sogar 1 MByte Bildschirmspeicher. Dieser zusätzliche Speicher brachte dann auch die neuen "Super-Grafikmodi" hervor.
Diese Grafikmodi dienen besonders den professionellen Anwendungen wie z.B. für CAD, Multimedia-Applikationen und der Bildverarbeitung. Die neuen Grafikmodi sind folgende: 640 x 480 Pixel mit 256 Farben, 800 x 600 Pixel mit 16 und mit 256 Farben und 1024 x 768 Pixel mit 16 und mit 256 Farben.

Für die Computer-Animation im Low-end-Bereich wird die VGA-Karte verwendet, da sie günstig ist und viele Möglichkeiten bietet. In letzter Zeit werden auch immer mehr Computer-Spiele für sie geschrieben. Besonders im Grafikmodus 320 x 200 Pixel mit 256 Farben, aufgrund der Farbenvielfalt.

Die in den nachfolgenden Kapiteln enthaltenen PC-Programmbeispiele für die verschiedenen Animationstechniken wurden für eine VGA-Karte entwickelt.
Aus diesem Grund ist ein genaueres Verständnis von ihrer Verwaltung sowie ihrem internen Aufbau unbedingt nötig.

VGA intern

Die beiden wichtigsten und vom Aufbau her sehr unterschiedlichen Grafikmodi, sind der Modus Nr.16 (640 x 350 Pixel mit 16 Farben) und der Modus Nr.19 (320 x 200 Pixel mit 256 Farben). Die folgenden speziellen Ausführungen beziehen sich nur noch auf diese beiden Modi.
Die VGA-Karte verfügt über 262144 verschiedene Farben. Man kann sich je nach Grafikmodus entweder die 16 oder die 256 aktiven Farben aus diesen 262144 wählen. Für jeden Farbanteil Rot, Grün und Blau sind jeweils 6 Bit reserviert, wodurch sich ein 18-Bit-Farbwert ergibt. Diese 18 Bit ergeben als Potenz von 2 wiederum die 262144 Farben (2^{18} = 262144). Durch die 6 Bit pro Farbanteil kann jeder dieser Farbanteile in 64 (2^6 = 64) Abstufungen eingeteilt werden.
Man unterscheidet dabei Farbnummern und Palettenregister. Je nach Grafikmodus hat man 16 (0 bis 15) oder 256 (0 bis 255) Farbnummern zur Verfügung. Diese Farbnummern werden als Adressen angesehen, die auf eines der 256 Palettenregister zeigen. Diese 256 Palettenregister wiederum beinhalten jeweils einen Farbwert aus den gesamten 262144 Farben.

Die Farbnummern in den Modi Nr.16 und 19 sind wie folgt vorbelegt:

```
Farbnr.:  00 01 02 03 04 05 06 07 08 09 10 11 12 13 14 15 16

Modus 16: 00 01 02 03 04 05 14 07 38 39 3a 3b 3c 3d 3e 3f
      19: 00 01 02 03 04 05 06 07 08 09 0a 0b 0c 0d 0e 0f 10 ...
```

Diese Tabelle zeigt die zu einer Farbnummer entsprechende Palettennummer. Die Angaben der Palettennummern sind hexadezimal.

So ist z.B. im Modus 16 die Farbnummer 9 mit dem Palettenregister 39(hex) voreingestellt. Im Modus 19 laufen die Farbnummern parallel zu den Palettennummern von 0 bis 255.
Möchte man z.B. erreichen, daß im Modus 16 die Farbnummer 6 den gleichen Farbwert hat wie die Farbnummer 12, so müßte man die 14(hex) mit einer 3c(hex) überschreiben.

Das Einstellen eines Farbwertes macht der Programmierer üblicherweise über einen BIOS-Aufruf. Das BIOS (Basic Input Output System) ist eine Sammlung von Softwarefunktionen, die in einem ROM-Baustein (Read Only Memory) der Grafikkarte untergebracht sind und dem Programmierer den Umgang mit der Karte erleichtern. Diese BIOS-Funktionen ermöglichen z.B. das Aktivieren eines Grafikmodus, Einstellungen von Farbwerten, Löschen des Bildschirmes, Setzen eines Punktes und vieles mehr.

Wie kommt es nun eigentlich zu der Tatsache, daß in dem einen Grafikmodus genau 16 und in dem anderen 256 Farben zur Verfügung stehen?

Der Grund liegt in dem unterschiedlichen Aufbau des Bildschirmspeichers und dessen Verwaltung.
Wenn nur zwei Farben dargestellt werden sollen, bietet es sich an, jedem Bildpunkt genau ein Bit zuzuordnen. Ein gesetztes Bit erzeugt einen Punkt und ein zurückgesetztes Bit löscht diesen.
Man stellt sich den Bildschirmspeicher als eine rechteckige Fläche vor, in der die einzelnen Speicherbits angeordnet sind. Diese Fläche bildet ein Bitfeld, allgemein als Bitmap bezeichnet, das genau das Monitorbild wiederspiegelt. Jedes Speicherbyte enthält acht Bits und damit die Information für acht horizontal benachbarte Bildpunkte. Wie in Abb. 10 zu sehen, ist üblicherweise das höchstwertige Bit 7 für den ersten (linken)

und das niedrigstwertige Bit 0 für den letzten (rechten) Punkt innerhalb des Bytes zuständig.

Y \ X	0	1	2	3	4...												
0	7	6	5	4	3	2	1	0	7	6	5	4	3	2	1	0	7
1	7	6	5	4	3	2	1	0	7	6	5	4	3	2	1	0	7
2	7	6	5	4	3	2	1	0	7	6	5	4	3	2	1	0	7
3	7	6	5	4	3	2	1	0	7	6	5	4	3	2	1	0	7
4	7	6	5	4	3	2	1	0	7	6	5	4	3	2	1	0	7
5	7	6	5	4	3	2	1	0	7	6	5	4	3	2	1	0	7
6	7	6	5	4	3	2	1	0	7	6	5	4	3	2	1	0	7
7	7	6	5	4	3	2	1	0	7	6	5	4	3	2	1	**0**	
8	7	6	5	4	3	2	1	0	7	6	5	4	3	2	1	0	

Abb. 10 Bitmap mit einem Bit pro Bildpunkt

Sobald mehr als zwei Farben ins Spiel kommen, sind mehrere Bits im Verbund erforderlich, um den Zustand eines Bildpunktes zu beschreiben. Bei zwei Bits pro Punkt können $2^2 = 4$ verschiedene Farben dargestellt werden. Daraus folgt, daß im Modus 16 4 Bit pro Punkt und im Modus 19 8 Bit pro Punkt vorhanden sein müssen. Der mathematische Zusammenhang sieht allgemein formuliert so aus: Anzahl Farben = $2^{\text{Bits pro Punkt}}$

Die für einen Punkt zuständigen Bits stellen die binäre Farbnummer dar. Es gibt zwei Methoden, die Farbinformation im Speicher unterzubringen. Diese beiden Methoden unterscheiden auch die Modi 16 und 19.

Der 16-Farben-Modus

Bei der ersten Methode (Modus 16) werden die einzelnen Farbbits auf parallele Speicherbänke verteilt. Parallel bedeutet, daß die Speicherbänke den gleichen Adreßbereich belegen. Jede Ebene beherbergt ein Bitfeld, das genau ein Bit zur Farbnummer beisteuert. Man kann sich diesen

Umstand so vorstellen, als ob die Ebenen (Bitmaps) übereinander gestapelt sind, so daß die für einen Punkt zuständigen Bits direkt übereinander liegen. Zu den Grafikkoordinaten (x,y) kommt also noch die Bitebenennummer als dritte Dimension hinzu.
Die Bitebene 0 enthält für alle Punkte das Farbnummernbit 0, Ebene 1 das Farbnummernbit 1 usw. Für 16 verschiedene Farben benötigt man somit 4 Bitebenen. Um einen Bildpunkt in der Farbe der Farbnummer 12 (1100 binär) erscheinen zu lassen (Abb. 11), muß man zuerst die Adresse und Bitposition des Punktes berechnen.

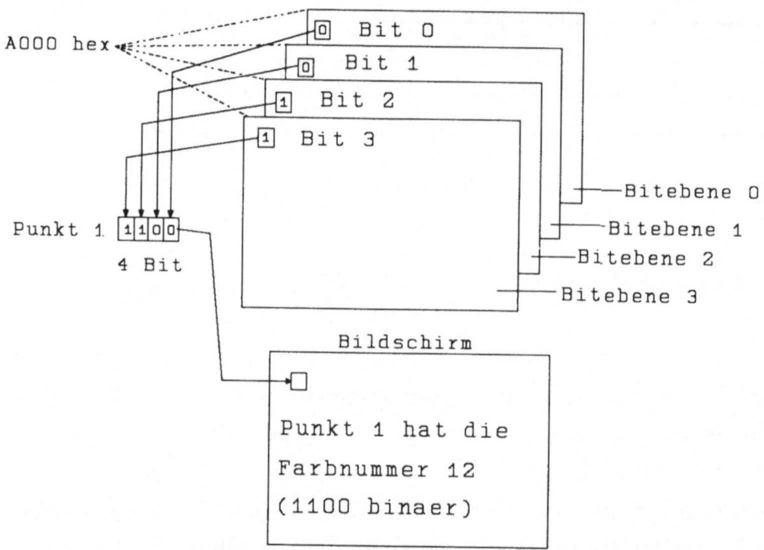

Abb. 11 Anordnung der Bitebenen im 16-Farben-Modus

Dann schaltet man den Zugriff auf die Bitebene 0 ein, setzt eine 0 an die Punktposition, schaltet den Zugriff auf die Bitebene 1 ein, setzt wiederum eine 0 an die gleiche Position usw. Man muß also jede Bitebene mit dem passenden Bitwert versorgen.
Für das Ein- und Ausschalten der Bitebenen gibt es verschiedene Register auf der Grafikkarte, die dazu mit den passenden Werten gefüllt werden müssen. Es können auch mehrere Bitebenen gleichzeitig angesprochen werden.
Programmiert man in Assembler, so muß man diese Dinge mit erheblichem Aufwand selber realisieren. Hochsprachen, wie z.B. C oder Pascal, nehmen einem diese Arbeit jedoch ab.

Die Berechnung der genauen Bitposition ist bei dieser Art der Speicherverwaltung nicht gerade anwenderfreundlich. Zuerst muß die Byteposition innerhalb des Bildschirmspeichers und dann innerhalb des Bytes die für den Punkt zuständige Bitposition berechnet werden.

Um die Berechnung der Bildspeicheradresse zu verstehen, muß vorne weg erst einmal auf die Speicherverwaltung eines MS-DOS PC's genauer eingegangen werden.

Speicherverwaltung

Die Anzahl der Speicherstellen auf die ein Prozessor zugreifen kann, ist abhängig von der Breite eines Registers, welches Adreßregister genannt wird. Da nämlich jede Speicherstelle über eine eigene, fortlaufende Nummer angesprochen wird, entscheidet die Anzahl der in dem Adreßregister darstellbaren Zahlen darüber, wie viele verschiedene Speicherstellen angesprochen (adressiert) werden können. Da das Adreßregister (es gibt zwar mehrere beim PC, was hier aber irrelevant ist) nur 16 Bit breit ist, kann es nur Zahlen zwischen 0 und 65535 darstellen. Dies entspricht einer Speicherkapazität von lediglich 64 Kbyte. Man will natürlich mehr Speicher adressieren können, woraus ersichtlich wird, daß das Adreßregister breiter als 16 Bit sein muß. Um z.B. auf 1 Mbyte (Standardgröße bei einem PC) zugreifen zu können, muß das Register 20 Bit breit sein. Es gibt aber nuneinmal keine 20 Bit breiten Register und somit muß man sich mit einem Trick behelfen.
Es wird zur Speicheradressierung nicht nur ein spezielles, sondern zwei 16 Bit-Register verwendet, die zu einer 20-Bit-Zahl verknüpft werden. Dabei ist das eine Register ein spezielles Adreßregister und das andere ein "normales" Register oder sogar der Inhalt einer Speicherzelle. Die beiden Adressen werden dabei jedoch nicht einfach addiert. Dies würde nämlich auch nicht zu einer 20-Bit-, sondern höchstens zu einer 17-Bit-Adresse führen.
Man geht nun wie folgt vor. Der Inhalt des Segmentregisters (so wird das spezielle Adreßregister bezeichnet) wird um 4 Bit nach links verschoben, was einer Multiplikation mit 16 bzw. dem Anhängen von 4 Bit gleichkommt. Dann wird zu dieser nun 20 Bit breiten Adresse die zweite Adresse addiert.

physikalische Adresse = Segmentadresse * 16 + Offsetadresse

Bei diesen Adressen spricht man von Offset- und Segmentadresse. Segmentadresse nennt man die Adresse, die durch ein Segmentregister gebildet wird und den Beginn eines Speicherbereiches (eines sogenannten Segments) angibt, während Offsetadresse die Adresse ist, die zur Segmentadresse bei der Adreßbildung addiert wird. Die Offsetadresse gibt damit praktisch die Speicherstelle innerhalb des Segments an, dessen Anfang durch das Segmentregister definiert wird. Ein Segment ist dabei immer 64 Kbyte groß, da die Offsetadresse nie größer als 16 Bit sein kann.
Die durch die Verknüpfung von Segment- und Offsetadresse entstehende Adresse ist die physikalische Adresse. Segment- und Offsetadresse sind die logischen Adressen.
Bei der Programmierung gibt man die Adressen durch einen Doppelpunkt getrennt an:

Segmentadresse:Offsetadresse (z.B. A000:0FFF)

Die daraus resultierende physikalische Adresse ermittelt der Prozessor selbständig in einer dafür vorgesehenen Adreßbildungseinheit (Adreßdecoder).
Mit der Segment- und Offsetbildung wird der gesamte Speicher des PC's adressiert und so auch der Bildschirmspeicher einer Grafikkarte.
Wie in Abb. 11 und 12 zu sehen, beginnt der Bildschirmspeicher einer VGA-Karte bei der Segmentadresse A000(hex). Dies gilt aber nur in den Grafikmodi. Der Bildschirmspeicher in den Textmodi hat eine andere Segmentadresse, die uns hier aber nicht interessieren soll.

Punktsetzen im 16-Farben-Modus

Die Berechnung der Bildspeicheradresse, an der man einen Punkt setzen möchte, geschieht wie nachfolgend beschrieben:
Arbeitet man mit einer höheren Programmiersprache, so stehen einem Funktionen, z.B. zum Punkte setzen oder Linien zeichnen zur Verfügung. Dabei bezieht man sich immer implizit auf ein Koordinatensystem, das jedem Bildpunkt ein Zahlenpaar (x,y) zuordnet. Der Ursprung 0,0 liegt beim PC in der linken oberen Bildschirmecke. Die X-Achse erstreckt sich von dort aus nach rechts, die Y-Achse entgegen der mathematischen

Konvention nach unten. Einer Grafikfunktion wie Punktsetzen, werden nur die beiden Koordinaten übergeben, an denen man einen Punkt erscheinen lassen will. Den Rest übernimmt die Funktion selbstständig.

Bei einem direkten Bildspeicherzugriff steht diese komfortable Orientierungshilfe allerdings nicht mehr zur Verfügung. Man muß selber die genaue Adresse und das Punktbit bestimmen. Dazu benötigt man die Startadresse des Bildschirmspeichers, die Offsetadresse des Bytes innerhalb dieses Speichers und die Bitposition innerhalb des Bytes.
Die Startadresse des Bildschirmspeichers liegt wie schon erwähnt bei A000(hex). Die Offsetadresse hängt von der horizontalen Auflösung des jeweiligen Grafikmodus ab. Im Modus 16 haben wir 640 Punkte in einer Zeile. Da immer 8 Punkte in ein Byte passen, ergibt sich die Anzahl an Bytes pro Zeile durch folgende Berechnung:

Bytes pro Zeile = horizontale Auflösung / 8

Im Modus 16 ergibt sich dadurch eine Anzahl von 640 / 8 = 80 Bytes pro Zeile. Man kann damit also schon einmal die Zeile bestimmen, in der der Punkt gesetzt werden soll:

Zeilenoffset = y * Bytes pro Zeile

Als nächstes benötigt man die Byteposition innerhalb der Zeile. Diese Position ist natürlich von der X-Koordinate abhängig. Da in ein Byte immer 8 Punkte passen, muß die X-Koordinate durch 8 geteilt werden und man erhält das entsprechende Byte.

Spaltenoffset = x / 8

Ein eventueller Rest fällt bei dieser Berechnung unter den Tisch. Dies ist jedoch egal, da er für das Ergebnis keine Rolle spielt.
Die Offsetadresse ist damit vollständig bestimmbar:

Offsetadresse = Zeilenoffset + Spaltenoffset

Was wir nun noch benötigen, ist die Bitposition innerhalb des Bytes. Da ein Byte 8 Punkte beherbergt, erhält man die Bitposition, indem man die X-Koordinate wie vorher schon durch 8 dividiert und den Divisionsrest verwendet (Modulo):

Bitposition = x MOD 8

Durch diese Ganzzahldivision durch 8 kann nur ein Rest im Bereich von 0 bis 7 entstehen. Also sind in dem Ergebnis nur die niedrigstwertigen 3 Bit relevant. Da eine Division den Prozessor viel Rechenzeit kostet, ersetzt man diese durch eine schnelle AND-Operation, die zum gleichen Ergebnis führt:

Bitposition = x AND 7

Dieses Ergebnis ist noch nicht mit der Bitposition identisch, die man ja normalerweise von rechts nach links zählt. Die hier berechnete Bitposition nimmt dagegen von links nach rechts zu, so daß das höherwertige Bit 7 an der Position 0 steht. Will man die korrekte Bitposition haben, so muß man das Ergebnis dahingehend umrechnen, daß es von rechts nach links gesehen richtig ist:

korrekte Bitposition = 7 - Bitposition

Diese korrekte Position wird aber durch das folgende raffinierte Verfahren gar nicht benötigt.
Um nur ein bestimmtes Bit zu verändern, also wirklich nur einen Punkt zu setzen, darf man auch nur ein Byte in den Bildschirmspeicher schreiben und in diesem Byte darf zudem auch nur ein Bit gesetzt sein. Damit dieses eine Bit auch an der richtigen Position sitzt, nimmt man ein Ausgangsbyte mit folgendem Inhalt 10000000(binär) und schiebt den Inhalt um die Anzahl der Bitposition nach rechts:

Punktbyte = 10000000(binär) SHR Bitposition

Hierbei wird die ursprüngliche Bitposition (x AND 7) verwendet.

Nach Durchführung dieser vielen Berechnungen, kann man nun endlich den Punkt setzen. Um den Vorgang noch einmal zu verdeutlichen, folgt hier ein exaktes Beispiel:

Es soll ein Punkt an den Koordinaten (35,88) gesetzt werden.

Als erstes wird der Zeilenoffset berechnet. Wir wissen, daß 80 Bytes pro Zeile vorliegen, woraus folgt:

Zeilenoffset = y * 80 = 88 * 80 = 7040.

Als nächstes berechnen wir den Spaltenoffset:

Spaltenoffset = x / 8 = 35 / 8 = 4 (das Ergebnis ist eine ganze Zahl!)

Daraus ergibt sich die Offsetadresse:

Offsetadresse = Zeilenoffset + Spaltenoffset = 7044 = 1B84(hex)

Jetzt folgt die Berechnung der Bitposition:

Bitposition = x AND 7 = 35 AND 7 = 3

Anschließend muß der Inhalt des Ausgangsbytes verschoben werden, um das endgültige Punktbyte zu erhalten:

Punktbyte = 10000000(binär) SHR 3 = 00010000(binär)= 10(hex)

Abschließend wird das Byte gesetzt. Hierzu bietet es sich an, das Byte in den Bildschirmspeicher "hineinzuodern" (OR), um nicht schon eventuell bestehende Nachbarpunkte zu löschen. Denn wenn ein Byte geschrieben wird, können immer 8 Pixel gleichzeitig angesprochen werden.
Es wird also an die Adresse A000:1B84(hex) das Byte 10(hex) "geodert" und schon erscheint ein Punkt an den Koordinaten (35,88).

Es ist an dieser Stelle noch zu erwähnen, daß man nur die für die Farbnummer zuständigen Bitplanes beschreiben darf, wenn der Punkt eine bestimmte Farbe haben soll. Also wie schon oben erwähnt, muß man den Zugriff auf die entsprechenden Bitplanes anschalten (und damit für andere ausschalten) und kann dann erst das Punktbyte setzen.

Bildschirmspeicherbedarf

Der Bildschirmspeicherbedarf für den Modus 16 wird über die Auflösung und die Anzahl der Farben berechnet. Die Auflösung beträgt 640 x 350 Pixel, also 80 Bytes pro Zeile. Eine Bitplane umfaßt damit 80 * 350 = 28000 Bytes. Da die Farbenanzahl bei 16 liegt und dazu 4 Bitplanes benötigt werden, kommt man auf einen Speicherumfang von 4 * 28000 = 112000 Bytes.

Der 256-Farben-Modus

In diesem Modus kommt die zweite Methode der Speicherverwaltung zur Anwendung. Anders als im 16-Farben-Modus gibt es hier nur eine einzige Bitebene (Abb. 12). Die Farbnummern gehen von 0 bis 255. Es wird also für jeden Punkt genau 1 Byte benötigt, um die Farbnummer zu speichern. Dieses Byte ist nicht auf 8 Bitplanes aufgeteilt, wie man annehmen könnte, sondern nur auf der einen Bitplane zu finden.
Die Bytes liegen also sozusagen nebeneinander und nicht hintereinander.

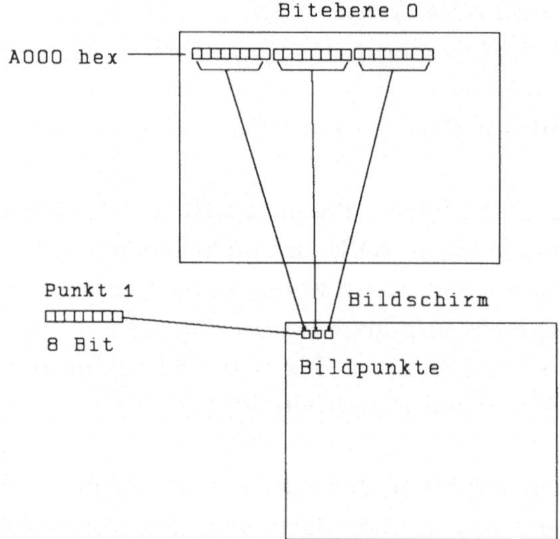

Abb. 12 Bildung einer Punktfarbe im 256-Farben-Modus

Die Entwickler hätten hier natürlich auch die Bildschirmspeicherverwaltung wie im 16-Farben-Modus realisieren können (hier aber mit 8 Bitplanes), haben sich aber auf diese sehr viel bessere Methode geeinigt. Das Besondere hierbei ist nämlich, daß die Problematik der Ermittlung der Bitposition innerhalb des Bytes und das Aktivieren und Deaktivieren der Bitplanes völlig wegfällt. Dadurch ist das Ansprechen des Bildschirmspeichers und z.B. das Punktsetzen sehr vereinfacht worden.
Eine Zeile im Bildschirmspeicher enthält jetzt genauso viele Bytes, wie sie Punkte beinhaltet. Bei einer Auflösung von 320 x 200 Pixeln belegt eine Zeile somit 320 Bytes.

Punktsetzen im 256-Farben-Modus

Wir wollen uns auch hier die Berechnung der Bildspeicheradresse zum Setzen eines Punktes ansehen:

Bytes pro Zeile = Punkte pro Zeile

und damit

Zeilenoffset = y * Bytes pro Zeile = y * 320 .

Der Spaltenoffset ist gleich der X-Koordinate. Daraus folgt für die Offsetadresse:

Offsetadresse = Zeilenoffset + x = y * 320 + x .

Dies ist schon die gesamte Berechnung der Offsetadresse. Die lästige und zeitraubende Berechnung der Bitposition ist nun nicht mehr nötig. Man kann an die Offsetadresse jetzt die gewünschte Farbnummer schreiben und erhält einen Punkt.

Um einen genauen Vergleich zwischen den beiden Speicherverwaltungs-Methoden zu haben, wird hier noch einmal das Beispiel zum Setzen eines Punktes berechnet.
Es soll wieder ein Punkt an den Koordinaten (35,88) gesetzt werden.

Als erstes wird der Zeilenoffset berechnet. Wir wissen, daß 320 Bytes pro Zeile vorliegen, woraus folgt:

Zeilenoffset = y * 320 = 88 * 320 = 28160.

Der Spaltenoffset entspricht der X-Koordinate, so daß man folgende Offsetadresse erhält:

Offsetadr. = Zeilenoffset + x = 28160 + 35 = 28195 = 6E23(hex).

Man kann jetzt die Farbnummer an die Adresse A000:6E23 setzen. Um eventuell ein- oder ausgeschaltete Bitebenen braucht man sich nicht mehr zu kümmern. Es können auch keine benachbarten Punkte mehr beeinflußt werden, denn ein Punkt wird genau durch ein Byte repräsentiert.
Die Einfachheit der Adreßbestimmung bei dieser Methode ist leicht einzusehen, was auch dazu geführt hat, daß immer mehr Programme, insbesondere Spiele, für diesen Modus entwickelt werden.

Bildschirmspeicherbedarf

Der Bildschirmspeicherbedarf in diesem Modus beträgt 320 x 200 = 64000 Byte. Dies ist bei der geringen Auflösung natürlich ziemlich viel, durch die hohe Anzahl der Farben aber nicht zu vermeiden.

Stellen wir uns einmal vor, die Auflösung würde hier auch 640 x 350 Pixel betragen, wie es im 16-Farben-Modus der Fall war, dann würde man auf 224000 Byte kommen. Im Gegensatz zu dem 16-Farben-Modus hätte man genau den doppelten Speicherbedarf.

Einen Vorteil, den die Speicherverwaltung im 16-Farben-Modus der Speicherverwaltung im 256-Farben-Modus gegenüber hat, soll nicht unerwähnt bleiben. Wenn man z.B. eine Zeile im 16-Farben-Modus mit einer Farbe füllen möchte, so aktiviert man zuerst die entsprechenden Bitebenen und schreibt dann 80 Mal nebeneinander die gleiche Farbinformation in den Bildschirmspeicher. Eine Zeile macht nämlich genau 80 Byte aus. Bei dem 256-Farben-Modus entfällt zwar das Ein- bzw. Ausschalten der Bitebenen, dafür müssen aber 320 Byte pro Zeile geschrieben werden. Man muß also bei einer angenommen gleichen horizontalen Auflösung genau die achtfache Menge an Bytes schreiben. Daß dies enorm zu Lasten der Geschwindigkeit und Performance von Programmen geht, dürfte klar sein. Da aber selten solche Aufgaben anfallen, außer z.B. beim Löschen des Bildschirmes, sollte man diesem Tatbestand nicht zu viel Gewicht beimessen.

3.4.4 Spezielle Grafikkarten

Angenommen, wir arbeiteten mit einer VGA-Grafikkarte in dem "Super-Grafikmodus" mit 1024 x 768 Pixeln und 256 Farben, dann würde der Bildschirmspeicher 1024 x 768 = 786432 Byte umfassen.
Da die VGA-Grafikkarte und ihre Vorgänger über keinen eigenen Grafikprozessor verfügen, müssen alle Manipulationen des Bildschirmspeichers von der CPU durchgeführt werden. Bei einem eventuellen Löschen des Bildschirms müßte die CPU 786432 Bytes an die Grafikkarte schicken. Das braucht enorm viel Zeit und blockiert den Prozessor währenddessen für andere Aufgaben.

Sollte man auf den Gedanken kommen, einen schnelleren PC einzusetzen, um den Bytetransport zu beschleunigen, würde man bald merken, daß das nur bedingt möglich ist. Der Grund dafür liegt darin, daß der Prozessor beim Schreiben in den Bildschirmspeicher Wartepausen (sogenannte Waitstates) einlegen muß, weil die Grafikkarte die Bytes nicht mit der Geschwindigkeit annehmen kann, mit der sie der Prozessor überträgt. Von einer bestimmten CPU-Geschwindigkeit an kann die Grafikkarte nicht mehr mithalten. Eine Beschleunigung der CPU führt also nicht zu einem Geschwindigkeitsgewinn.
Man könnte zwar noch den Transport zur Grafikkarte beschleunigen, indem man den Datenbus höher taktet. Dies ist aber nicht so ohne weiteres zu realisieren und würde auch nur einen begrenzten Gewinn mit sich bringen.

Die Lösung des Problems liegt darin, daß man die Grafikkarte mit einem eigenen Prozessor versieht. Dieser Prozessor arbeitet unabhängig von der CPU und bringt somit erhebliche Geschwindigkeitsvorteile. Es müssen so gut wie keine Daten mehr über den Datenbus verschickt werden, da sich der Prozessor direkt auf der Grafikkarte samt Bildschirmspeicher befindet und von dort aus den Bildschirmspeicher manipuliert. Auch das Berechnen von Linien-, Kreispunkten usw. übernimmt der Grafikprozessor.
Dazu verfügt die Grafikkarte über eine in einem ROM-Baustein abgelegte spezielle Grafikfunktionssammlung. Um z.B. eine Linie zu zeichnen, muß die CPU nicht mehr jede einzelne Punktposition berechnen und an die Grafikkarte schicken, sondern es genügt, wenn die CPU die Anfangs- und Endkoordinaten und die Funktionsnummer an den Grafikprozessor überträgt. Dieser sucht sich aus der Funktionssammlung die richtige heraus und führt sie aus. Währenddessen kann die CPU schon wieder andere Aufgaben übernehmen. Die CPU und der Grafikprozessor arbeiten also bis zu einem gewissen Grade parallel.
Diese Art der Grafikkarten bezeichnet man als "intelligente" Karten im Gegensatz zu den herkömmlichen "dummen".
Typische Vertreter der Grafikprozessoren sind z.B. der TMS34010 und TMS34020 von Texas Instruments, der ACRTC HD63484 von Hitachi und der i82786 von Intel. Im folgenden werden solche Grafikkarten vorgestellt.

Hercules Graphics Station

Die Graphics Station Card von Hercules ist mit einem TMS34010-Chip ausgerüstet, dessen Taktfrequenz 60 Mhz beträgt. Diese hohe Taktrate sorgt dafür, daß die Grafikdaten schnell aufbereitet und angezeigt werden. Zusätzlich befindet sich ein Intel-82706-VGA-Chip auf der Grafikkarte. Dadurch ist auch noch eine volle Kompatibilität zur VGA-Grafikkarte gewährleistet.

Als Grafikmodi stehen folgende zur Verfügung:

```
 640 x 480 Punkte mit 256 Farben
 800 x 600 Punkte mit 256 Farben
 640 x 480 Punkte mit 32768 Farben
1024 x 768 Punkte mit 256 Farben
 512 x 480 Punkte mit 16,7 Millionen Farben
```

Bei diesen Auflösungen und dem Farbenreichtum wäre eine Grafikkarte ohne eigenen Prozessor, aufgrund der zu bewältigenden Datenmengen, mit Sicherheit ein Schwachpunkt in einem Computersystem.

Number Nine

In den Jahren 1984 und 1985 war die Firma Number Nine Computer Corporation der unumstrittene Marktführer für leistungsstarke PC-Grafik. Sie bot damals schon Karten mit einer Auflösung von 2048 x 1024 Pixeln an.
Die neueren Grafikkarten von Number Nine ordnet man aufgrund ihrer Leistungsmerkmale in den Middle-end-Bereich ein.
Die Karten haben einen bis zu 4 Mbyte großen Bildschirmspeicher und eine Farbtiefe von 1 bis 16 Bit. Sie arbeiten mit zwei auf Grafik spezialisierten Coprozessoren: mit dem 82786 von Intel und mit dem TMS34010 von Texas Instruments.

VISTA

Die VISTA-Grafikkarte von der Firma Truevision stellt den neuesten Grafik-Standard für High-end-PC-Grafik dar. Sie arbeitet mit dem TMS34010 von Texas Instruments, der mit 40 Mhz getaktet ist. Der

Bildschirmspeicher umfaßt bis zu 4 Mbyte. Die verschiedenen Auflösungen sind abhängig von der jeweils gewählten Farbtiefe:

```
1024 x 1024 Punkte mit 4,3 Milliarden Farben
2048 x 1024 Punkte mit 65536 Farben
2048 x 2048 Punkte mit 256 Farben
```

Aufgrund der sehr großen Farbenanzahl ist die Karte zum Darstellen von Echtfarbbildern geeignet.

3.5 Programmiersprachen und Betriebssysteme

Als Programmiersprache für die Computer-Animation wurde früher für gewöhnlich FORTRAN verwendet. FORTRAN war und ist auch heute meistens auf den Großrechnern vorhanden. Da früher die PC's noch nicht genug Leistung für Computer-Animationen hatten, war diese sowieso nur bei den Großrechnern zu finden.
Im Laufe der letzten Jahre ist die Programmiersprache C hinzugekommen. C liefert einen sehr schnellen Kode, ist gut strukturierbar, leicht portierbar und dennoch maschinennah und in seinen Möglichkeiten sehr mächtig. FORTRAN liefert zwar auch einen schnellen Kode, ist aber eine sehr alte Sprache und verfügt deshalb nicht über so viele Möglichkeiten. Auf dem PC-Sektor wird deshalb vornehmlich in C programmiert. Auch bei den Workstations und Großrechnern hat C schon seinen Einzug genommen.
Die schnellsten Programme erzeugt man, wenn man diese in ASSEMBLER schreibt. Da für die Computer-Animation die Geschwindigkeit eines Programmes sehr wichtig ist, wäre es natürlich wünschenswert, dieses in ASSEMBLER zu schreiben. Der Nachteil liegt aber darin, daß die Entwicklung von ASSEMBLER-Programmen sehr zeitaufwendig und fehlerträchtig ist. Weiterhin sind ASSEMBLER-Programme nicht von einem Prozessor auf einen anderen portierbar, da jeder Prozessor seine eigenen ASSEMBLER-Befehle besitzt. Aus diesem Grunde werden viele Programme z.B. in C geschrieben, beinhalten dann aber schnelle ASSEMBLER-Funktionen an den Stellen des Programmes, die sehr zeitkritisch sind.

Als Betriebssystem ist im Bereich der Computer-Animation UNIX das gebräuchlichste. UNIX ist ein hardware-unabhängiges Mehrbenutzer-Betriebssystem, das einen Teilnehmer- und Dialogbetrieb ermöglicht.
Für die Arbeit im Bereich der Computer-Animation ist UNIX von großem Nutzen, weil es die Zusammenarbeit mehrerer Workstations mit einem schnellen Hintergrundrechner unterstützt.
Im Bereich der Echtzeit-Animation treten durch die Mehrbenutzerfähigkeit Einschränkungen hinsichtlich der Geschwindigkeit auf (siehe 5. Animation auf dem MX500 unter SINIX).
Es gibt aber auch noch andere Betriebssysteme, die zum Einsatz kommen. So läuft auf den VAX-Modellen von Digital Research ihr eigenes Betriebssystem mit dem Namen VMS. Da die Großrechner der VAX-Reihe, und seit einiger Zeit auch die kleineren Ausgaben wie die MicroVAX in der Computer-Animation häufig eingesetzt werden, ist das VMS-Betriebssystem auch einigermaßen verbreitet.
Im PC-Bereich wird hauptsächlich das Betriebssystem MS-DOS eingesetzt (siehe 6. Animation auf dem PC).

3.6 Vergleich von C und ASSEMBLER

In diesem Abschnitt wird ein Geschwindigkeitsvergleich zwischen C und ASSEMBLER durchgeführt.
Es dürfte klar sein und ist nicht Inhalt dieses Vergleichs, daß die Programmentwicklung mit C sehr viel komfortabler, fehlerunanfälliger und schneller vonstatten geht.

Wie schon erwähnt, spielt im Bereich der Computer-Animation und dort besonders bei der Echtzeit-Animation und im Rendering-Prozeß der Zeitfaktor eine wichtige Rolle. Eine Echtzeit-Animation ist ja sowieso nur unter bestimmten zeitlichen Voraussetzungen möglich. Wenn hier der Rechner oder das Programm zu langsam ist, muß man auf diese ganz verzichten.
Das Rendering ist bei komplexen und realistischen Bilder sehr rechenintensiv. Der Rechner wird während dieser Berechnungen für andere Aufgaben blockiert. Hinzu kommt, daß die Produktion einer Computer-Animation mit steigender Produktionsdauer auch teurer wird. Für den Kunden und die Entwickler ist es damit wünschenswert, die Produktionszeit möglichst gering zu halten.

Um dies zu erreichen muß man über einen schnellen Rechner verfügen und eine schnelle und optimal abgestimmte Software einsetzen.

Wie kann man am genauesten die Geschwindigkeit eines Programmes ermitteln ?

Jedes Programm, egal in welcher Sprache geschrieben, muß immer von einem Compiler in die vom Prozessor verständlichen Maschinenbefehle übersetzt werden, damit es ablaufen kann. Jeder dieser Maschinenbefehle hat eine ganz bestimmte Ausführungszeit. Um also die Geschwindigkeit eines Programmes zu messen, muß man die Ausführungszeiten aller darin enthaltenen Maschinenbefehle addieren. Hinzu kommt die Zeit, die die CPU damit verbringt, die Befehle aus dem Speicher zu holen (Fetch-Phase). Diese Zeit ist sehr gering und kann hier vernachlässigt werden.

Die Ausführungszeit eines Maschinenbefehls wird in Taktzyklen angegeben. Die Taktfrequenz eines Prozessor ist die Anzahl von Impulsen pro Sekunde, die ihm von außen zugeführt werden. Die Taktfrequenz ist immer konstant. Sie wird in der Einheit Hertz (Hz) angegeben.
Für den Vergleich stellen wir uns vor, daß unser Prozessor eine Taktfrequenz von 20 Mhz hat. Das bedeutet, daß "sein Herz 20 Millionen Mal in der Sekunde schlägt". Ein Taktzyklus dauert dann genau 50 ns (nano Sekunden) oder 0,00000005 Sekunden !

Für den Vergleich der beiden Programmiersprachen soll ein kleines Programm dienen, in dem der Inhalt eines Feldes verändert werden soll. Man könnte sich vorstellen, daß in einem Feld sämtliche Koordinaten eines Polygons abgelegt sind. Diese Koordinaten werden durch Addition eines Offsets verändert, was einer Polygonverschiebung gleichkommt.

Das in C geschriebene Programm wurde durch den Compiler (TURBO-C 2.0 Borland International) in die ASSEMBLER-Sprache übersetzt, um anschließend die einzelnen Taktzyklen ermitteln zu können.

Das C-Programm:

```
main()
{
  int          i,  /* Laufvariable */
         offset,  /* Offset fuer den Versatz */
     Feld[100];  /* Array mit den Koordinaten */

  offset = 50 ;

  for(i=0;i<100;i++)
    Feld[i] += offset ;  /* alle Koordinaten verschieben
*/
}
```

Das C-Programm nach dem Compilieren:

```
_main     proc near                Taktzyklen
     push bp                          11
     mov  bp,sp                        2
     sub  sp,200                       4
     push si                          11
     push di                          11
     mov  di,50                        4
     xor  si,si                        3
     jmp  short @5                    15
@4:                                     ; Dieser Teil wird 100
     mov  bx,si                        2 ; Mal durchlaufen.
     shl  bx,1                         2 ;
     lea  ax,word ptr [bp-200]         8 ;
     add  bx,ax                        3 ;
     add  word ptr [bx],di            22 ;
@3:                                      ;
     inc  si                           3 ;
@5:                                      ;
     cmp  si,100                       4 ;
     jl   @4                  16 wenn Sprung;
@2:                                sonst 4 ;
@1:
     pop  di                           8
     pop  si                           8
     mov  sp,bp                        2
     pop  bp                           8
     ret                              16
_main     endp
```

Das Programm benötigt 6075 Taktzyklen und entspricht einer Laufzeit von 0,000304 Sekunden.

Das ASSEMBLER-Programm:

```
Feld   dw 100 dup (?)
  i    dw 0
offset dw 0

_main proc                          Taktzyklen
     push di                           11

     mov  offset,50                    10
     mov  bx,offset                     8
     lea  di,Feld                       2
     mov  cx,100                        4
marke:                                  ; Dieser Teil wird 100
     add  [di],bx                      22 ; Mal durchlaufen.
     add  di,2                          4 ;
     loop marke              17 wenn Sprung;
                                sonst 5 ;

     pop  di                            8
     ret                               16
_main endp
```

Das Programm benötigt 4347 Taktzyklen und entspricht einer Laufzeit von 0,000217 Sekunden.
Damit ist das ASSEMBLER-Programm um 28,4% schneller als das C-Programm.
Aus diesem Vergleich sieht man, daß erstens ein auch noch so guter Compiler niemals einen so optimierten Kode erzeugt, wie ein ASSEMBLER-Programmierer selbst und daß zweitens auch schon in kleinen Programmteilen enorme Geschwindigkeitsvorteile herausgeholt werden können.

In unserem Beispielprogramm war der Inhalt noch sehr trivial. Bei anderen Aufgaben die in der Computer-Animation, besonders beim Rendering auftauchen, wie z.B. mathematische Operationen, Speicherzugriffe und Farboperationen, könnte ein in ASSEMBLER geschriebenes Programm noch viel mehr Zeit einsparen. In speziellen Fällen kann ein ASSEMBLER-Programm in nur 20% der Laufzeit eines C-Programmes ablaufen.

Angenommen ein in ASSEMBLER geschriebenes Rendering-Programm ist um ein Drittel schneller als das äquivalente C-Programm, dann würde man bei einer sonstigen Rendering-Zeit von 3 Tagen einen Tag einsparen. Dadurch würden erhebliche Kosten wegfallen. Das Produkt wäre schneller fertig und der Rechner könnte schon wieder für neue Aufgaben genutzt werden.
Der Nachteil liegt aber darin, daß die Entwicklung eines in ASSEMBLER geschriebenen Programmes viel mehr Zeit und damit auch sehr viel mehr Geld kostet.

3.7 Anti-Aliasing-Techniken

Wie schon bei den Raster-Bildschirmen angesprochen, kommt es dort infolge der quadratischen Form der Bildpunkte im diagonalen Linienbereich zu Treppenstufen. Man bezeichnet diesen Effekt mit Aliasing.
Bei den Vektor-Bildschirmen tritt dieser Effekt nicht auf, da dort die Auflösung nicht begrenzt ist.
Je niedriger die Auflösung eines Raster-Bildschirmes ist, desto stärker tritt der Alias-Fehler auf. Im Fernseh- und Videobereich wären diese Treppen aufgrund der geringen Auflösung von 625 Zeilen besonders deutlich sichtbar. Da die Fernsehbilder aber durch die Abbildung mit einem Objektiv bedingt und infolge der Signalverarbeitung nicht so scharfe Übergänge haben wie sie auf dem Computer entstehen, kennt man dieses Problem dort nicht. Des weiteren laufen die Schnittkanten beim Fernsehbild optisch immer farblich fein abgestuft ineinander über. Diese Tatsache macht man sich auch bei den Anti-Aliasing-Techniken zu Nutze.

Es gibt verschiedene Techniken zur Vermeidung oder Reduzierung des Alias-Effektes.
Eine Erhöhung der Bildschirmauflösung ist eine der Möglichkeiten. Je kleiner die einzelnen Pixel und deren Abstände zueinander sind, desto weniger fällt dem Betrachter eine gewisse Stufigkeit ins Auge.
Bei einer Auflösung mit 4000 Linien sieht man die Stufen nur noch bei einer entsprechenden Vergrößerung.
Die Produktion von sehr hochauflösenden Monitoren und Grafikkarten ist technisch begrenzt und kostenintensiv.

Eine weitere Möglichkeit besteht in der Interpolation der Grenzfarbwerte. Dabei werden scharfe diagonale Linien durch Abtönung der Randbereiche zu diffusen Linien verändert (siehe Abb. 13). Das Auge erkennt aber weiterhin nur dünne Linien und nimmt die diffuse Verbreiterung nicht war. Eine gelbe Linie auf schwarzem Hintergrund wird zum Rand hin dunkler, dann braun und geht dann erst in schwarz über.

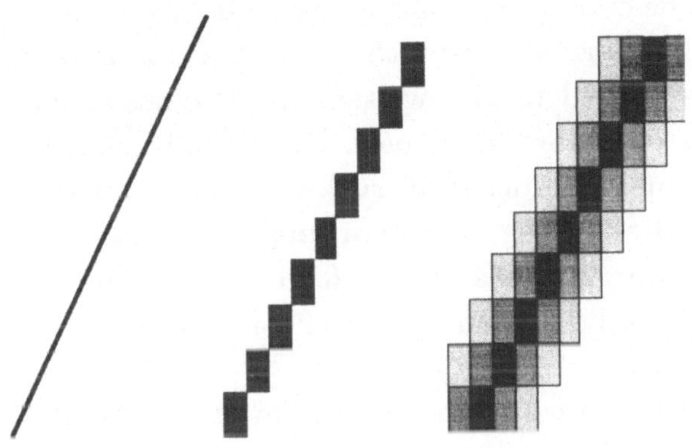

Abb. 13 Stufenlose Vektorlinie, stufige Rasterlinie, kaschierte Rasterlinie

Im Druckbereich wird ein Rasterpunkt aus vielen kleinen Punkten zusammengesetzt. Diesen Sachverhalt wendet man auch bei der Vermeidung des Alias-Effekts an. Es wird eine sogenannte Bildpunkt-Unterteilung durchgeführt. Zum Beispiel unterteilt man jeden Bildpunkt in 16 Unterpunkte. Durch Filterung und Maskierung mit Hilfe der Hardware werden die Unterpunkte entsprechend unterschiedlich aktiviert bzw. deaktiviert. Dadurch wird die quadratisch angelegte Form der Bildpunkte umgangen und gerade Linien ohne Treppenstufen entstehen. Durch die Unterteilung der Bildpunkte in Unterpunkte steigt die mathematische Auflösung.

3.8 Ray-tracing

Ray-tracing (Strahlverfolgung) ist das z.Z. effektivste Verfahren, um fotorealistische Computerbilder zu generieren. Es wird bei der Erstellung einer Computer-Animation für das Rendering verwendet.
Grundsätzlich geht es hierbei um die Verfolgung von Strahlen, die von Lichtquellen innerhalb oder außerhalb der Szene erzeugt werden und von Objekten reflektiert oder gebrochen werden. Wenn ein Lichtstrahl auf eine undurchsichtige Oberfläche mit reflektierender Eigenschaft trifft, wird er reflektiert oder gebrochen und trifft dann durch die Richtungsänderung eventuell auf eine weitere Fläche eines anderen Objektes, wo er wiederum reflektiert wird usw. Die Strahlverfolgung geht vom Auge des Beobachters (Bildschirm) rückwärts zu den Objekten bis hin zur Lichtquelle. Dieser Weg ist genau umgekehrt zur Natur, gewährleistet aber, daß nur die Strahlen verfolgt werden, die auch im Auge ankommen. Die Strahlverfolgung wird so für jeden einzelnen Bildschirmpunkt durchgeführt.
Bei der Rückverfolgung wird vom Programm überprüft, ob der Weg des Strahls eventuell verdeckt ist. In diesem Fall würde man einen Schatten erhalten. Trifft der Strahl auf ein reflektierendes oder spiegelndes Objekt, so werden die weiteren Berechnungen für den reflektierten Strahl ausgeführt.
Für eine realistische Bilderzeugung muß Ray-tracing immer dort eingesetzt werden, wo spiegelnde und transparente Objekte existieren. Durch den Einfluß der physikalischen Gesetzmäßigkeiten, die vom Rechner genau nachvollzogen werden, entstehen realistische Bilder.
Der größte Nachteil dieses Verfahrens ist die lange Rechenzeit. Bei hochauflösenden Bildern, vielen spiegelnden und reflektierenden Objekten und mehreren Lichtquellen kann die Berechnung eines Bildes mehrere Tage oder Wochen dauern.

3.9 Grundlagen des Layouts

Das Layout einer Computergrafik ist wichtig, um die Aufmerksamkeit eines Betrachters gezielt auf bestimmte Dinge lenken zu können. Bei Computer-Animationen, im Bereich der Präsentationen und besonders in der Werbung wird deshalb immer ein gezielt ausgelegtes Layout verwendet.

Als Layout bezeichnet man die Art und Weise, in der verschiedene Bildelemente auf dem Bildschirm positioniert und zueinander in Beziehung gesetzt werden.
Beim Entwurf eines Layouts stellen sich folgende Fragen dahingehend, welche Farbe die Objekte und der Hintergrund haben sollen, wo die Objekte auf dem Bildschirm positioniert werden und welche Objekte betont werden.

Untersuchungen haben gezeigt, daß der erste Blick von Personen, die einen Bildschirm betrachten über dem geometrischen Mittelpunkt auftrifft. Dieser Punkt wird deshalb der psychologische Mittelpunkt genannt. Befindet sich ein Objekt an diesem psychologischen Mittelpunkt, empfindet der Betrachter ein Gefühl von Ausgewogenheit. Liegt das Objekt aber genau in der Bildmitte, also am geometrischen Mittelpunkt, entsteht ein Gefühl der Unausgewogenheit. Man wird daher die für den Betrachter wichtigen Bildschirmdetails im Bereich des psychologischen Mittelpunktes ansiedeln.
Auch sollte man dem Betrachter die Arbeit der Bildschirmaufteilung vorwegnehmen. Um einen Bildschirmbereich zu priorisieren, kann man diesen mit einer auffälligen Farbe hinterlegen oder einfach größer gestalten als die anderen.
Ungleichmäßige Formen sollten immer vermieden werden. Ein Quadrat, welches keine gleichmäßigen Kanten aufweist, ein Kreis, der leicht zur Ellipse wird oder eine Ellipse, die schon fast wieder ein Kreis wird, rufen bei dem Betrachter ein unterbewußtes Unwohlsein hervor.

Es gibt mehrere Möglichkeiten Objekte zu priorisieren. Sind die Objekte in einer bestimmten Formation angeordnet, läßt man das ausgewählte Objekt aus dieser Formation ausbrechen und positioniert es etwas abseits. Man kann es auch einfach größer darstellen als die anderen, um seine Sonderstellung deutlich zu machen. Eine andere und auffälligere Farbe hebt es ebenfalls von seinen Konkurrenten ab.

Bei der Farbwahl kann man sich auch auf Untersuchungen berufen. Diese haben gezeigt, daß blau mit Abstand die beliebteste Farbe ist. Danach folgt rot und mit einem gewissen Abstand grün. Es werden weiterhin helle und reine Farben gegenüber dunklen und gemischten bevorzugt. Als angenehm wird ein Bild empfunden, das in einem mittleren blau oder hellblau gehalten ist.

Die Reaktionen, die unterschiedliche Farben hervorrufen, sollten bei ihrem Einsatz ebenfalls bekannt sein. So erscheint blau dem Betrachter als angenehm und entspannend, rot wirkt aufregend und anspornend, grün wirkt ebenfalls entspannend und gelb wirkt frisch und lebendig.

Die Bewegung der dargestellten Objekte und der Kamera beeinflußen ebenfalls die Ausdruckskraft einer Animationssequenz.
Es ist zu empfehlen, daß sich das zu betrachtende Objekt selbst bewegt, denn dadurch entsteht der Eindruck von Dynamik. Auf der anderen Seite führt die Bewegung der Kamera zur Desorientierung des Betrachters, weil sich dessen Blickwinkel ständig verändert. Auf den Blickwinkel verläßt sich aber der Betrachter bei der Interpretation der Szene.

Weiterhin ist der Kamerawinkel relevant. Er legt fest, welcher Teil eines Objektes angezeigt wird und wie dieser relativ zum Rest des Bildschirms hervorgehoben wird. Ein spitzer Kamerawinkel erzeugt ein Gefühl von Drama und Dynamik. Die Froschperspektive, bei der man an einem Objekt hoch schaut, eignet sich zur Unterstreichung der Wichtigkeit des Objektes. Durch die Vogelperspektive wird im Gegensatz dazu der Betrachter in eine dominierendere Position versetzt.
Darüber hinaus kann man auch mit Zoomen (Veränderung der Brennweite der Kameralinse) spezielle Effekte erzielen.

4. Techniken der Echtzeit-Animation

Wie schon bei den Animationsmethoden erwähnt, muß man unterscheiden, ob die einzelnen Bilder einer Animationssequenz über eine längere Bearbeitungszeit hinweg entstehen oder ob sie in Echtzeit entwickelt und angezeigt werden. Die "Nicht-Echtzeit-Animationen" werden produziert, indem man mittels einer speziellen Software einzelne Bilder generiert. Die Software unterstützt dabei eine oder mehrere der zuvor besprochenen Methoden. Die Bilder werden nach der Erstellung auf einem Datenträger abgelegt, wie z.B. auf einer CD oder Filmmaterial und dann abschließend als Animation vorgeführt. Das Vorführen geschieht, indem die Bilder von dem Datenträger in schneller Abfolge gelesen und auf einem Bildschirm oder einer Leinwand angezeigt werden.

Die hier nun im folgenden vorgestellten Techniken kommen bei der Echtzeit-Animation zur Anwendung, d.h. sie müssen es ermöglichen, die Bildveränderungen ca. 25 mal in der Sekunde durchzuführen. Bei 15 Bildern pro Sekunde erscheint eine Animation noch eckig und kantig und bei 20 Bildern pro Sekunde ist sie schon recht natürlich, aber noch nicht ganz flüssig. Es gilt daher eine Standardvorgabe von 25 Bildern pro Sekunde.

Daß man bei einer Echtzeit-Animation bis heute noch nicht mit den Ergebnissen rechnen darf, die man mit den zeitunabhängigen Animationsmethoden erzeugt, ist auf den derzeitigen Stand der Technik zurückzuführen. Es wird auch noch einige Jahre Entwicklung dauern, bis man fotorealistische Bilder in Echtzeit generieren und animieren kann.

Die Bedingungen für die Realisierung der Techniken aus dem Gebiet der Echtzeit-Animation sind folgende:
- der verwendete Rechner muß eine gewisse Leistungsfähigkeit besitzen
- es sollte ein Single-User-Betriebssystem eingesetzt werden
- es muß ein Bildschirm mit geringer Nachleuchtdauer und einer hohen Refresh-Rate vorliegen
- es muß möglich sein den Grafikspeicher direkt anzusprechen
- es müssen mehrere Grafikseiten unterstützt werden
- die Anzahl der animierten Objekte und damit das Ausmaß der Bildveränderungen kann nicht beliebig groß sein
- die Auflösung kann nicht beliebig hoch sein
- es muß je nach Technik auf realistische Bilder und Objekte verzichtet werden
- eine Interaktivität ist nur bedingt möglich
- die Animationsdauer ist je nach Technik eingeschränkt

Wie man sieht, wirken sich die Bedingungen für eine Echtzeit-Animation stark einschränkend auf ihre Möglichkeiten aus. Die einzelnen Techniken unterscheiden sich ebenfalls sehr in ihrer Ausdruckskraft und in ihren Fähigkeiten. So ist z.B. die Erzeugung eines Linienwirbels mit der einen Technik möglich und mit einer anderen undenkbar.

4.1 Bereiche der Echtzeit-Animation

Die Echtzeit-Animation wird in folgende drei Bereiche eingeteilt:
- **Bitmap-Animation**
- **Framemap-Animation**
- **Colormap-Animation**

Diese drei Bereiche entstehen durch die Tatsache, daß ein Punkt im Bildschirmspeicher auf dreifache Weise definiert ist.
Zum ersten ist er durch seinen Status im Bildschirmspeicher definiert, der bestimmt, ob er an- oder ausgeschaltet ist. Dieser Status schlägt sich in der sogenannten Bitmap nieder. Die Bitmap ist laut Definition die direkte Abbildung eines Grafik-Bildschirms im Arbeitsspeicher. Die Bitmap-Animation umfaßt somit Animationen, die durch direkte Manipulationen der Bitmap entstehen.
Zum zweiten ist ein Punkt durch seine Lage, d.h. seine Adresse im Grafikspeicher definiert. Man spricht bei Multi-Speicher-Systemen von der Adresse innerhalb der Framemap und die der Framemap selbst. Framemap-Animationen entstehen durch Änderungen von Adressen.
Die dritte Komponente ist die Farbe des Punktes. Sie wird in einer Colormap oder Farbpalette festgehalten. Colormap-Animationen befassen sich mit der Veränderung von Palettenwerten, also einem Farbwechsel der Punkte.

Je nach Animationsart gibt es spezielle Techniken, um diese zu realisieren.

4.2 Die Techniken aus den Bereichen

Die für den jeweiligen Bereich typischen Techniken werden hier vorweg aufgelistet:

Bereich	**Technik**
Bitmap-Animation	**Additive Bewegung** **Snap-Animation** **Feldbewegung** **Delta-Kompression** **Objektanimation**
Framemap-Animation	**Scrolling** **Blättern**
Colormap-Animation	**Color-Cycling**

Nachfolgend werden die verschiedenen Animationstechniken vorgestellt und mit Hilfe von jeweils mindestens einem Programmbeispiel genauer erläutert.
Dadurch werden dem Anwender die Möglichkeiten und besonders die Einschränkungen der einzelnen Techniken vor Auge geführt (siehe 7. Vergleich der Animationstechniken).

Alle Programmbeispiele sind für einen 386-PC unter dem Betriebssystem MS-DOS 3.3 und einer VGA-Grafikkarte geschrieben worden.
Weiterhin wurden einige Programme für den Großrechner MX500 unter dem Betriebssystem SINIX und der Datensichtstation DDS9754 (alles von der Firma SIEMENS) geschrieben, um einen Vergleich der Systeme zu veranschaulichen.

5. Animation auf dem MX500 unter SINIX

5.1 Betriebssystem SINIX

SINIX ist ein Derivat des Betriebssystems UNIX. Es ist ein rechnerunabhängiges Mehrbenutzer-Betriebssystem, welches zudem die Möglichkeit des Multitasking unterstützt.
Durch die Fähigkeit, mehrere Benutzer gleichzeitig an einem Rechner arbeiten zu lassen (Multi-User Prinzip), ist das Betriebssystem nicht echtzeitfähig und damit nicht im Bereich der Prozeßdatenverarbeitung und nur bedingt für die Echtzeit-Animation einsetzbar.
Im Multi-User-Betrieb wird die gesamte Rechenleistung auf alle Benutzer, die zu einer Zeit an dem Rechner arbeiten, aufgeteilt. Je mehr Benutzer gleichzeitig arbeiten, desto weniger Rechenleistung bekommt der Einzelne. Man merkt es als Benutzer deutlich, ob man allein an einem Rechner arbeitet, oder ob man sich mit anderen dessen Leistung teilt. Jeder Benutzer bekommt nur immer in einem kurzen Zeitintervall die Rechenleistung zugeteilt (Time-Sharing). Die Intervalle folgen aber so schnell aufeinander, daß der Benutzer denkt, er würde die ganze Zeit mit dem Rechner arbeiten. Bei vielen Benutzern werden die einzelnen Zeitintervalle immer kleiner und es entsteht das Gefühl, als ob die Leistung des Rechners abnimmt. Aus diesem Grunde kann man bei einem Mehrbenutzer-Betriebssystem niemals von einer konstanten Leistung des Rechners für einen Benutzer ausgehen.

Weiterhin muß für jeden einzelnen Benutzer ein gewisser Arbeitsspeicher vorhanden sein. Wenn viele Benutzer an einem Rechner zur gleichen Zeit arbeiten, ist der Speicherbedarf aller Benutzer größer als der, über den der Rechner in Wirklichkeit verfügt. Um aber dennoch allen Benutzern ihren persönlichen Speicherbereich zur Verfügung zu stellen, wird der Speicher in sogenannte Seiten (Pages) aufgeteilt. Die Seiten, die gerade nicht benötigt werden, weil der Benutzer sich gerade nicht innerhalb des Zeitintervalls befindet, in dem er die Rechenleistung zugeteilt bekommt, werden auf eine Festplatte ausgelagert (Paging). Darüber hinaus werden auch die Teile eines Programmes ausgelagert, die zur Zeit nicht benötigt werden. Mit dieser Speicherverwaltungsmethode simuliert man einen riesigen virtuellen Arbeitsspeicher, der aber real nicht existiert.

Durch das Vorhandensein des Time-Sharings und des Pagings, welche den Rechner selbst auch noch Verwaltungszeit kosten, ist dieser nicht echtzeitfähig. Dadurch ist auch keine Prozeßdatenverarbeitung möglich, denn bei dieser muß ein Rechner immer sofort, sprich in Echtzeit, auf ein Signal reagieren können. Wenn aber z.B. ein benötigter Programmteil gerade ausgelagert ist, kann dieser nicht sofort ausgeführt werden. Echtzeit-Animation ist nur bedingt möglich. Dazu muß der Rechner über eine hohe Leistung verfügen und es sollte nur ein Benutzer an ihm arbeiten.

5.2 Datensichtstation DDS9754

Die Datensichtstation 9754 von SIEMENS ist eine Datensichtstation für
- den Dialog mit BS2000 Anwendungen
- Farb-Grafik-Anwendungen.

Die DDS9754 ist in der Lage, gleichzeitig 16 aus 256 Farben auf dem Bildschirm darzustellen. Diese Farben sind frei definierbar.

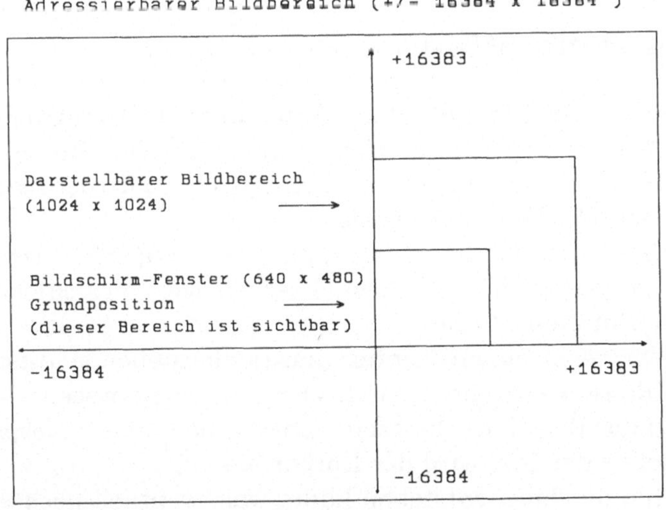

Abb. 14 Adressierbarer Bildbereich

Sie hat einen Bildschirm-Fensterbereich, d.h. einen gerade sichtbaren Bereich mit einer Auflösung von 640 x 480 Bildpunkten (Pixeln). Der gesamte darstellbare Bereich im Bildspeicher beträgt 1024 x 1024 Pixel. Der Bildschirm-Fensterbereich ist ein Ausschnitt aus dem darstellbaren Bereich. Adressierbar ist ein Bildbereich von +/- 16384 x 16384 Bildpunkten.

Für die Erzeugung von farbigen Grafiken hat die DDS9754 verschiedene Funktionen, mit denen man den Bildschirm füllen kann, eine Linie zeichnen kann etc. Diese Funktionen lassen sich entweder mit Hilfe von Steuerbefehlen oder einer GKS-Funktion aktivieren.

Die Steuerbefehle haben eine bestimmte Struktur, die immer mit ESC [beginnt. Um eine Grafikfunktion zu aktivieren, muß der jeweilige Steuerbefehl und damit die benötigte Steuersequenz auf dem Bildschirm ausgegeben werden. Dies geschieht am einfachsten mit einem PRINT-Befehl.

Die andere Möglichkeit zur Aktivierung ist die, daß man eine Funktion aus der GKS-Bibliothek aufruft. GKS (Grafisches-Kern-System) ist eine Software, die eine Bibliothek mit vielen Grafikfunktionen beinhaltet. Der grundlegende Vorteil von GKS ist die Systemunabhängigkeit. Man kann erstellte Grafiken auf jedem Rechner und jedem Ausgabegerät, wie z.B. Drucker, Plotter usw., anzeigen oder ausgeben lassen. Die jeweilige Grafik wird immer an die Eigenschaften der Hardware angepaßt.

5.3 Bitmap-Animation

Wie schon erwähnt, umfaßt die Bitmap-Animation alle Animationen, die durch direkte Manipulationen der Bitmap entstehen. Die Bitmap ist die Abbildung des Grafik-Bildschirms im Arbeitsspeicher, also der sogenannte Grafikspeicher oder Bildschirmspeicher.
Um eine Bitmap-Animation zu erzielen, muß dieser Speicher verändert werden. Dies geschieht durch Setzen, Löschen oder Verschieben von einzelnen Bits (Punkten, Pixeln).
Setzt man mehrere in einem Kontext zusammenstehende Bits, dann erscheint auf diese Weise ein Objekt oder ein geometrischer Körper. Durch Löschen der Bits (Zurücksetzen) verschwindet dieser Körper und durch Verschieben der Bits wird der Körper bewegt.
Die Problematik, die dabei entstehen kann, weil eventuell noch weitere Körper im Grafikspeicher existieren, die aber bei der Animation nicht verändert werden dürfen, wird an späterer Stelle unter dem Stichwort spezielle Objektanimation behandelt.

Für die Realisierung einer Bitmap-Animation gibt es mehrere Techniken. Die am häufigsten angewendete Technik ist die additive Bewegung. Diese Technik ist die einzige, die man auf dem MX500 noch halbwegs realisieren kann und soll deshalb im folgenden behandelt werden. Alle weiteren Techniken werden in dem Kapitel 6. Animation auf dem PC behandelt.

Wie es der Name der additiven Bewegung schon sagt, wird durch ein kontinuierliches Hinzufügen (Addition) von Bits zum existierenden Bild, oder durch ein Auslöschen von Bits, eine Animation hervorgerufen.
Von einer Hochsprache aus geschieht dies, indem man z.B. Linien, Polygone, Punkte etc. setzt oder löscht. Eine Bewegung entsteht durch mehrfaches aufeinanderfolgendes Setzen und Löschen, wobei die Bildschirmposition dabei immer wieder verändert wird.

Die Beispielprogramme *WIRB_ESC* und *WIRB_GKS* animieren einen Wirbel auf dem Bildschirm, der aus mehreren Linien besteht. Diese Animation wird durch die Technik der additiven Bewegung realisiert.

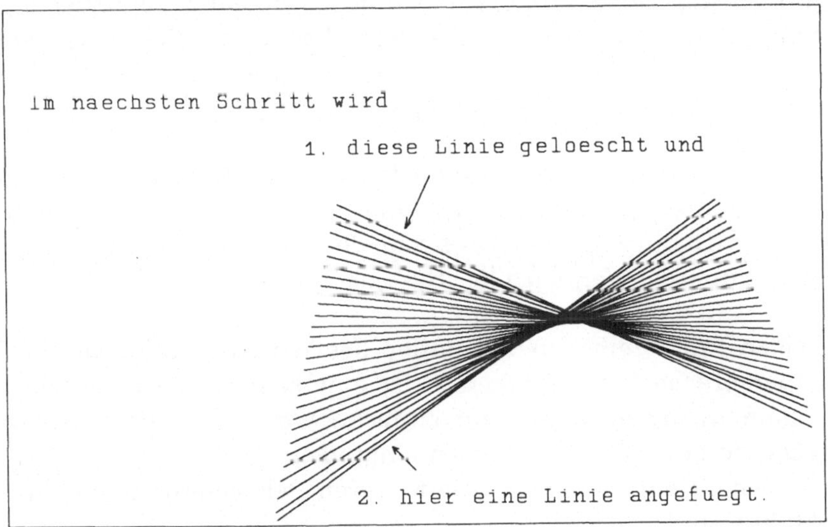

Abb. 15 Bildschirmausgabe von WIRB_ESC

Damit der Eindruck einer Bewegung entsteht, wird ständig eine Linie dem Wirbel zugefügt und eine andere gelöscht. Der Wirbel bewegt sich dadurch über den Bildschirm und prallt immer an dem äußeren Rahmen ab.
Die erzeugte Animation ist eine der am einfachsten zu realisierenden. Durch das bloße Hinzufügen und Löschen von jeweils einer Linie entsteht der Eindruck, als ob das gesamte Objekt, nämlich der Wirbel, ständig in Bewegung ist. Man schafft es also mit geringen Änderung des Bildschirmspeichers, eine Animation zu simulieren. Für die Echtzeit-Animation ist es sehr wichtig, den Umfang der Bildschirmänderungen möglichst gering zu halten. Obwohl dieser hier wirklich sehr gering ist, ist die Animation auf dem MX500 nicht zufriedenstellend.

Die beiden Programme *WIRB_ESC* und *WIRB_GKS* unterscheiden sich in den Funktionen zur Grafikansteuerung. In *WIRB_ESC* werden die speziellen Steuersequenzen der DDS9754 und in *WIRB_GKS* GKS-Funktionen verwendet.
Durch die Verwendung der Steuersequenzen wird eine Animationsgeschwindigkeit erreicht, die nicht hoch ist, die Bewegungen aber noch einigermaßen flüssig darstellt.
In dem Programm mit den GKS-Funktionen nimmt die Animationsgeschwindigkeit noch weiter ab. Man sieht daran, daß GKS zwar universell und rechnerunabhängig ist, aber nicht im Hinblick auf eine hohe Ausführungsgeschwindigkeit entwickelt wurde.
Die Ausführung der Grafikfunktionen mit Hilfe der Steuerbefehle geht da schon schneller von statten. Das liegt daran, daß diese wirklich nur für eine bestimmte Hardware ausgelegt wurden und deswegen alle Verwaltungsarbeiten zur Systemanpassung wegfallen.

Einen genauen Vergleich der verschiedenen Ausführungsgeschwindigkeiten der Steuersequenzen von GKS und dann auch von dem inhaltlich gleichen MS-DOS-Programm, kann man dem nächsten Programmbeispiel und dem Punkt 8. "Vergleich der Systeme" entnehmen.

Die beiden Programme zur Animation des Wirbels wurden in der Programmiersprache C geschrieben. C ist eine sehr schnelle Sprache und man kann innerhalb dieser auf einfache Weise die Steuersequenzen ausgeben und die GKS-Funktionen einbinden.
Aus diesem Grunde sind auch alle weiteren Beispielprogramme für den MX500 in C geschrieben.

Das Programm WIRB_ESC:

```
/*

  PROGRAMM: WIRB_ESC

     AUTOR: Marc Schneider

     DATUM: 22.03.1991

   INHALT: Es wird ein aus Linien bestehender Wirbel auf dem
           Bildschirm animiert.
           Dieses Programm ist ein Beispiel fuer die Technik
           der additiven Bewegung.

*/
```

```
#include <stdio.h>                    /* Einbinden der Headerdatei */
#define WIRBELFARBE 3                 /* Konstanten */
#define LOESCHFARBE 4
#define RAHMENFARBE 1
#define MAX_LINIEN 400
enum    {FALSE,TRUE};
                                      /* Variablen */
int            x_max,                 /* maximale X-Koordinate */
               y_max,                 /* maximale Y-Koordinate */
       anzahl_linien;                 /* Anzahl der Wirbellinien */

/*
  ┌─────────────────────────────────────────────────────────────┐
  │ FUNCTION: Grafik_an                                         │
  │                                                             │
  │ IN : ---                                                    │
  │ OUT: ---                                                    │
  │                                                             │
  │ PURPOSE: Der Rechner wird in den Grafikmodus versetzt.      │
  └─────────────────────────────────────────────────────────────┘
*/
void Grafik_an()
{
  printf("\033[?1a");        /* Grafik einschalten */
  printf("\033[?c");         /* Bildschirm auf Grundposition setzen */
  printf("\033[?2D");        /* Bildschirm loeschen */
  printf("\033[?4;f");       /* blau als Hauptfarbe definieren */
  printf("\033[?0D");        /* Bildschirm in der Hauptfarbe fuellen */
}

/*
  ┌─────────────────────────────────────────────────────────────┐
  │ FUNCTION: Grafik_aus                                        │
  │                                                             │
  │ IN : ---                                                    │
  │ OUT: ---                                                    │
  │                                                             │
  │ PURPOSE: Der Rechner wird in den Alphamodus versetzt.       │
  │          Die Funktion ist als Makro realisiert !            │
  └─────────────────────────────────────────────────────────────┘
*/
#define Grafik_aus() printf("\033[?2a")

/*
  ┌─────────────────────────────────────────────────────────────┐
  │ FUNCTION: Farbe_einstellen                                  │
  │                                                             │
  │ IN : int farbe : die neue Hauptfarbe                        │
  │ OUT: ---                                                    │
  │                                                             │
  │ PURPOSE: Es wird eine neue Hauptfarbe eingestellt.          │
  │          Die Funktion ist als Makro realisiert !            │
  └─────────────────────────────────────────────────────────────┘
*/
#define Farbe_einstellen(farbe) printf("\033[?farbe;0f")
```

```
/*

 FUNCTION: Linie

 IN : int x1       : X-Koordinate des Linienstartpunktes
      int y1       : Y-Koordinate des Linienstartpunktes
      int x2       : X-Koordinate des Linienendpunktes
      int y2       : Y-Koordinate des Linienendpunktes
 OUT: ---

 PURPOSE: Eine Linie wird im Grafikmodus gezeichnet.
          Die Funktion ist als Makro realisiert !

*/
#define Linie(x1,y1,x2,y2) printf("\033[?0;%d;%dV\033[?3;%d;%dV\n",
                                   y1,x1,y2,x2)

/*

 FUNCTION: Rahmen

 IN : int x1      : linke X-Koordinate des Rahmens
      int y1      : untere Y-Koordinate des Rahmens
      int x2      : rechte X-Koordinate des Rahmens
      int y2      : obere Y-Koordinate des Rahmens
      int farbe   : Rahmenfarbe
 OUT: ---

 PURPOSE: Es wird ein Rahmen gezeichnet.

*/
void Rahmen(x1, y1, x2, y2, farbe)
int x1, y1, x2, y2, farbe;
{
  Farbe_einstellen(farbe);
  Linie(x1, y1, x1, y2);          /* Zeichnen des Rahmens          */
  Linie(x1, y2, x2, y2);
  Linie(x2, y2, x2, y1);
  Linie(x2, y1, x1, y1);
}

/*

 FUNCTION: Wirbel

 IN : int durchlaeufe : Anzahl der Durchlaeufe
 OUT: ---

 PURPOSE:  Es wird ein aus Linien bestehender Wirbel solange auf
           dem Bildschirm animiert, wie es die Anzahl der Durch-
           laeufe angibt.

*/
void Wirbel(durchlaeufe)
unsigned int durchlaeufe;
{
```

```
int                 x1,y1,x2,y2, /* Koordinaten einer Linie */
         altpos[MAX_LINIEN][4], /* Koordinaten einer Linie merken */
flagx1,flagy1,flagx2,flagy2, /* Schalter fuer Bewegungsrichtung */
 step_x_links,step_x_rechts, /* Schrittweiten */
   step_y_oben,step_y_unten, /* Schrittweiten */
             loeschen_aktiv, /* Status des Loeschens */
                      index; /* Laufindex */

/* Variablen initialisieren */

loeschen_aktiv = FALSE;
x1 = 10 ;
y1 = 100 ;
x2 = x_max / 2 ;
y2 = y_max - 10 ;
flagx1 = flagy1 = flagx2 = flagy2 = 0 ;
step_x_links = 2 ;
step_x_rechts = 4 ;
step_y_oben = 2 ;
step_y_unten = 3 ;

while(durchlaeufe--)
{
  /* Koordinaten weitersetzen */

  if(!flagx1) x1+= step_x_links;
  else x1-= step_x_rechts;
  if(!flaqx2) x2+= step_x_links;
  else x2-= step_x_rechts;
  if(!flagy1) y1+= step_y_oben;
  else y1-= step_y_unten;
  if(!flagy2) y2+= step_y_oben;
  else y2-= step_y_unten;

  /* Begrenzung ueberpruefen */

  if(x1 < 10) flagx1 = 0;
  if(x2 < 10) flagx2 = 0;
  if(y1 < 10) flagy1 = 0;
  if(y2 < 10) flagy2 = 0;
  if(x1 > x_max-10) flagx1 = 1;
  if(x2 > x_max-10) flagx2 = 1;
  if(y1 > y_max-10) flagy1 = 1;
  if(y2 > y_max-10) flagy2 = 1;

  Farbe_einstellen(WIRBELFARBE);
  Linie(x1,y1,x2,y2);                  /* Linie zeichnen */

  /* alte Linienposition merken */

  altpos[index][0] = x1 ;
  altpos[index][1] = y1 ;
  altpos[index][2] = x2 ;
  altpos[index][3] = y2 ;

  index++;
  if(index == anzahl_linien || loeschen_aktiv )
  {
    loeschen_aktiv = TRUE ;
    if(index == anzahl_linien) index = 0;
    Farbe_einstellen(LOESCHFARBE);       /* alte Linie loeschen */
```

```
        Linie(altpos[index][0],altpos[index][1],altpos[index][2],
           altpos[index][3]);
      }
    }
}

/*
```

```
  FUNCTION: main

  IN : int anz : Anzahl der Kommandozeilenparameter
       char *arg[] : Zeiger auf die Parameter
  OUT: ---

  PURPOSE: Es wird ueberprueft, ob die Laufzeit des Programmes
           angegeben wurde. Danach wird die Linienanzahl
           eingelesen und der Wirbel animiert.
```

```
*/
main(anz,arg)
int anz;
char *arg[];
{
  printf("\033[2J");
  printf("\n\n\n                             W I R B E L \n");
  printf("\n\n Es wird ein Linienwirbel erzeugt und animiert. ");
  if(anz != 2)
  {
    printf("Es muss die Laufzeit des Programmes angegeben werden !");
    printf("Aufruf: tlunx Laufzeit     z.B. ( Laufzeit = 5000 )\n");
    exit(0);
  }
  do {  /* Eingabe der Linienanzahl */
   printf("Aus wievielen Linien soll der Wirbel bestehen ?
          [1 - 400] >");
   scanf("%d",&anzahl_linien);
  } while(anzahl_linien < 1 || anzahl_linien > 400);

  Grafik_an();                       /* Grafik einschalten */
  x_max = 639;                       /* max. Koordinaten festlegen */
  y_max = 479;
  Rahmen(5,5,x_max-5,y_max-5,RAHMENFARBE); /* Rahmen zeichnen */
  Wirbel(atoi(arg[1]));                    /* Wirbel animieren */
  Grafik_aus();                            /* Grafik ausschalten */
  printf("\033[2J\n");                    /* Bildschirm loeschen */
}
```

Von dem GKS-Programm werden hier nur die Unterschiede zu dem Programm mit den Steuersequenzen aufgeführt.

Das Programm WIRB_GKS:

```
#include <cgks.h>                   /* Einbinden der Headerdateien */
#include <cgks2b.h>

/*
```

```
    FUNCTION: Grafik_an

    IN : ---
    OUT: ---

    PURPOSE: Der Rechner wird in den Grafikmodus versetzt.

*/
void Grafik_an()
{
  static int asp[13] = {1,1,1,1,1,1,1,1,1,1,1,1,1};

  gopks(0);                          /* GKS oeffnen                 */
  gopwk(1,-1,10);                    /* Workstation oeffnen         */
  gacwk(1);                          /* Workstation aktivieren      */
  gsasf(asp);                        /* Aspektanzeiger setzen       */
}

/*

    FUNCTION: Grafik_aus

    IN : ---
    OUT: ---

    PURPOSE: Der Rechner wird in den Alphamodus versetzt.

*/
void Grafik_aus()
{
  gdawk(1);                          /* Workstation deaktivieren    */
  gclwk(1);                          /* Workstation schliessen      */
  gclks();                           /* GKS schliessen              */
  printf("\033[?2a");                /* Grafikmodus beenden         */

/*

    FUNCTION: Farbe_einstellen

    IN : int farbe : die neue Hauptfarbe
    OUT: ---

    PURPOSE: Es wird eine neue Hauptfarbe eingestellt.
             Die Funktion ist als Makro realisiert !

*/
#define Farbe_einstellen(farbe) gsplci(farbe)

/*

    FUNCTION: Linie

    IN : int x1       : X-Koordinate des Linienstartpunktes
         int y1       : Y-Koordinate des Linienstartpunktes
         int x2       : X-Koordinate des Linienendpunktes
```

```
     int y2      : Y-Koordinate des Linienendpunktes
     int farbe   : Farbe der Linie
OUT: ---

PURPOSE: Eine Linie wird im Grafikmodus gezeichnet.

*/
void Linie(x1,y1,x2,y2,farbe)
int x1,y1,x2,y2,farbe;
{
  float ps[4];                  /* Feld mit den Linienkoordinaten */

  Farbe_einstellen(farbe);      /* Polyline Colorindex setzen */
  ps[0] = (float)x1 / 640.0;
  ps[1] = (float)y1 / 480.0;
  ps[2] = (float)x2 / 640.0;
  ps[3] = (float)y2 / 480.0;
  gpl(2,ps);                    /* Linie zeichnen */
  gupdwk(1,0);                  /* Workstation updaten */
}
```

Struktogramm:

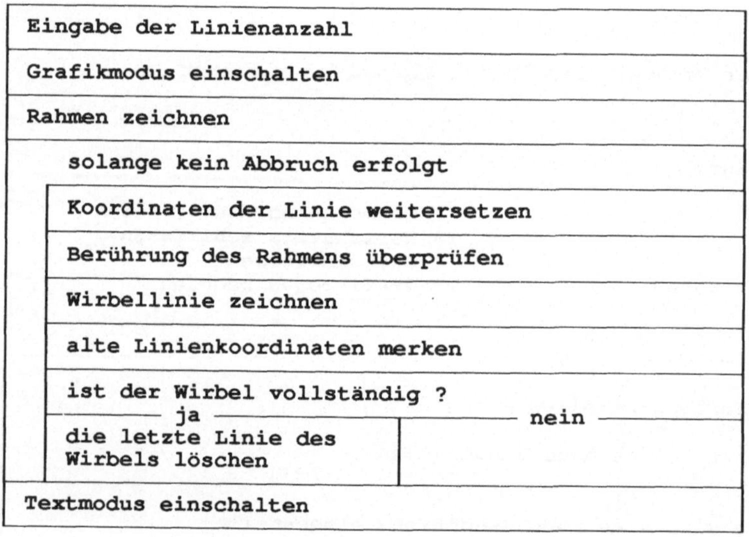

```
Eingabe der Linienanzahl
Grafikmodus einschalten
Rahmen zeichnen
   solange kein Abbruch erfolgt
   Koordinaten der Linie weitersetzen
   Berührung des Rahmens überprüfen
   Wirbellinie zeichnen
   alte Linienkoordinaten merken
   ist der Wirbel vollständig ?
        ja                    |        nein
   die letzte Linie des       |
   Wirbels löschen            |
Textmodus einschalten
```

Programmbeschreibung:

Als Paramter wird dem Programm beim Aufruf eine Zahl mitübergeben, die die Laufzeit des Programmes bestimmt. Es wäre zwar schöner, wenn das Programm auf einen Tastendruck hin abbrechen würde. Dies ist aber unter SINIX nicht so leicht zu realisieren und würde zudem auch die Animationsgeschwindigkeit verringern.

Zu Beginn des Programmes wird vom Benutzer die Anzahl der Linien eingegeben, aus denen der Wirbel bestehen soll.
Die Animation des Wirbels spielt sich ausschließlich in der Funktion Wirbel ab. Das Prinzip der Bewegung besteht darin, daß alle Linien sich nach dem gleichen Schema über den Bildschirm bewegen. Eine Linie hat immer einen Anfangs- und einen Endpunkt. Diese beiden Punkte wandern über den Bildschirm und prallen sozusagen immer an der Rahmenbegrenzung ab. Dabei ändern sie ihre Richtung. Bewegt sich ein Punkt nach oben und berührt die obere Rahmenbegrenzung, so ändert er die Richtung und bewegt sich anschließend nach unten usw. Dadurch verändern sich auch immer die einzelnen Längen der Linien, da diese nur durch die jeweilige Lage der Punkte definiert sind.
Um immer eine gleichbleibende Anzahl von Linien zu haben, wird jedesmal, wenn eine Linie gezeichnet wird, eine andere gelöscht. Für das Löschen der Linien ist es eine Vorraussetzung, daß man ihre Koordinaten kennt. Dazu werden in einem Feld ständig alle aktuellen Linienkoordinaten festgehalten.

Im Programm bestimmen die Variablen *flagx1...flagy2* die Bewegungsrichtung eines jeweiligen Punktes. Die Variable *step_x_links* bestimmt die Schrittweite der X-Koordinate einer Linie bei der Bewegung nach links. Die weiteren step-Variablen haben dementsprechende Funktionen.
In der Funktion *Wirbel* werden zuerst die Variablen initialisiert. Die Koordinaten *x1,y1,x2* und *y2* bestimmen die Startposition der Linien.
Man muß sich hierbei noch einmal vor Augen führen, daß eigentlich immer nur zwei Linien in Bewegung sind, nämlich die Linie die neu gesetzt wird und die, die gelöscht wird.
Aus diesem Grund muß man auch nur die Koordinaten der zu zeichnenden Linie bestimmen und die der zu löschenden Linie sich vorher merken. Die Koordinaten der neuen Linie bilden sich durch die Bewegungsrichtung, die gerade aktiv ist und durch die jeweilige Schrittweite. Die Koordinaten der zu löschenden Linie werden dem Feld *altpos* entnommen, in dem sich alle Koordinaten der gerade sichtbaren Linien befinden.
Im Programm werden dann die Linienendpunkte je nach Richtung und Schrittweite weitergesetzt. Danach wird überprüft, ob ein Linienpunkt die Rahmenbegrenzung erreicht hat. Ist dies der Fall, dann wird die Bewegungsrichtung geändert. Anschließend wird die neue Linie gezeichnet und die Koordinaten für das spätere Löschen in dem Feld *altpos* gerettet. Die Variable *index* gibt dabei immer die aktuelle Position in dem Feld *altpos* an.

Sind alle Linien auf dem Bildschirm, also ist der Wirbel vollständig, beginnt von hinten angefangen das Löschen. Dazu wird der Schalter *loeschen_aktiv* auf TRUE gesetzt und die letzte Linie gelöscht. Dieser Vorgang wiederholt sich solange, bis die Variable *durchlaeufe* auf null dekrementiert wurde.
Das Programm schaltet anschließend wieder in den Textmodus und terminiert.

Das Programm demonstriert auf diese Art die Technik der additiven Bewegung. Wie schon angesprochen, wird bei dieser in einem kontinuierlichen Schreibvorgang ein graphisches Element nach dem anderen zu einem schon im Speicher existierenden Bild hinzugefügt. Das grafische Element ist in diesem Fall eine Linie, könnte aber im Grunde genommen auch ein Objekt sein (siehe auch 6.3.5 Spezielle Objektanimation).

Das nächste Beispielprogramm für die additive Bewegung rotiert einen Würfel auf dem Bildschirm. Dieses Programm wurde wiederum für den MX500 unter Verwendung der Steuersequenzen und mit GKS geschrieben. Als MS-DOS-Programm ist es ebenfalls vorhanden, wobei dort aber zusätzlich zur Verbesserung der Animation noch weitere Varianten entwickelt wurden (siehe 6.3.3 Verhinderung des Flimmereffektes).

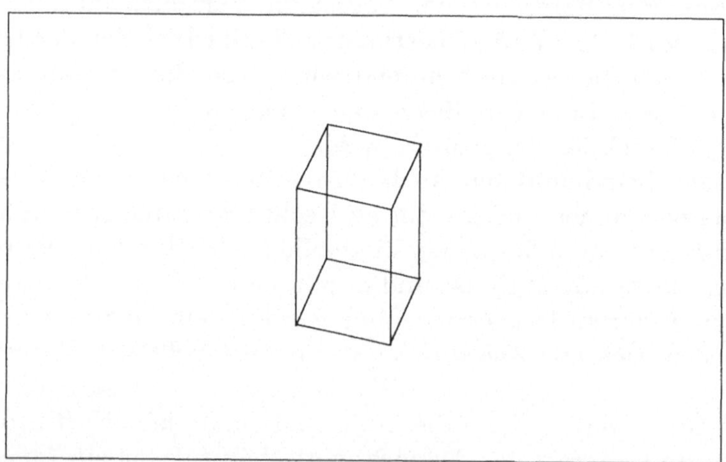

Abb. 16 Bildschirmausgabe von KOE_ESC

Das Programm *KOE_ESC* wurde unter Verwendung der speziellen Steuersequenzen der DDS9754 geschrieben. Das entsprechende GKS-Programm *KOE_GKS* unterscheidet sich wiederum nur in den schon weiter oben aufgeführten Unterschieden zum Programm *KOE_ESC*.

Das Programm KOE_ESC:

```
/*

  PROGRAMM: KOE_ESC

     AUTOR: Marc Schneider

     DATUM: 24.03.1991

   INHALT: Es wird ein Wuerfel auf dem Bildschirm rotiert.
           Dieses Programm ist ein Beispiel fuer die Technik
           der additiven Bewegung.

*/

#include <stdio.h>                    /* Einbinden der Headerdateien */
#include <math.h>

#define WUERFELFARBE 3                /* Konstanten */
#define LOESCHFARBE 4
#define RAHMENFARBE 1
#define PI 3.1415927
#define PI_2 6.2831854
enum    {FALSE,TRUE};
                                      /* Variablen */
int             x_max,                /* maximale X-Koordinate */
                y_max;                 /* maximale Y-Koordinate */

/*

  FUNCTION: Grafik_an

  IN : ---
  OUT: ---

  PURPOSE: Der Rechner wird in den Grafikmodus versetzt.

*/
void Grafik_an()
{
  printf("\033[?1a");       /* Grafik einschalten */
  printf("\033[?c");        /* Bildschirm auf Grundposition setzen */
  printf("\033[?2D");       /* Bildschirm loeschen */
  printf("\033[?4;f");      /* blau als Hauptfarbe definieren */
  printf("\033[?0D");       /* Bildschirm in der Hauptfarbe fuellen */
}

/*

  FUNCTION: Grafik_aus

  IN : ---
  OUT: ---

  PURPOSE: Der Rechner wird in den Alphamodus versetzt.
```

```
          Die Funktion ist als Makro realisiert !

*/
#define Grafik_aus() printf("\033[?2a")

/*

  FUNCTION: Farbe_einstellen

  IN : int farbe : die neue Hauptfarbe
  OUT: ---

  PURPOSE: Es wird eine neue Hauptfarbe eingestellt.
           Die Funktion ist als Makro realisiert !

*/
#define Farbe_einstellen(farbe) printf("\033[?farbe;0f")

/*

  FUNCTION: Linie

  IN : int x1       : X-Koordinate des Linienstartpunktes
       int y1       : Y-Koordinate des Linienstartpunktes
       int x2       : X-Koordinate des Linienendpunktes
       int y2       : Y-Koordinate des Linienendpunktes
       int farbe    : Farbe der Linie
  OUT: ---

  PURPOSE: Eine Linie wird im Grafikmodus gezeichnet.
           Die Funktion ist als Makro realisiert !

*/
#define Linie(x1,y1,x2,y2) printf("\033[?0;%d;%dV\033[?3;%d;%dV\n",
                                  y1,x1,y2,x2)

/*

  FUNCTION: Rahmen

  IN : int x1      : linke X-Koordinate des Rahmens
       int y1      : untere Y-Koordinate des Rahmens
       int x2      : rechte X-Koordinate des Rahmens
       int y2      : obere Y-Koordinate des Rahmens
       int farbe   : Rahmenfarbe
  OUT: ---

  PURPOSE: Es wird ein Rahmen gezeichnet.

*/
void Rahmen(x1, y1, x2, y2, farbe)
int x1, y1, x2, y2, farbe;
{
  Farbe_einstellen(farbe);
  Linie(x1, y1, x1, y2);          /* Zeichnen des Rahmens          */
```

```
  Linie(x1, y2, x2, y2);
  Linie(x2, y2, x2, y1);
  Linie(x2, y1, x1, y1);
}

/*
 ---------------------------------------------------------------------
 FUNCTION: Wuerfel

 IN : ---
 OUT: ---

 PURPOSE: Es wird ein Wuerfel rotiert. Dazu werden vier Punkte
          auf einem Kreisumfang bewegt und mit Linien verbunden,
          so dass dadurch ein Wuerfel entsteht.
          Die Animation wird durch sich staendig wiederholendes
          Setzen und Loeschen des Wuerfels ermoeglicht.
 ---------------------------------------------------------------------
*/
void Wuerfel()
{
  float pos1,pos2,          /* Positionen der 4 Punkte auf dem Kreis */
        pos3,pos4,
          nextpos;          /* Schrittabstand auf dem Kreisumfang */
  int     xp1,yp1,          /* Koordinaten von 4 Wuerfelpunkten */
          xp2,yp2,
          xp3,yp3,
          xp4,yp4,
      durchlaeufe;          /* Dauer der Rotation */


  /* Variablen initialisieren */

  nextpos = 0.05;
  xp1 = yp1 = xp2 = yp2 = xp3 = yp3 = xp4 = yp4 = 100.0 ;
  pos1 = 0.0;
  pos2 = PI_2 / 4 ;
  pos3 = pos2 * 2 ;
  pos4 = pos2 * 3 ;
  durchlaeufe = 50 ;

  while(durchlaeufe--)
  {
    /* den Wuerfel loeschen */

    Farbe_einstellen(LOESCHFARBE);  /* Loeschfarbe einstellen */
    Linie(xp1,yp1,xp2,yp2);
    Linie(xp2,yp2,xp3,yp3);
    Linie(xp3,yp3,xp4,yp4);
    Linie(xp4,yp4,xp1,yp1);
    Linie(xp1,yp1+100,xp2,yp2+100);
    Linie(xp2,yp2+100,xp3,yp3+100);
    Linie(xp3,yp3+100,xp4,yp4+100);
    Linie(xp4,yp4+100,xp1,yp1+100);
    Linie(xp1,yp1,xp1,yp1+100);
    Linie(xp2,yp2,xp2,yp2+100);
    Linie(xp3,yp3,xp3,yp3+100);
    Linie(xp4,yp4,xp4,yp4+100);

    /* neue Positionen berechnen */
```

```
    xp1 = (int)( sin(pos1) * (x_max/10) + x_max / 2) ;
    yp1 = (int)( cos(pos1) * (y_max/10) + y_max / 2 - 50 ) ;
    xp2 = (int)( sin(pos2) * (x_max/10) + x_max / 2) ;
    yp2 = (int)( cos(pos2) * (y_max/10) + y_max / 2 - 50 ) ;
    xp3 = (int)( sin(pos3) * (x_max/10) + x_max / 2) ;
    yp3 = (int)( cos(pos3) * (y_max/10) + y_max / 2 - 50 ) ;
    xp4 = (int)( sin(pos4) * (x_max/10) + x_max / 2) ;
    yp4 = (int)( cos(pos4) * (y_max/10) + y_max / 2 - 50 ) ;

    /* Wuerfel zeichnen */

    Farbe_einstellen(WUERFELFARBE); /* Zeichenfarbe einstellen */
    Linie(xp1,yp1,xp2,yp2);
    Linie(xp2,yp2,xp3,yp3);
    Linie(xp3,yp3,xp4,yp4);
    Linie(xp4,yp4,xp1,yp1);
    Linie(xp1,yp1+100,xp2,yp2+100);
    Linie(xp2,yp2+100,xp3,yp3+100);
    Linie(xp3,yp3+100,xp4,yp4+100);
    Linie(xp4,yp4+100,xp1,yp1+100);
    Linie(xp1,yp1,xp1,yp1+100);
    Linie(xp2,yp2,xp2,yp2+100);
    Linie(xp3,yp3,xp3,yp3+100);
    Linie(xp4,yp4,xp4,yp4+100);

    /* die Punkte einen Schritt weiter setzen */

    pos1 += nextpos ;
    pos2 += nextpos ;
    pos3 += nextpos ;
    pos4 += nextpos ;

    /* das Erreichen des Kreisendes abpruefen */
    if(pos1 >= PI_2 ) pos1 = 0.0 ;
    if(pos2 >= PI_2 ) pos2 = 0.0 ;
    if(pos3 >= PI_2 ) pos3 = 0.0 ;
    if(pos4 >= PI_2 ) pos4 = 0.0 ;
  }
}

/*

 FUNCTION: main

*/
main()
{
  Grafik_an();                         /* Grafik einschalten */
  x_max = 639 ;                        /* max. Koordinaten festlegen */
  y_max = 479 ;
  Rahmen(5,5,x_max-5,y_max-5,RAHMENFARBE); /* Rahmen zeichnen */
  Wuerfel();                           /* den Wuerfel rotieren */
  Grafik_aus();                        /* Grafik ausschalten */
  printf("\033[2J\n");                 /* Bildschirm loeschen */
}
```

Struktogramm:

Grafikmodus einschalten	
Rahmen zeichnen	
solange kein Abbruch erfolgt	
	Würfel löschen
	die neuen Punktkoordinaten berechnen
	Würfel zeichnen
	Punkte auf dem Kreisumfang weitersetzen
	Kreisende abprüfen
Textmodus einschalten	

Programmbeschreibung:

Die Animation des Würfels geschieht in der Funktion *Wuerfel*. Dazu wird der Würfel an seiner aktuellen Position gezeichnet, danach wieder gelöscht und anschließend wird die neue Position berechnet. Dieses kontinuierliche Setzen und Löschen ist die Grundlage der additiven Bewegung.

Um bei der Animation möglichst wenig Zeit für Berechnungen zu verschwenden und dafür mehr Zeit für die eigentliche Bildschirmausgabe zu haben, wurde ein Trick verwendet. Der Würfel liegt nicht als tatsächlicher Würfel mit seinen acht Punkten und den jeweiligen 3D-Koordinaten vor, sondern es werden nur vier 2D-Punkte benötigt. Diese vier Punkte werden auf einem Kreisumfang bewegt mit einem Abstand von jeweils 2 * PI / 4. Dadurch sind die Punkte gleichmäßig auf dem Umfang verteilt. Die vier Punkte werden dann mit Linien verbunden, wodurch die Deckfläche des Würfels entsteht. Die Deckfläche wird anschließend nach unten projiziert. Dadurch erhält man die Bodenfläche. Zuletzt werden die Eckpunkte dieser Flächen miteinander verbunden und der Würfel ist komplett.

In der Funktion *Wuerfel* wird zuerst der Würfel in der alten Position gelöscht. Danach werden die neuen Positionen der vier Punkte berechnet und der Würfel wird gezeichnet. Anschließend werden die Punkte auf dem Kreis um einen Schritt weitergesetzt. Die Schrittweite ist in der Variablen *nextpos* enthalten und die aktuellen Kreispositionen in den Variablen *pos1...pos4*. Zuletzt wird noch überprüft, ob das Kreisende erreicht wurde, wodurch dann ein Punkt wieder auf den Kreisanfang gesetzt wird. Danach beginnt der gesamte Vorgang wieder von vorne.

Die Animationsgeschwindigkeit auf dem MX500 läßt auch wieder bei diesem Programmbeispiel zu wünschen übrig. Die für eine Echtzeit-Animation benötigten 25 Bilder pro Sekunde werden sowohl von dem Programm, welches mit den Steuersequenzen arbeitet, als auch von dem GKS-Programm bei weitem nicht erreicht. Das äquivalente DOS-Programm hat hingegen bei dieser Animation keine Probleme.
Die Hauptursache für die geringe Animationsgeschwindigkeit auf dem MX500 liegt in der Trägheit der Datensichtstation. Das Ansprechen der DDS9754 verbraucht viel Zeit und die Ausführung der Grafikfunktionen geschieht mit einer sehr geringen Geschwindigkeit. Der Benutzer ist nicht in der Lage direkt in den Bildschirmspeicher zu schreiben, sondern muß sich immer dieser speziellen Grafikfunktionen bedienen. Man kann also nicht von Benutzerseite aus den Zugriff auf den Bildschirmspeicher beschleunigen.
Die Rechenleistung eines MX500 ist im Grunde ziemlich hoch und für diese einfachen Echtzeit-Animationen ausreichend.
Man müßte die DDS9754 gegen eine schnelle Datensichtstation austauschen, um eine Echtzeit-Animation zu ermöglichen. Mit der jetzigen Konfiguration ist dies jedenfalls nicht möglich. Die einzige Möglichkeit für die Echtzeit-Animation gibt eine Technik aus dem Bereich der Framemap-Animation, die weiter unten beschrieben wird.

Zur Veranschaulichung der einzelnen Animationsgeschwindigkeiten von *KOE_ESC, KOE_GKS* und dem inhaltlich gleichen DOS-Programm *KOE_DOS* wird hier ein Vergleich aufgestellt (siehe auch 8. Vergleich der Systeme). Das DOS-Programm wurde ebenfalls in C geschrieben und auf einem 386er PC mit 33 Mhz getestet.
Man sollte sich hier noch einmal vor Augen führen, daß für eine flüssige Animation 25 Bilder pro Sekunde benötigt werden.
In unserem Beispiel bedeutet dies, daß das Löschen des Würfels, das Neuberechnen der Punktpositionen und das Zeichnen des Würfel, 25 Mal in der Sekunde durchgeführt werden müßten.

Programm	**Bilder pro Sekunde**
KOE_ESC	1,7
KOE_GKS	1
KOE_DOS	83,3

Die ermittelten Werte zeigen deutlich, daß die beiden Programme auf dem MX500 für eine Echtzeit-Animation völlig ungeeignet sind. Bei der Erstellung von ein bis zwei Bildern pro Sekunde ist man von einer flüssigen Animation noch weit entfernt.
Das DOS-Programm hingegen erfüllt die Anforderungen von 25 Bildern pro Sekunde spielend. Es wäre also möglich, noch weitere Objekte zu animieren oder aber statt des Würfels ein komplizierteres Objekt zu rotieren.

5.4 Framemap-Animation

Wie schon erwähnt, entstehen Framemap-Animationen durch Änderungen von Adressen, die die Lage des Bildschirmfensters innerhalb des Bildschirmspeichers angeben. Durch Änderungen dieser Adressen, kann man den sichtbaren Bildbereich verschieben. Die beiden Bezeichnungen Bildschirmfenster und sichtbarer Bildbereich sind gleichzusetzen.

Man unterscheidet bei der Framemap-Animation zwei Techniken. Mit der einen Technik wird das Bildschirmfenster innerhalb des Bildschirmspeichers verschoben. Dadurch werden immer andere Teile des Bildschirmspeichers sichtbar. Diese Technik wird allgemein mit Scrolling oder Soft-Scrolling bezeichnet. Der Unterschied zwischen Scrolling und Soft-Scrolling besteht darin, daß normalerweise beim Scrolling das Bildschirmfenster byteweise und beim Soft-Scrolling bitweise, also Punkt für Punkt, verschoben wird. Dadurch erhält man beim Soft-Scrolling eine weiche, gleitende Veränderung des Bildschirminhalts.
Bei der anderen Technik muß man sich den Bildschirmspeicher als eine Ansammlung von Bildebenen oder Bildschirmspeicherabschnitten vorstellen, die wie bei einem Kartenstoß übereinander liegen. Durch ein Blättern innerhalb der Bildebenen bringt man sie nacheinander zur Anzeige, wodurch eine Animation erzeugt wird. Man kann sich diesen Vorgang als eine Art Daumenkino vorstellen.

Beide Techniken werden in dem Kapitel 6. Animation auf dem PC vorgestellt und anhand von Programmbeispielen erläutert.
Auf dem MX500 wird nur die Technik des Scrollings vorgestellt.

Bei der DDS9754 kann man die Position des Bildschirmfensters innerhalb des Bildschirmspeichers beliebig einstellen. Durch eine kontinuierliche Veränderung dieser Position wird ein Scrolling erzeugt. Es handelt sich dabei sogar um pixelorientiertes Soft-Scrolling.

Das sichtbare Bildschirmfenster hat eine Größe von 640 x 480 Punkten. Es kann innerhalb des darstellbaren Bereiches, der 1024 x 1024 Punkte groß ist, beliebig positioniert werden (siehe Abb. 14).

Für die Positionierung des Fensters gibt es spezielle Steuersequenzen. Unter Verwendung dieser kann man entweder das Fenster unmittelbar positionieren oder aber die neue Position durch langsames Anfahren einstellen.

In dem Beispielprogramm *MOVE_ESC* wird das Bildschirmfenster innerhalb des darstellbaren Bereiches bewegt. Dazu werden nacheinander verschiedene Fensterpositionen langsam angefahren.

Das Programm MOVE_ESC:

```
/*

 PROGRAMM: MOVE_ESC

    AUTOR: Marc Schneider

    DATUM: 26.03.1991

  INHALT: Es wird eine Animationstechnik aus dem Bereich der
          Framemap-Animation demonstriert.
          Bei der Technik handelt es sich um das Soft-Scrolling.
          Dazu wird das sichtbare Bildschirmfenster
          innerhalb des darstellbaren Bildbereiches bewegt.

*/

#include <stdio.h>                    /* Einbinden der Headerdatei */

/*

 FUNCTION: Grafik_an

 IN : ---
 OUT: ---

 PURPOSE: Der Rechner wird in den Grafikmodus versetzt.

*/
void Grafik_an()
{
  printf("\033[?1a");        /* Grafik einschalten */
  printf("\033[?c");         /* Bildschirm auf Grundposition setzen */
  printf("\033[?2D");        /* Bildschirm loeschen */
  printf("\033[?9;0f");      /* Blau als Hauptfarbe definieren */
}
```

```
/*
 ---------------------------------------------------------------
 FUNCTION: Grafik_aus

 IN  : ---
 OUT: ---

 PURPOSE: Der Rechner wird in den Alphamodus versetzt.
          Die Funktion ist als Makro realisiert !
 ---------------------------------------------------------------
*/
#define Grafik_aus() printf("\033[?2a")

/*
 ---------------------------------------------------------------
 FUNCTION: Maus

 IN  : ---
 OUT: ---

 PURPOSE: Es wird der Kopf einer Mickey-Maus gezeichnet.
 ---------------------------------------------------------------
*/
void Maus()
{
  int y ;                          /* Laufvariable */

  printf("\033[?5;0f");            /* Farbe einstellen */
  printf("\033[?0;%d;%d;%d;%dK",590,450,590,505);
  printf("\033[?5;5f");            /* Farbe fuers Fuellen einstellen */
  printf("\033[?0I");              /* Kreis fuellen */
  printf("\033[?0;%d;%d;%d;%dK",590,574,590,629);
  printf("\033[?5;5f");            /* Farbe fuers Fuellen einstellen */
  printf("\033[?0I");              /* Kreis fuellen */
  printf("\033[?6;0f");            /* Farbe einstellen */
  printf("\033[?0;%d;%d;%d;%dK",512,512,512,592);
  printf("\033[?6;6f");            /* Farbe fuers Fuellen einstellen */
  printf("\033[?0I");              /* Kreis fuellen */
  printf("\033[?3;0f");            /* Farbe einstellen */
  printf("\033[?0;%d;%d;%d;%dK",545,480,545,505);
  printf("\033[?3;3f");            /* Farbe fuers Fuellen einstellen */
  printf("\033[?0I");              /* Kreis fuellen */
  printf("\033[?0;%d;%d;%d;%dK",545,544,545,569);
  printf("\033[?3;3f");            /* Farbe fuers Fuellen einstellen */
  printf("\033[?0I");              /* Kreis fuellen */
  printf("\033[?2;0f");            /* Farbe einstellen */
  printf("\033[?0;%d;%d;%d;%dK",540,538,540,553);
  printf("\033[?2;2f");            /* Farbe fuers Fuellen einstellen */
  printf("\033[?0I");              /* Kreis fuellen */
  printf("\033[?0;%d;%d;%d;%dK",540,486,540,501);
  printf("\033[?2;2f");            /* Farbe fuers Fuellen einstellen */
  printf("\033[?0I");              /* Kreis fuellen */
  printf("\033[?1;0f");            /* Farbe einstellen */
  printf("\033[?0;%d;%d;%d;%dK",500,512,500,547);
  printf("\033[?1;1f");            /* Farbe fuers Fuellen einstellen */
  printf("\033[?0I");              /* Kreis fuellen */

  printf("\033[?1;0f");            /* Farbe einstellen */
```

```
  for(y=470;y>465;y--)
  {
    printf("\033[?1;512;512C");  /* Schreibmarke positionieren */
    printf("\033[?2;%d;570C",y); /* Schreibmarke positionieren */
    printf("\033[?0;90S");       /* Kreisbogen zeichnen */
  }
}

/*

  FUNCTION: Text

  IN : ---
  OUT: ---

  PURPOSE: Es wird ein Benutzertext ausgegeben und auf die Eingabe
           von Return gewartet.

*/
void Text()
{
  printf("\033[?1;200;80C");   /* Schreibmarke positionieren */
  printf("\033[?2T");          /* doppelt hohe Schrift einstellen */
  printf("\033[?5;5f");        /* Farbe einstellen *?
  printf("A N I M A T I O N");/* Text ausgeben */
  printf("\033[?1;198;82C");   /* Schreibmarke positionieren */
  printf("A N I M A T I O N");/* Text ausgeben */
  printf("\033[?1;180;80C");   /* Schreibmarke positionieren */
  printf("\033[?0T");          /* Text ausgeben */
  printf("Animation durch Verschiebung des Bildschirm-Fensters !");
  printf("\033[?1;160;80C");   /* Schreibmarke positionieren */
  printf("              < RETURN zum START >");/* Text ausgeben */
  getchar();                        /* auf Return warten */
}

/*

  FUNCTION: Bildposition

  IN : int x : X-Koordinate der neuen Bildposition
       int y : Y-Koordinate der neuen Bildposition
  OUT: ---

  PURPOSE: Das Bildschirm-Fenster wird mit der linken unteren Ecke
           durch langsames Anfahren auf die Position mit den
           Koordinaten x und y eingestellt.
           Die Funktion ist als Makro realisiert !

*/
#define Bildposition(x,y)  printf("\033[?1;%d;%dc",y,x)

/*

  FUNCTION: main

  PURPOSE: Es wird das Bildschirm-Fenster innerhalb des
           darstellbaren Bildbereiches bewegt.
```

```
*/
main()
{
  int anz ;                        /* Anzahl der Bewegungen */

  Grafik_an();                     /* Grafik einschalten */
  Text();                          /* Benutzertext ausgeben */
  Maus();                          /* eine Mickey-Maus zeichnen */
  anz = 3 ;                        /* Anzahl der Bewegungen festlegen */

  while(anz--)                     /* das Bildschirm-Fenster wird */
  {                                /* innerhalb des darstellbaren */
                                   /* Bereiches bewegt ! */
    Bildposition(300,400);        /* Bildschirm-Fenster positionieren */
    Bildposition(100,400);
    Bildposition(100,180);
    Bildposition(300,180);
  }
  Grafik_aus();                    /* Grafik ausschalten */
  printf("\033[2J");               /* Textbildschirm loeschen */
}
```

Struktogramm:

```
Grafikmodus einschalten
Benutzertext ausgeben
auf die Eingabe von RETURN warten
eine Zeichnung auf dem Bildschirm erstellen
    solange kein Abbruch erfolgt
    | Bildschirmfenster nach oben fahren
    | Bildschirmfenster nach links fahren
    | Bildschirmfenster nach unten fahren
    | Bildschirmfenster nach rechts fahren
Textmodus einschalten
```

Programmbeschreibung:

Die Technik des Scrollings wurde in diesem Programm auf einfachste Weise realisiert. Dies war dadurch möglich, weil die Positionierung des Bildschirm-Fensters durch eine Steuersequenz unterstützt wird. Diese Steuersequenz wird in dem Makro Bildposition verwendet. Man muß ihr nur die Koordinaten der neuen Fensterposition übergeben und schon wird das Bildschirm-Fenster auf diese eingestellt. Dazu wird es von seiner aktuellen Position aus langsam auf die neue Position zugefahren. Vorher wurde auf dem Bildschirm eine Mickey-Maus gezeichnet, damit der Benutzer die Bewegung des Fensters beobachten und nachvollziehen kann.

Eine sinnvolle Anwendung des Scrollings ergibt sich, wenn man z.B. eine Zeichnung erstellen muß, deren Ausmaße größer als 640 x 480 Punkte sind. Durch Scrolling kann man dann die gesamte Zeichnung abfahren, um sich alle Details anzusehen.

In Computer-Spielen und Simulationen kommt die Technik des Scrollings häufig zur Anwendung. Dort werden aber zusätzlich auch noch andere Techniken aus dem Bereich der Bitmap-Animation verwendet. So wird z.B. eine Landschaft in den Bildschirmspeicher gezeichnet, von der man aber immer nur einen kleinen Ausschnitt sehen kann. Durch Scrolling wird dann die Landschaft sozusagen unter dem Bildschirm durchgeschoben, so daß man das Gefühl hat, man selbst würde sich bewegen. Es wird dann zusätzlich noch irgendein Objekt auf den Bildschirm projiziert, welches dadurch sozusagen über die Landschaft fährt. Der Vorteil bei dieser Technik liegt darin, daß man enorm viel Rechenzeit dadurch spart, weil die Landschaft schon vollständig vorhanden ist und man diese nicht immer Schritt für Schritt innerhalb das sichtbaren Bereiches neu erstellen muß.

6. Animation auf dem PC

6.1 Rechnerkonfiguration

Alle nachfolgenden Beispielprogramme wurden unter folgender Konfiguration entwickelt:

- Gray 386er PC mit 33MHz Taktfrequenz
- Trident VGA-Grafikkarte mit 16-Bit-Bus und 512 Kbyte RAM
- Festplatte Seagate mit 80 Mbyte Speicherkapazität und 31ms mittlerer Zugriffszeit
- Betriebssystem MS-DOS Version 3.3

Als Programmiersprachen wurden TURBO-C 2.0 der Firma Borland International und ASSEMBLER gewählt. Die Programmierung in ASSEMBLER ist immer dann erforderlich, wenn das äquivalente C-Programm für eine Animationstechnik zu langsam wäre. Kommt hingegen eine Animationstechnik auch ohne viel Rechenleistung aus, das sind vorallem die Techniken aus dem Bereich der Framemap- und Colormap-Animation, dann wurde diese in C realisiert.

Insgesamt kann man sagen, daß es eigentlich immer wünschenswert ist, möglichst viel Rechenleistung zu haben. Einige nachfolgende Techniken sind darauf sogar angewiesen und benötigen unbedingt einen schnellen Rechner. Mit einem XT-PC oder AT-PC wären sie nicht zu realisieren, da diese zu wenig Rechenleistung bieten. Auf dem verwendeten 386er PC konnten zwar für alle Techniken Beispielprogramme entwickelt werden; es mußte aber dabei immer auf den Umfang der Animation geachtet werden.

Das Positive an der Programmierung einer VGA-Grafikkarte gegenüber der DDS9754 ist, daß es möglich ist, den Bildschirmspeicher direkt anzusprechen und zu manipulieren. Dies ist in einigen Fällen aus Zeitgründen auch unbedingt erforderlich.

6.2 Betriebssystem MS-DOS

Das verwendete Betriebssystem MS-DOS ist ein single-user und singletasking Betriebssystem. Ein single-user Betriebssystem (Einplatzbetriebssystem) steht zur gleichen Zeit immer nur einem Benutzer zur Verfügung. Die Rechnerleistung wird demnach nicht auf mehrere Benutzer aufgeteilt. Single-tasking bedeutet, daß immer nur ein Task gerade aktiv sein kann. Es ist nicht möglich, wie beim Multi-tasking mehrere Prozesse gleichzeitig ablaufen zu lassen.

Für die Echtzeit-Animation ist MS-DOS besser geeignet als ein Betriebssystem wie UNIX. Es laufen zu keiner Zeit irgendwelche Hintergrundprozesse, die dem Rechner Leistung abverlangen. Unterdrückt man zudem noch die internen Interrupts, hat man für sein Programm 100% der Rechnerleistung zur Verfügung. Das stellt eine optimale Vorraussetzung für die Entwicklung von zeitkritischen Animationen dar.

Weiterhin unterstützt MS-DOS die hardwarenahe Programmierung. Diese Tatsache macht es möglich, Peripheriegeräte, Schnittstellen und, in unserem Fall, die Grafikkarte direkt zu programmieren. Andere Betriebssysteme wie z.B. UNIX verwalten dagegen den Bildschirm wie eine Datei. Dadurch wird ein schneller und gezielter Bildschirmzugriff verhindert.

6.3 Bitmap-Animation

Der Bereich der Bitmap-Animation beinhaltet alle Animationen, die durch direkte Manipulationen der Bitmap entstehen. Die Bitmap ist die Abbildung des Grafik-Bildschirms im Arbeitsspeicher, also der sogenannte Grafikspeicher oder Bildschirmspeicher.
Um eine Bitmap-Animation zu erzielen, muß dieser Speicher verändert werden. Dies geschieht durch Setzen, Löschen oder Verschieben von einzelnen Bits (Punkten, Pixeln).
Setzt man mehrere in einem Kontext zusammenstehende Bits, dann erscheint auf diese Weise ein Objekt oder ein geometrischer Körper. Durch Löschen der Bits (Zurücksetzen) verschwindet dieser Körper und durch Verschieben der Bits wird der Körper bewegt.

Für die Realisierung einer Bitmap-Animation gibt es mehrere Techniken. Die am häufigsten angewendete Technik ist die additive Bewegung.

6.3.1 Additive Bewegung

Wie es der Name dieser Technik schon sagt, wird durch ein kontinuierliches Hinzufügen (Addition) von Bits zum existierenden Bild oder durch ein Auslöschen von Bits eine Animation hervorgerufen.
Von einer Hochsprache aus geschieht dies, indem man z.B. Linien, Polygone, Punkte etc. setzt oder löscht. Eine Bewegung entsteht durch

mehrfaches aufeinanderfolgendes Setzen und Löschen, wobei die Bildschirmposition dabei immer wieder verändert wird.

Die Beispielprogramme *WIRB_ESC* und *WIRB_GKS* aus dem Kapitel 5. "Animation auf dem MX500", animieren einen Wirbel auf dem Bild schirm, der aus mehreren Linien besteht.
Dieses Programm wurde ebenfalls für den PC geschrieben, auf dem es sehr viel schneller und flüssiger abläuft. Dazu wurde die Programmiersprache TURBO-C 2.0 verwendet. Der Programminhalt und das Prinzip des Linienwirbels können der Beschreibung des Programmes *WIRB_ESC* entnommen werden. Da das PC-Programm *WIRB_DOS* inhaltlich keine nennenswerten Unterschiede demgegenüber aufweist, wird es hier nicht extra aufgelistet.

Als zweites Beispielprogramm für die additive Bewegung wurde in dem Kapitel Animation auf dem MX500 das Programm *KOE_ESC* bzw. *KOE_GKS* vorgestellt.
Das äquivalente PC-Programm *KOE_DOS1* beruht auf dem gleichen Programmierprinzip. Da es aber sehr viel schneller abläuft, taucht hier das erste Mal das Problem mit dem Videostrahl (Elektronenstrahl) auf. Dieses Problem haben alle diejenigen, die sich mit einer schnellen Manipulation des Bildschirmspeichers beschäftigen. So sieht man immer wieder bei schlecht gemachten Spielen oder Animationen, daß manche Programmierer dieses Problem nicht bewältigen.
Die folgenden Programme *KOE_DOS1, KOE_DOS2* und *KOE_DOS3* zeigen schrittweise, wie man das *Videostrahlproblem* unterdrückt.

Um ein Verständnis für die Entstehung des Problems und seine Auswirkungen zu bekommen, wird es im Folgenden erläutert:

Probleme mit dem Videostrahl

Den Vorgang des Bildaufbaus durch den Videostrahl sieht man sich am besten noch einmal unter dem Abschnitt Raster-Bildschirm an. In Abb. 7 wird der Weg des Videostrahls veranschaulicht.

Der Videostrahl wird beim Bildaufbau horizontal und zeilenweise über den Bildschirm bewegt. Dabei wird der Übergang von einer Zeile in die folgende (horizontaler Rücklauf) durch das horizontale Synchronisationssignal und der Übergang von rechts unten nach links oben (vertikaler Rücklauf) durch das vertikale Synchronisationssignal gesteuert.

Kurz bevor der Videostrahl eine Zeile aufbaut, wird von der Elektronik auf der Grafikkarte die zuständige Zeileninformation aus dem Bildschirmspeicher entnommen. Streicht jetzt der Videostrahl über die Zeile, wird die gerade gelesene Bildinformation abgelegt. Es erscheint also immer genau das auf dem Bildschirm, was sich zum Zeitpunkt des Auslesens im Bildschirmspeicher befindet.
Der Videostrahl wird dabei allein von der Elektronik auf der Grafikkarte gesteuert und arbeitet somit unabhängig von der CPU.

Wie kann es nun bei einer Bewegung auf dem Bildschirm zu Problemen kommen ?

Angenommen, ein Programm zeichnet ein Objekt in den Bildschirmspeicher. Dieses Objekt beginnt ab der Zeile 100 und erstreckt sich bis zur Zeile 150. Wenn die CPU gerade anfängt, das Objekt zu zeichnen und der Videostrahl sich aber schon z.B. an der Zeile 130 befindet, erscheint die obere Hälfte des Objektes nicht auf dem Bildschirm. Es wird nur der Teil des Objektes gezeichnet, der unterhalb der Zeile 130 liegt (siehe Abb. 17).

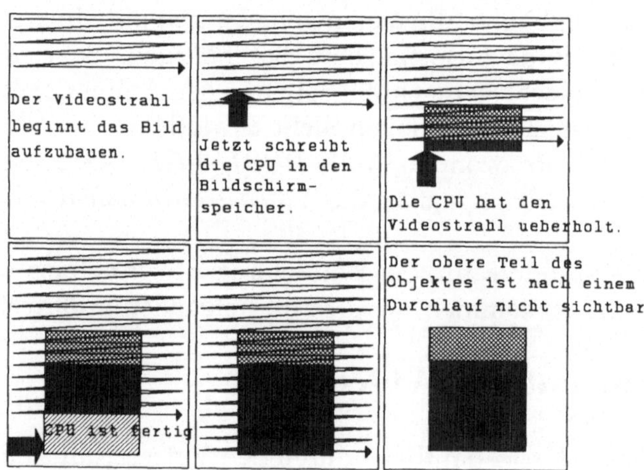

Abb. 17 Probleme mit dem Videostrahl

Erst wenn der Videostrahl einen vertikalen Rücklauf vollzogen hat und von neuem beginnt, den Bildschirmspeicher auszulesen und anzuzeigen, erscheint das Objekt vollständig. Dies wäre noch nicht so schlimm, weil ein Refresh ca. 50 bis 110 Mal in der Sekunde stattfindet und somit das Vervollständigen kaum auffallen würde.

Wenn man allerdings ein Objekt auf dem Bildschirm bewegt, dann passiert folgendes: Gehen wir mal von der oben geschilderten Situation aus. Das Objekt ist also zur Hälfte auf dem Bildschirm gezeichnet und der Videostrahl befindet sich noch in dem unteren Bereich des Bildschirms.

Wenn das Programm jetzt in diesem Stadium das Objekt löscht, um eine Bewegung zu simulieren, wird es aus dem Bildschirmspeicher entfernt. Der Videostrahl ist jetzt fertig mit dem Bildschirmaufbau und beginnt wieder von neuem. Er findet jetzt aber kein Objekt mehr vor und löscht somit den Bildschirm. Was man als Benutzer bei dem gesamten Vorgang nur gesehen hatte, war einmal kurz die untere Hälfte des Objektes. Wird das Objekt nun kontinuierlich über den Bildschirm bewegt, erscheinen immer nur Teile des Objektes. Je nach dem wo sich der Videostrahl zu welcher Zeit befindet, d.h. beim Zeichnen und beim Löschen des Objektes, werden immer verschiedene Teile des Objektes sichtbar und nur selten ist es vollständig.
Als Resultat sieht der Betrachter ein stark flimmerndes Objekt. Dies kommt daher, weil bei einem Bildaufbau ein Teil des Objektes fehlt, beim nächsten Bildaufbau ist er vorhanden, dann fehlt er wieder usw.

Wird das Objekt bewegt ohne es zu löschen, also immer nur eine kleine Verschiebung zu der letzten Position ausgeführt, kann es vorkommen, daß der untere Teil des Objektes schon in der neuen Position erscheint und der obere noch in der alten. Als Betrachter hat man dann den Eindruck eines wabernden Objektes, welches an der Stelle, an der es vom Videostrahl getrennt wird, scheinbar elastisch und verschoben ist.

Wie man sieht, kann man daher bei der Entwicklung von Animationen nicht einfach darauf los programmieren, sondern muß sich immer um die Position des Videostrahls kümmern. Bei statischen Grafiken braucht man sich dagegen keine Gedanken um den Bildschirmaufbau zu machen.

Wie läßt sich der Flimmereffekt verhindern ?

Eine Möglichkeit besteht darin, die Bewegung des Objektes zu verlangsamen. Wenn man Veränderungen im Bildschirmspeicher mit einer so geringen Geschwindigkeit vornimmt, daß der Bildschirmspeicher vollständig ausgelesen und angezeigt werden kann und auch lange genug auf dem Bildschirm steht bevor die nächste Veränderung erfolgt, dann kann kein Flimmern mehr auftreten. Der Nachteil ist aber, daß man dann auch auf eine flüssige Echtzeit-Animation verzichten muß. Aus diesem Grund muß man einen anderen Weg gehen.

Der erste Schritt besteht deshalb darin, sicher zu gehen, daß sich der Videostrahl nicht inmitten des Bildschirms befindet, wenn man den Bildschirmspeicher beschreibt. Um dies zu erreichen, wartet man auf den vertikalen Rücklauf des Videostrahls bevor man Veränderungen im Bildschirmspeicher vornimmt. Ein Baustein auf der Grafikkarte gibt durch den Zustand eines Bits darüber Auskunft, ob sich der Videostrahl gerade auf dem vertikalen Rücklauf befindet oder nicht. Dieses Bit kann von einem Programm aus abgefragt werden.
Im Programm wartet man nun bis sich der Videostrahl auf dem vertikalen Rücklauf befindet und fängt dann an den Bildschirmspeicher möglichst schnell zu beschreiben. Man sollte dabei immer von oben nach unten vorgehen, da dies auch die Richtung des Videostrahls ist und damit noch etwas mehr Zeit gewonnen wird. Ist das Programm schnell genug, dann schafft es das Programm das Objekt in den Bildschirmspeicher abzulegen, bevor der Videostrahl die Objektposition erreicht hat. Das gesamte Objekt kann dann ausgelesen und angezeigt werden. Das Flimmern ist damit verschwunden.
Ein optimaler Ablauf entsteht, wenn das Objekt in den Bildschirmspeicher gezeichnet wird, solange sich der Videostrahl noch darüber befindet und gelöscht wird, wenn sich der Videostrahl auf dem vertikalen Rücklauf bewegt. Dadurch hätte man immer die neue Bildinformation im Speicher, bevor der Videostrahl sie erreicht hat. Der Vorgang des Löschens würde unsichtbar im Hintergrund verlaufen, da während des vertikalen Rücklaufes der Bildspeicher nicht ausgelesen wird.

Das Warten auf den vertikalen Strahlrücklauf um damit das Beschreiben des Speichers zu synchronisieren, ist eine Technik, die eigentlich immer bei Echtzeit-Animationen angewendet wird. Bei kleinen Bildveränderungen ist dieses Verfahren auch noch effektiv und wirkungsvoll. Erreichen aber die Bildveränderungen solch ein Ausmaß, daß sie nicht innerhalb einer Bildschirmaufbauphase vollzogen werden können, dann kommt es wieder zu Problemen.

Stellen wir uns einmal vor, ein Programm möchte zehn Objekte auf dem Bildschirm bewegen: Es wartet auf den vertikalen Strahlrücklauf, bevor es anfängt zu zeichnen. Nachdem fünf Objekte gezeichnet wurden, hat der Videostrahl die Stelle überholt, an der gerade das sechste Objekt abgelegt werden sollte. Ist der Bildschirm einmal vollständig aufgebaut, sieht der Betrachter nur die ersten fünf Objekte. Die restlichen sind zwar jetzt wahrscheinlich auch schon im Bildschirmspeicher, waren aber noch nicht dort, als der Videostrahl dort war und sind somit nicht sichtbar. Während des vertikalen Rücklaufs werden die Objekte anschließend

gelöscht und der Vorgang beginnt von neuem. Als Resultat sieht man immer nur die ersten fünf Objekte auf dem Bildschirm.
Macht man diese Erfahrung zum ersten Mal, dann kommt es einem fast wie Zauberei vor, daß Dinge nicht auf dem Bildschirm erscheinen, obwohl sie mit Sicherheit in den Bildschirmspeicher geschrieben wurden.

Man könnte sich jetzt fragen: Warum kann ich mir beim Bildschirmaufbau nicht einfach mehrere Strahldurchläufe lang Zeit lassen ?
Wir wissen, daß man bei der Echtzeit-Animation 25 Bilderveränderungen pro Sekunde realisieren muß. Wenn der Bildschirm nun z.B. 50 Mal in der Sekunde aufgebaut wird, dies entspricht einer Refreshrate von 50 Hz, dann könnte man doch innerhalb von zwei Strahldurchläufen den Bildspeicher verändern und würde somit immer noch auf eine Frequenz von 25 Hz kommen. Diese Überlegung ist zwar richtig, kränkelt aber an folgendem Tatbestand:
Schafft man es, die ersten fünf Objekte während des ersten Durchlaufes in den Speicher zu schreiben und damit zur Anzeige zu bringen und die zweiten fünf Objekte während des zweiten Strahldurchlaufes, dann waren, wenn anschließend der Bildschirm wieder gelöscht wird, die ersten fünf Objekte doppelt so lange auf dem Bildschirm wie die zweiten fünf. Dadurch sind die zweiten fünf Objekte immer für 1/50 Sekunde sichtbar und für 1/50 Sekunde unsichtbar. Die ersten fünf Objekte sieht man hingegen in jeder 50stel Sekunde, also ständig. Aus diesem Grunde flimmern die zweiten fünf Objekte oder sie erscheinen sehr fade und fast transparent.

Umfaßt also eine Bildveränderung soviele Details, daß diese nicht innerhalb eines Strahldurchlaufes erneuert werden können, dann reicht es nicht aus, das Beschreiben des Bildschirmspeichers mit dem Strahl zu synchronisieren.

Man muß zusätzlich zu der Videostrahlabfrage noch eine andere Technik einsetzen.

Die VGA-Grafikkarte ermöglicht es, im Grafikmodus 16 mehrere Bildschirmseiten zu verwalten (siehe auch Der 16-Farben-Modus). Dies ist eine Voraussetzung für die nächste Technik, bei der man nämlich genau zwei Grafikseiten benötigt. Per Programm kann man zwischen den beiden Grafikseiten hin- und herschalten und damit immer eine andere Seite zur Anzeige bringen. Diese Technik ist im Allgemeinen unter dem Begriff des *Pageflippings* bekannt.

Um das lästige Flimmern nun endgültig zu verhindern, geht man wie folgt vor:
Auf der Grafikseite, die man nicht sieht, werden alle Bildveränderungen wie Objektlöschen und -setzen vorgenommen. Auf der sichtbaren Grafikseite finden keine Veränderungen statt. Hat man die versteckte Grafikseite vollständig beschrieben, wartet man auf den vertikalen Strahlrücklauf und schaltet dann die Seiten um. Dadurch kommt jetzt die verdeckte Seite zum Vorschein und die eben noch angezeigte verschwindet. Da die jetzt sichtbare Seite schon vollständig aufgebaut wurde und alle Bildinformationen beinhaltet, kann es zu keinem Flimmern mehr kommen. Jetzt wiederholt sich der Vorgang, aber nun mit der anderen Seite. Es wird immer die Seite, die man nicht sieht, verändert und anschließend zur Anzeige gebracht. Auf der sichtbaren Seite wird hingegen nichts verändert. Intern ist damit die Ausgabe des Programmes immer doppelt vorhanden, bloß die Positionen der Objekte unterscheiden sich jeweils von Seite zu Seite.

Abb. 18 Pageflipping

Unter Verwendung dieser Technik hat man das Problem mit dem Videostrahl und damit dem Flimmern endgültig bewältigt.
Man kann sich bei 50 Hz Refreshrate jeweils zwei Strahldurchläufe Zeit lassen, um die versteckte Grafikseite aufzubauen und erhält dann anschließend 25 verschiedene Bilder pro Sekunde.

Abschließend muß aber hierzu noch gesagt werden, daß, wenn die Veränderungen des Bildschirmspeichers zu lange dauern, man keine flüssige Animation erhält. Der Rechner schafft es dann nicht, die Veränderungen 25 Mal pro Sekunde durchzuführen.

Als Ausweg bleibt dann nur noch eine Grafikkarte mit einem eigenen Prozessor, der den Bildschirmspeicher viel schneller beschreiben kann als die CPU selbst (siehe auch 3.4.4 Spezielle Grafikkarten).

Verhinderung des Flimmereffektes

Wie aus dem vorherigen Abschnitt zu entnehmen ist, kann man nicht einfach die Existenz des Videostrahls außer acht lassen. Man muß bestimmte Techniken anwenden, um den sonst auftretenden Flimmereffekt zu verhindern.

Die folgenden drei Programme *KOE_DOS1, KOE_DOS2* und *KOE_DOS3* machen schrittweise von diesen Techniken Gebrauch. Alle drei Programme wurden in TURBO-C 2.0 geschrieben.

Das erste Beispielprogramm *KOE_DOS1* macht keinen Gebrauch von der Synchronisation des Bildschirmaufbaus mit dem Videostrahl und auch nicht von der Technik des Pageflippings. Aus diesem Grund ist die Animationsgeschwindigkeit zwar recht hoch, aber die Bildschirmausgabe flimmert stark.

Das Programm KOE_DOS1:

```
/*
 ------------------------------------------------------------
|                                                            |
| PROGRAMM: KOE_DOS1                                         |
|                                                            |
|    AUTOR: Marc Schneider                                   |
|                                                            |
|    DATUM: 23.03.1991                                       |
|                                                            |
|  INHALT: Es wird ein Koerper auf dem Bildschirm rotiert.   |
|          Dieses Programm ist ein Beispiel fuer die Technik |
|          der additiven Bewegung.                           |
|                                                            |
 ------------------------------------------------------------
*/

#include <stdio.h>                /* Einbinden der Headerdateien */
#include <math.h>
#include <graphics.h>

#define KOERPERFARBE 11           /* Konstanten */
#define LOESCHFARBE 0
#define RAHMENFARBE 14
#define PI 3.1415927
#define PI_2 6.2831854
enum    {FALSE,TRUE};

/*
```

```
 FUNCTION: Grafik_aus

 IN : ---
 OUT: ---

 PURPOSE: Der Rechner wird in den Alphamodus versetzt.

*/
void Grafik_aus()
{
  closegraph();                       /* Grafikmodus beenden */
}

/*

 FUNCTION: Grafik_an

 IN : ---
 OUT: ---

 PURPOSE: Der Rechner wird in den Grafikmodus versetzt.
          Die Auflösung beträgt 640 x 350 Punkte mit 16 Farben.

*/
void Grafik_an()
{
  int driver,                      /* Grafiktreiber */
      modus;                       /* Grafikmodus */

  driver = EGA;                    /* Treiber und Modus einstellen */
  modus = EGAHI;

  /* Aufruf des Grafiktreibers    */

  initgraph( &driver, &modus,"");

  if(graphresult())                /* Grafikfehler ueberpruefen */
  {
    Grafik_aus();
    printf("\n Der Grafikmodus konnte nicht aktiviert werden !");
  }
}

/*

 FUNCTION: Wuerfel

 IN : ---
 OUT: ---

 PURPOSE: Es wird ein Wuerfel rotiert. Dazu werden nur vier
          Punkte auf einem Kreisumfang bewegt und mit Linien
          verbunden, so dass ein Wuerfel entsteht.
          Die Animation entsteht durch sich staendig
          wiederholendes Setzen und Loeschen des Wuerfels.
          Die Funktion wird durch Druecken einer Taste beendet.
```

```
*/
void Wuerfel()
{
  float pos1,pos2,      /* Positionen der 4 Punkte auf dem Kreis */
        pos3,pos4,
        nextpos ;       /* Schrittabstand auf dem Kreisumfang */
  int xp1,yp1,          /* Koordinaten von 4 Wuerfelpunkten */
      xp2,yp2,
      xp3,yp3,
      xp4,yp4;

  /* Variablen initialisieren */

  nextpos = 0.05;
  xp1 = yp1 = xp2 = yp2 = xp3 = yp3 = xp4 = yp4 = 100.0 ;
  pos1 = 0.0;
  pos2 = PI_2 / 4 ;
  pos3 = pos2 * 2 ;
  pos4 = pos2 * 3 ;

  while(!kbhit())      /* solange keine Taste gedrueckt wird */
  {
    /* den Wuerfel loeschen */

    setcolor(LOESCHFARBE);       /* Loeschfarbe einstellen */
    line(xp1,yp1,xp2,yp2);
    line(xp2,yp2,xp3,yp3);
    line(xp3,yp3,xp4,yp4);
    line(xp4,yp4,xp1,yp1);
    line(xp1,yp1+100,xp2,yp2+100);
    line(xp2,yp2+100,xp3,yp3+100);
    line(xp3,yp3+100,xp4,yp4+100);
    line(xp4,yp4+100,xp1,yp1+100);
    line(xp1,yp1,xp1,yp1+100);
    line(xp2,yp2,xp2,yp2+100);
    line(xp3,yp3,xp3,yp3+100);
    line(xp4,yp4,xp4,yp4+100);

    /* neue Positionen berechnen */

    xp1 = (int)( sin(pos1) * 63 + 319) ;
    yp1 = (int)( cos(pos1) * 34 + 124) ;
    xp2 = (int)( sin(pos2) * 63 + 319) ;
    yp2 = (int)( cos(pos2) * 34 + 124) ;
    xp3 = (int)( sin(pos3) * 63 + 319) ;
    yp3 = (int)( cos(pos3) * 34 + 124) ;
    xp4 = (int)( sin(pos4) * 63 + 319) ;
    yp4 = (int)( cos(pos4) * 34 + 124) ;

    /* den Wuerfel zeichnen */

    setcolor(KOERPERFARBE);      /* Zeichenfarbe einstellen */
    line(xp1,yp1,xp2,yp2);
    line(xp2,yp2,xp3,yp3);
    line(xp3,yp3,xp4,yp4);
    line(xp4,yp4,xp1,yp1);
    line(xp1,yp1+100,xp2,yp2+100);
    line(xp2,yp2+100,xp3,yp3+100);
    line(xp3,yp3+100,xp4,yp4+100);
    line(xp4,yp4+100,xp1,yp1+100);
    line(xp1,yp1,xp1,yp1+100);
```

```
    line(xp2,yp2,xp2,yp2+100);
    line(xp3,yp3,xp3,yp3+100);
    line(xp4,yp4,xp4,yp4+100);

    /* die Punktpositionen um einen Schritt weiter setzen */

    pos1 += nextpos ;
    pos2 += nextpos ;
    pos3 += nextpos ;
    pos4 += nextpos ;

    /* das Kreisende abpruefen */

    if(pos1 >= PI_2 ) pos1 = 0.0 ;
    if(pos2 >= PI_2 ) pos2 = 0.0 ;
    if(pos3 >= PI_2 ) pos3 = 0.0 ;
    if(pos4 >= PI_2 ) pos4 = 0.0 ;
  }
  getch();                          /* Tastaturpuffer loeschen */
}

/*
 ┌──────────────────────────────────────────────────────────┐
 │ FUNCTION: main                                           │
 └──────────────────────────────────────────────────────────┘
*/
main()
{
  clrscr();                         /* Bildschirm loeschen */
  Grafik_an();                      /* Grafik einschalten */
  setcolor(RAHMENFARBE);            /* Rahmenfarbe einstellen */
  rectangle(5,5,634,344);           /* Rahmen zeichnen */
  Wuerfel();                        /* einen Wuerfel rotieren */
  Grafik_aus();                     /* Grafik ausschalten */
}
```

Struktogramm:

```
┌──────────────────────────────────────────────────┐
│ Grafikmodus einschalten                          │
├──────────────────────────────────────────────────┤
│ Rahmen zeichnen                                  │
├──────────────────────────────────────────────────┤
│    solange keine Taste gedrückt wird             │
│  ┌───────────────────────────────────────────────┤
│  │ Würfel löschen                                │
│  ├───────────────────────────────────────────────┤
│  │ die neuen Punktkoordinaten berechnen          │
│  ├───────────────────────────────────────────────┤
│  │ Würfel zeichnen                               │
│  ├───────────────────────────────────────────────┤
│  │ Punkte auf dem Kreisumfang weitersetzen       │
│  ├───────────────────────────────────────────────┤
│  │ Kreisende abprüfen                            │
├──┴───────────────────────────────────────────────┤
│ Textmodus einschalten                            │
└──────────────────────────────────────────────────┘
```

Programmbeschreibung:

Das Programm läuft im VGA-Modus 16 mit einer Auflösung von 640 x 350 Punkten und 16 Farben.
Die Vorgehensweise bei der Animation des Würfels kann der Beschreibung des Programmes *KOE_ESC* entnommen werden, da es zu diesem, bis auf die Anpassung an MS-DOS und TURBO-C 2.0, keine Unterschiede aufweist.
Der Betrachter sieht bei dem Beispielprogramm deutlich die entstehenden Flimmereffekte. Das Programm kümmert sich um nichts weiter, als um das kontinuierliche Setzen und Löschen des Würfels. Aus diesem Grund ist es auch undefiniert, an welcher Stelle sich der Videostrahl gerade befindet, wenn z.B. der Würfel gelöscht wird. Es kann demnach vorkommen, daß der Bildschirmspeicher genau in dem Augenblick ausgelesen wird, in dem er keinen Würfel beinhaltet. Dieser Moment muß aber unbedingt vor dem Betrachter verborgen bleiben.

Das nächste Programm wurde deshalb erweitert und beinhaltet im Gegensatz zu dem Programm *KOE_DOS1* eine Verbesserung. Die Bildschirmausgabe wird mit dem vertikalen Videostrahlrücklauf synchronisiert. Diese Technik verwendet man immer als erstes Hilfsmittel gegen den Flimmereffekt (siehe Probleme mit dem Videostrahl).

Das nun folgende Programm *KOE_DOS2* hat bis auf die Erweiterung um die Videostrahlbehandlung den gleichen Inhalt wie das Programm *KOE_DOS1*. Deswegen werden hier nur die die Erweiterung betreffenden Funktionen aufgelistet.

Das Programm KOE_DOS2:

```
/*

    FUNCTION: Strahl

    IN : ---
    OUT: ---

    PURPOSE: Diese Funktion wartet auf den vertikalen Ruecklauf
             des Videostrahls.

*/
void Strahl()
{
  while(!( inportb(0x3da) & 8 ));   /* warte auf gesetztes Bit */
}
```

```
/*
 ┌──────────────────────────────────────────────────────────────┐
 │ FUNCTION: Wuerfel                                            │
 │                                                              │
 │ IN : ---                                                     │
 │ OUT: ---                                                     │
 │                                                              │
 │ PURPOSE: Es wird ein Wuerfel rotiert. Dazu werden nur vier   │
 │          Punkte auf einem Kreisumfang bewegt und mit Linien  │
 │          verbunden, so dass ein Wuerfel entsteht.            │
 │          Die Animation entsteht durch sich staendig          │
 │          wiederholendes Setzen und Loeschen des Wuerfels.    │
 │          Die Funktion wird durch Druecken einer Taste beendet.│
 │          Zur Verhinderung des Flimmereffektes wurde das      │
 │          Zeichnen des Wuerfels mit dem vertikalen Videostrahl-│
 │          ruecklauf synchronisiert.                           │
 └──────────────────────────────────────────────────────────────┘
*/
void Wuerfel()
{
  float pos1,pos2,      /* Positionen der 4 Punkte auf dem Kreis */
        pos3,pos4,
        nextpos ;       /* Schrittabstand auf dem Kreisumfang */
  int xp1,yp1,          /* Koordinaten von 4 Wuerfelpunkten */
      xp2,yp2,
      xp3,yp3,
      xp4,yp4;

  /* Variablen initialisieren */

  nextpos = 0.05;
  xp1 = yp1 = xp2 = yp2 = xp3 = yp3 = xp4 = yp4 = 100.0 ;
  pos1 = 0.0;
  pos2 = PI_2 / 4 ;
  pos3 = pos2 * 2 ;
  pos4 = pos2 * 3 ;

  while(!kbhit())       /* solange keine Taste gedrueckt wird */
  {
    /* auf den vertikalen Strahlruecklauf warten */

    Strahl();

    /* den Wuerfel loeschen */

    setcolor(LOESCHFARBE);        /* Loeschfarbe einstellen */
    line(xp1,yp1,xp2,yp2);
    line(xp2,yp2,xp3,yp3);
    line(xp3,yp3,xp4,yp4);
    line(xp4,yp4,xp1,yp1);
    line(xp1,yp1+100,xp2,yp2+100);
    line(xp2,yp2+100,xp3,yp3+100);
    line(xp3,yp3+100,xp4,yp4+100);
    line(xp4,yp4+100,xp1,yp1+100);
    line(xp1,yp1,xp1,yp1+100);
    line(xp2,yp2,xp2,yp2+100);
    line(xp3,yp3,xp3,yp3+100);
    line(xp4,yp4,xp4,yp4+100);

    /* neue Positionen berechnen */
```

```
        xp1 = (int)( sin(pos1) * 63 + 319) ;
        yp1 = (int)( cos(pos1) * 34 + 124) ;
        xp2 = (int)( sin(pos2) * 63 + 319) ;
        yp2 = (int)( cos(pos2) * 34 + 124) ;
        xp3 = (int)( sin(pos3) * 63 + 319) ;
        yp3 = (int)( cos(pos3) * 34 + 124) ;
        xp4 = (int)( sin(pos4) * 63 + 319) ;
        yp4 = (int)( cos(pos4) * 34 + 124) ;

        /* Wuerfel zeichnen */

        setcolor(KOERPERFARBE);       /* Zeichenfarbe einstellen */
        line(xp1,yp1,xp2,yp2);
        line(xp2,yp2,xp3,yp3);
        line(xp3,yp3,xp4,yp4);
        line(xp4,yp4,xp1,yp1);
        line(xp1,yp1+100,xp2,yp2+100);
        line(xp2,yp2+100,xp3,yp3+100);
        line(xp3,yp3+100,xp4,yp4+100);
        line(xp4,yp4+100,xp1,yp1+100);
        line(xp1,yp1,xp1,yp1+100);
        line(xp2,yp2,xp2,yp2+100);
        line(xp3,yp3,xp3,yp3+100);
        line(xp4,yp4,xp4,yp4+100);

        /* die Punktpositionen um einen Schritt weiter setzen */

        pos1 += nextpos ;
        pos2 += nextpos ;
        pos3 += nextpos ;
        pos4 += nextpos ;

        /* Kreisende abpruefen */

        if(pos1 >= PI_2 ) pos1 = 0.0 ;
        if(pos2 >= PI_2 ) pos2 = 0.0 ;
        if(pos3 >= PI_2 ) pos3 = 0.0 ;
        if(pos4 >= PI_2 ) pos4 = 0.0 ;
    }
    getch();                          /* Tastaturpuffer loeschen */
}
```

Struktogramm:

```
Grafikmodus einschalten
Rahmen zeichnen
    solange keine Taste gedrückt wird
    auf den vertikalen Strahlrücklauf warten
    Würfel löschen
    die neuen Punktkoordinaten berechnen
    Würfel zeichnen
    Punkte auf dem Kreisumfang weitersetzen
    Kreisende abprüfen
Textmodus einschalten
```

Programmbeschreibung:

In der Funktion *Strahl* wird auf das Einsetzen des vertikalen Strahlrücklaufs gewartet. Erst dann wird die Funktion wieder verlassen. Man könnte natürlich auch warten, bis der Strahl den vertikalen Rücklauf beendet hat, hat aber im ersteren Fall die Zeit des Rücklaufs selbst gewonnen, um darin schon mit der Ausgabe zu beginnen.

Das Einsetzen des vertikalen Strahlrücklaufs kann man dem Zustand eines Bits auf der Grafikkarte entnehmen. Dieses Bit ist im sogenannten Status Register der VGA-Karte enthalten. Das Register selbst kann man über die Portadresse 3DA(hex) ansprechen.

Ein Port stellt eine Schnittstelle zwischen der CPU und der übrigen Hardware dar und dient damit der Kommunikation. Unter einem Port hat man sich dabei einfach einen 8 Bit breiten Datenein- bzw. -ausgang vorzustellen, der mit einer bestimmten Hardware (hier Grafikkarte) verbunden ist und eine ihm zugeordnete Adresse zwischen 0 und FFFF(hex) trägt. Zur Kommunikation mit den Ports bedient sich die CPU des Daten- und Adreßbusses. Damit die CPU unterscheiden kann, ob sie auf eine Speicheradresse oder eine Portadresse zugreift, gibt es dafür eigene Maschinenbefehle.
In TURBO-C 2.0 kann man den Inhalt eines Ports mit dem Kommando *inportb(Portnummer)* ermitteln.

In der Funktion Strahl wird so lange der Portinhalt des Status Registers ausgelesen, bis das Bit Nr.3 gesetzt ist, wodurch der Beginn des vertikalen Strahlrücklaufs angekündigt wird.

Das Neue in der Funktion *Wuerfel* gegenüber dem Programm *KOE_DOS1* ist der Aufruf der Funktion Strahl.
Dadurch wird der Würfel nicht einfach kontinuierlich gelöscht und wieder gezeichnet, sondern die gesamte Animation ist mit dem Videostrahl synchronisiert.
Durch diese Synchronisation wird die Animationsgeschwindigkeit herabgesetzt. Das Programm *KOE_DOS1* brachte es auf 83,3 Bilder pro Sekunde und das Programm *KOE_DOS2* bringt es nur noch auf 70 Bilder pro Sekunde. Diese 70 Bilder pro Sekunde kommen dadurch zustande, weil der Videostrahl in diesem Grafikmodus eine Vertikalfrequenz von 70 Hz hat. Das Bild wird somit 70 mal pro Sekunde erneuert (Refresh).

Was wir durch die Synchronisation erzielen wollen, ist folgendes: Das Programm wartet bis der Videostrahl mit dem vertikalen Rücklauf beginnt. Jetzt wird der Würfel schnell gelöscht, da der Bildschirmspeicher in dieser Phase nicht ausgelesen wird und so der Betrachter den Löschvorgang nicht sieht. Anschließend werden die neuen Punktpositionen berechnet und der Würfel wird gezeichnet. Jetzt sollte der Videostrahl die Stelle erreicht haben, an der sich der Würfel befindet, den Bildschirmspeicher auslesen und den Würfel anzeigen. Ist dies geschehen, bleibt der Würfel solange auf dem Bildschirm sichtbar, bis der Videostrahl das Bild fertig aufgebaut hat. Mit dem Einsetzen des vertikalen Strahlrücklaufes beginnt dann der gesamte Vorgang von vorne.

Der eben geschilderte zeitliche Ablauf des Programmes wäre optimal und würde zu einer flimmerfreien und schnellen Animation führen.

Wenn man sich aber die Ausgabe des Programmes ansieht, erkennt man, daß dies nicht der Fall ist.
Es ist immer nur die Bodenfläche des Würfels zu erkennen. Die restlichen Flächen tauchen nicht auf dem Bildschirm auf, als ob sie gar nicht gezeichnet worden wären. Dieses Phänomen wurde schon in dem Abschnitt Probleme mit dem Videostrahl erwähnt.

Wie kommt es nun dazu, daß man nur immer den unteren Teil des Würfels sieht ?
Das Programm wartet bis der Videostrahl mit dem vertikalen Rücklauf beginnt. Jetzt wird der Würfel gelöscht, die neuen Punktpositionen

werden berechnet und der Würfel wird wieder gezeichnet. Der Videostrahl beginnt während dessen natürlich schon wieder mit dem Bildaufbau.
Das Problem bei unserem Programm ist, daß es zu langsam abläuft. Wenn der Videostrahl nämlich die Stelle erreicht, an der sich der Würfel befindet, ist dieser aber noch nicht neu gezeichnet worden. Es wird also damit begonnen, den gelöschten Würfel anzuzeigen, wodurch man natürlich nichts auf dem Bildschirm sieht. Während der Videostrahl jetzt weiterzeichnet wird der Würfel vom Programm in den Bildschirmspeicher geschrieben. Erst im dem Moment, in dem der Strahl die Bodenfläche des Würfels erreicht, ist dieser auch im Bildschirmspeicher vorhanden und kann ausgelesen und angezeigt werden.
Da die gesamte Ausgabe immer im gleichen Rhythmus geschieht, erscheint bei jedem Durchgang immer nur die Bodenfläche des Würfels.

Es sei hier daraufhin gewiesen, daß für diese vom Umfang her einfache Animation, ein schon recht leistungsfähiger Rechner eingesetzt wurde. Trotzdem reicht die Rechenleistung für dieses Programm nicht aus. Man kann also im Bereich der Echtzeit-Animation niemals genug Rechenleistung zur Verfügung haben.

Da die Ausgabe des Programmes natürlich nicht den gestellten Erwartungen entspricht, muß man es einer weiteren Verbesserung unterwerfen.
Um die Geschwindigkeit des Programmes zu steigern, könnte man z.B. einen mathematischen Koprozessor einsetzen. Dadurch würden die neuen Punktpositionen schneller berechnet werden. Man könnte aber auch alle Punktpositionen schon vor der eigentlichen Animation berechnen, in einem Feld ablegen und dann später während der Animation nur noch aus dem Feld auslesen, ohne diese neu berechnen zu müssen. Dies würde aber sehr viel Speicher verbrauchen.
Der Zugriff auf die Grafikkarte müßte ebenfalls beschleunigt werden. Das ist aber bei einer VGA-Karte nicht möglich (siehe 3.4.4 Spezielle Grafikkarten). Diese und noch weitere Möglichkeiten zur Geschwindigkeitssteigerung eines Programmes werden gesondert in dem Kapitel 6.6 Techniken zur Geschwindigkeitssteigerung besprochen.

Wenn man die Geschwindigkeit eines Programmes nicht oder kaum mehr erhöhen kann, muß man sich auf eine andere Art behelfen.
Wie erwähnt ermöglicht das Programm 70 Bilder pro Sekunde. Man könnte also nach dem Zeichnen des Würfels nicht nur auf einen Strahlrücklauf, sondern immer auf zwei warten. Dadurch würde man eine

Animation mit 35 Bilden pro Sekunde erhalten, was der Echtzeitbedingung von mindestens 25 Bildern pro Sekunde immer noch entspricht. Die Animation wäre demnach zwar langsamer, aber von der Bildschirmausgabe her auf jeden Fall sehr viel besser, da der Würfels jetzt für mindestens einen Strahldurchlauf auf dem Bildschirm zu sehen ist. Ein Manko entsteht aber wiederum dabei, weil die Bodenfläche des Würfels durch den Löschvorgang etwas flimmert.

Die Devise heißt demnach: *Möglichst nie Veränderungen an dem sichtbaren Bild vornehmen, da man sie äußerst selten vor dem Betrachter verbergen kann.*

Um nun eine völlig flimmerfreie Ausgabe zu erhalten und zudem noch mit der höchst möglichen Geschwindigkeit von 70 Bildern pro Sekunde, verwendet man die Technik des *Pageflippings*.
In dem dritten Würfel-Programm *KOE_DOS3* wird diese Technik angewendet und führt endlich zu dem gewünschten Ergebnis.

Es werden wiederum nur die Funktionen des Programmes aufgelistet, die sich gegenüber dem Programm *KOE_DOS2* geändert haben.

<u>Das Programm KOE_DOS3:</u>

```
/*

 FUNCTION: Wuerfel

 IN : ---
 OUT: ---

 PURPOSE: Es wird ein Wuerfel rotiert. Dazu werden nur vier
          Punkte auf einem Kreisumfang bewegt und mit Linien
          verbunden, so dass ein Wuerfel entsteht.
          Die Animation entsteht durch sich staendig
          wiederholendes Setzen und Loeschen des Wuerfels.
          Die Funktion wird durch Druecken einer Taste beendet.
          Zur Verhinderung des Flimmereffektes werden zwei
          Grafikseiten verwendet (Pageflipping).
          Eine Grafikseite ist immer sichtbar und die andere
          unsichtbar. Auf der unsichtbaren Grafikseite wird
          der Wuerfel geloescht und neu gezeichnet, anschlie-
          ssend werden die Seiten umgeschaltet. Durch diesen
          Vorgang wird gewaehrleistet, dass nie eine Bildver-
          aenderung auf der sichtbaren Grafikseite stattfindet,
          was zu Flimmereffekten fuehren wuerde.
          Das Umschalten der Seiten ist mit dem vertikalen
          Videostrahlruecklauf synchronisiert.

*/
```

```
void Wuerfel()
{
  float pos1,pos2,        /* Positionen der 4 Punkte auf dem Kreis */
        pos3,pos4,
        nextpos ;         /* Schrittabstand auf dem Kreisumfang */
  int xp1[2],yp1[2],      /* Koordinaten von 8 Wuerfelpunkten, */
      xp2[2],yp2[2],      /* jeweils 4 fuer eine Grafikseite */
      xp3[2],yp3[2],
      xp4[2],yp4[2],
      flag;              /* Schalter fuer das Hin- und Herschalten */
                         /* zwischen den Grafikseiten */

  setcolor(RAHMENFARBE);  /* Rahmenfarbe einstellen */

  /* auf beiden Grafikseiten einen Rahmen zeichnen */

  rectangle(5,5,getmaxx()-5,getmaxy()-5);
  setactivepage(1);
  rectangle(5,5,getmaxx()-5,getmaxy()-5);

  /* Variablen initialisieren */

  nextpos = 0.05 ;
  xp1[0] = yp1[0] = xp2[0] = yp2[0] =
  xp3[0] = yp3[0] = xp4[0] = yp4[0] = 10 ;
  xp1[1] = yp1[1] = xp2[1] = yp2[1] =
  xp3[1] = yp3[1] = xp4[1] = yp4[1] = 10 ;
  pos1 = 0.0;
  pos2 = PI_2 / 4 ;
  pos3 = pos2 * 2 ;
  pos4 = pos2 * 3 ;
  flag = 1 ;

  while(!kbhit())        /* solange keine Taste gedrueckt wird */
  {
    /* auf den vertikalen Strahlruecklauf warten */

    Strahl();

    /* je nach Schalterzustand eine Grafikseite aktivieren */

    if(flag)
    {
      setactivepage(1);        /* Grafikseite 1 aktivieren */
      setvisualpage(0);        /* Grafikseite 0 anzeigen */
    }
    else
    {
      setactivepage(0);        /* Grafikseite 0 aktivieren */
      setvisualpage(1);        /* Grafikseite 1 anzeigen */
    }
    flag = flag?0:1 ;  /* Schalter umlegen */

    setcolor(LOESCHFARBE);        /* Loeschfarbe einstellen */

    /* den Wuerfel loeschen */

    line(xp1[flag],yp1[flag],xp2[flag],yp2[flag]);
    line(xp2[flag],yp2[flag],xp3[flag],yp3[flag]);
    line(xp3[flag],yp3[flag],xp4[flag],yp4[flag]);
    line(xp4[flag],yp4[flag],xp1[flag],yp1[flag]);
    line(xp1[flag],yp1[flag]+100,xp2[flag],yp2[flag]+100);
```

```
    line(xp2[flag],yp2[flag]+100,xp3[flag],yp3[flag]+100);
    line(xp3[flag],yp3[flag]+100,xp4[flag],yp4[flag]+100);
    line(xp4[flag],yp4[flag]+100,xp1[flag],yp1[flag]+100);
    line(xp1[flag],yp1[flag],xp1[flag],yp1[flag]+100);
    line(xp2[flag],yp2[flag],xp2[flag],yp2[flag]+100);
    line(xp3[flag],yp3[flag],xp3[flag],yp3[flag]+100);
    line(xp4[flag],yp4[flag],xp4[flag],yp4[flag]+100);

    /* die Punktpositionen um einen Schritt weiter setzen */

    pos1 += nextpos ;
    pos2 += nextpos ;
    pos3 += nextpos ;
    pos4 += nextpos ;

    /* Kreisende abpruefen */

    if(pos1 >= PI_2 ) pos1 = 0.0 ;
    if(pos2 >= PI_2 ) pos2 = 0.0 ;
    if(pos3 >= PI_2 ) pos3 = 0.0 ;
    if(pos4 >= PI_2 ) pos4 = 0.0 ;

    /* neue Positionen berechnen */

    xp1[flag] = (int)( sin(pos1) * 63 + 319) ;
    yp1[flag] = (int)( cos(pos1) * 34 + 124) ;
    xp2[flag] = (int)( sin(pos2) * 63 + 319) ;
    yp2[flag] = (int)( cos(pos2) * 34 + 124) ;
    xp3[flag] = (int)( sin(pos3) * 63 + 319) ;
    yp3[flag] = (int)( cos(pos3) * 34 + 124) ;
    xp4[flag] = (int)( sin(pos4) * 63 + 319) ;
    yp4[flag] = (int)( cos(pos4) * 34 + 124) ;

    /* Wuerfel zeichnen */

    setcolor(KOERPERFARBE);      /* Zeichenfarbe einstellen */

    line(xp1[flag],yp1[flag],xp2[flag],yp2[flag]);
    line(xp2[flag],yp2[flag],xp3[flag],yp3[flag]);
    line(xp3[flag],yp3[flag],xp4[flag],yp4[flag]);
    line(xp4[flag],yp4[flag],xp1[flag],yp1[flag]);
    line(xp1[flag],yp1[flag]+100,xp2[flag],yp2[flag]+100);
    line(xp2[flag],yp2[flag]+100,xp3[flag],yp3[flag]+100);
    line(xp3[flag],yp3[flag]+100,xp4[flag],yp4[flag]+100);
    line(xp4[flag],yp4[flag]+100,xp1[flag],yp1[flag]+100);
    line(xp1[flag],yp1[flag],xp1[flag],yp1[flag]+100);
    line(xp2[flag],yp2[flag],xp2[flag],yp2[flag]+100);
    line(xp3[flag],yp3[flag],xp3[flag],yp3[flag]+100);
    line(xp4[flag],yp4[flag],xp4[flag],yp4[flag]+100);
  }
  getch();        /* Tastaturbuffer loeschen */
}
```

Struktogramm:

```
Grafikmodus einschalten
auf beiden Grafikseiten einen Rahmen zeichnen
solange keine Taste gedrückt wird
    auf den vertikalen Strahlrücklauf warten
    ist der Schalter für die Seiten gleich TRUE ?
        ja                          nein
        Seite 1 aktivieren          Seite 0 aktivieren
        Seite 0 anzeigen            Seite 1 anzeigen
    Schalter umlegen
    Würfel auf der verdeckten Seite löschen
    Punkte auf dem Kreisumfang weitersetzen
    Kreisende abprüfen
    die neuen Punktkoordinaten berechnen
    Würfel auf der verdeckten Seite zeichnen
Textmodus einschalten
```

Programmbeschreibung:

Alle Veränderungen gegenüber dem Programm *KOE_DOS2* befinden sich ausschließlich in der Funktion *Wuerfel*. Innerhalb dieser Funktion wird die Technik des Pageflippings realisiert.

TURBO-C 2.0 unterstützt die Verwaltung von mehreren Grafikseiten auf sehr komfortable Weise. Es stellt dazu die Funktionen *setactivepage()* und *setvisualpage()* zur Verfügung. Beide Funktionen bekommen als Parameter die Nummer einer Grafikseite übergeben.
Die Funktion *setactivepage()* bestimmt, auf welcher Grafikseite alle folgenden Grafikfunktionen ausgeführt werden, also welche Grafikseite aktiv ist.
Die Funktion *setvisualpage()* bestimmt, welche Grafikseite angezeigt wird, also gerade für den Betrachter sichtbar ist.
Das Positive dabei ist, daß eine Grafikseite aktiv sein darf, ohne daß sie angezeigt wird. Man kann dadurch auf einer versteckten Seite zeichnen.

Die Funktion *Wuerfel* macht von dieser Tatsache Gebrauch und funktioniert wie folgt:

Ein Schalter, der von der Variablen *flag* repräsentiert wird, schaltet zwischen den beiden Grafikseiten 0 und 1 hin und her. Weiterhin gibt es jetzt auch nicht mehr nur 4 Punkte wie in den vorherigen Programmen, sondern für jede Grafikseite 4, also insgesamt 8. Die Koordinaten der Punkte befinden sich in den Variablen *xp1* bis *yp4*, die jeweils als zweidimensionales Feld realisiert wurden. Die Variable *flag*, die schon als Schalter für die Grafikseiten benutzt wird, schaltet innerhalb der Variablenfelder immer die der Grafikseite entsprechende Koordinate ein. Aus diesem Grund wird sie dort als Index verwendet, z.B. *xp4[flag]*.

Zu Beginn der Animation wird auf das Einsetzen des vertikalen Strahlrücklaufes gewartet, um damit das Umschalten der Seiten zu synchronisieren. Danach werden die Seiten umgeschaltet. Die vorher aktive und nicht sichtbare Seite wird jetzt deaktiv und sichtbar. Mit der anderen Seite geschieht das entsprechend Gegensätzliche.
Dadurch kommt jetzt zum Vorschein, was gerade zuvor auf der versteckten Seite gezeichnet wurde.
Auf der jetzt versteckten Seite wird die nächste Animationsphase erstellt. Dazu wird der Würfel an der alten Position gelöscht, die neuen Punktpositionen werden berechnet und der Würfel wird an die neue Position gezeichnet.
Die Zeit für diesen Vorgang darf genau einen Strahldurchlauf betragen. Wenn wir uns an das vorherige Beispielprogramm erinnern, dann wissen wir, daß dort der Vorgang noch schneller vonstatten gehen mußte, da der Strahl innerhalb eines Durchlaufs den Würfel auch noch anzuzeigen hatte.
Ist der Strahl einmal durchgelaufen und macht sich auf den Weg des vertikalen Rücklaufs, werden die Grafikseiten umgeschaltet. Das vorher fertiggestellte Bild kommt jetzt zur Anzeige. Auf diese Art wird nie auf der sichtbaren Seite etwas verändert, wodurch Flimmereffekte ausgeschlossen werden.

Abschließend muß noch gesagt werden, daß die Technik des Pageflippings natürlich mehr Programmieraufwand erfordert als die bloße Synchronisation des Bildschirmaufbaus mit dem Videostrahl. Dafür erhält man aber auch immer bessere Ergebnisse.

Für die Echtzeit-Animation mittels der Technik der additiven Bewegung wird hier ein weiteres Beispielprogramm vorgestellt, welches noch einmal die Verwendung des Pageflippings und der Videostrahlabfrage veranschaulicht.

In dem folgenden Programm werden zweidimensionale Buchstaben auf dem Bildschirm rotiert und transliert. Die Buchstaben bewegen sich nacheinander ins Bild und bilden das Wort ANIMATION. Bei den Buchstaben handelt es sich um ausgefüllte Polygone.

Abb. 19 Animationssequenz des Programmes BUCHSTAB

Ohne Pageflipping wäre eine solche Animation aus Geschwindigkeitsgründen nicht möglich gewesen.
Das Programm *BUCHSTAB* wurde in TURBO-C 2.0 geschrieben, da hier das Zeichnen von ausgefüllten Polygonen sehr komfortabel unterstützt wird.

Das Programm BUCHSTAB:

```
/*

 PROGRAMM: BUCHSTAB

    AUTOR: Marc Schneider

    DATUM: 19.04.1991

  INHALT: Es werden zweidimensionale Buchstaben dreidimensional
          auf dem Bildschirm rotiert. Die Buchstaben bilden
          das Wort 'ANIMATION'.
          Das Programm ist ein Beispiel fuer die Echtzeit-
          Animation unter Verwendung der Technik der additiven
          Bewegung.
          Zur Vermeidung des Flimmereffektes wird Pageflipping
          verwendet.

*/
```

```
#include <dos.h>            /* Headerdateien einbinden */
#include <graphics.h>
#include <stdio.h>

#define files 9             /* Konstante mit Anzahl der Buchstaben */

/* Dateinamen der Dateien, die die Flugbahnen der Buchstaben
   enthalten */
char dateien[files][13] = {"DATEN1.DAT","DATEN2.DAT","DATEN3.DAT",
                           "DATEN4.DAT","DATEN5.DAT","DATEN6.DAT",
                           "DATEN7.DAT","DATEN8.DAT","DATEN9.DAT"};

int position[14000];        /* Feld fuer alle Koordinaten der
                               einzelnen Punktpositionen ;
                               global definiert, da sonst ein
                               Stack-Overflow auftritt ! */

/*
 ----------------------------------------------------------------
 |  FUNCTION. Grafik_aus                                         |
 |                                                               |
 |  IN : ---                                                     |
 |  OUT: ---                                                     |
 |                                                               |
 |  PURPOSE: Der Rechner wird in den Alphamodus versetzt.        |
 ----------------------------------------------------------------
*/
void Grafik_aus()
{
  closegraph();                     /* Grafikmodus beenden */
}

/*
 ----------------------------------------------------------------
 |  FUNCTION: Grafik_an                                          |
 |                                                               |
 |  IN : ---                                                     |
 |  OUT: ---                                                     |
 |                                                               |
 |  PURPOSE: Der Rechner wird in den Grafikmodus versetzt.       |
 |           Die Auflösung beträgt 640 x 350 Punkte mit 16 Farben.|
 ----------------------------------------------------------------
*/
void Grafik_an()
{
  int driver,                       /* Grafiktreiber */
      modus;                        /* Grafikmodus */

  driver = EGA;                     /* Treiber und Modus einstellen */
  modus = EGAHI;

  initgraph( &driver, &modus,"");/* Aufruf des Grafiktreibers    */

  if(graphresult())                 /* Grafikfehler ueberpruefen */
  {
    Grafik_aus();
    printf("\n Der Grafikmodus konnte nicht aktiviert werden !\n");
  }
```

```
}

/*
 FUNCTION: Strahl

 IN : ---
 OUT: ---

 PURPOSE: Diese Funktion wartet auf den vertikalen Ruecklauf
          des Videostrahls.
*/
void Strahl()
{
  while(!( inportb(0x3da) & 8 ));  /* warte auf gesetztes Bit */
}

/*
 FUNCTION: Ende

 IN : ---
 OUT: ---

 PURPOSE: Diese Funktion schaltet den Textmodus ein, loescht
          den Tastaturbuffer und beendet das Programm.
*/
void Ende()
{
  Grafik_aus();              /* Textmodus einschalten */
  getch();                   /* Tastaturbuffer loeschen */
  exit(0);                   /* Programm beenden */
}

/*
 FUNCTION: Buchstaben

 IN : ---
 OUT: ---

 PURPOSE: Diese Funktion beinhaltet die gesamte Animation der
          Buchstaben.
          Zur Vermeidung des Flimmereffektes wird die Technik
          des Pageflippings verwendet. Das Umschalten der
          Grafikseiten wird durch den vertikalen Rücklauf des
          Videostrahls synchronisiert.
          Die Funktion wird durch Drücken einer Taste beendet.
*/
void Buchstaben()
{
  FILE *handle;      /* Dateihandle */
```

```
int         j,        /* Laufvariablen */
        farbe,        /* Farbe der Buchstaben */
       anzahl,        /* Anzahl der Buchstabenpunkte */
     schritt2,        /* Anzahl mal 4 */
     schritt1,        /* Anzahl mal 2 */
         *ptr;        /* Zeiger auf das Feld position */

ptr = &position[0];   /* Zeiger auf Anfang des Feldes setzen */

while(kbhit()) getch();              /* Tastaturbuffer loeschen */

while(!kbhit())          /* solange keine Taste gedrueckt wird */
{
  farbe = 6;                            /* Startfarbe einstellen */

  for(j=0;j<files;j++)            /* alle Buchstaben durchgehen */
  {
    ptr=&position[0];              /* Zeiger auf Anfangs setzen */

    handle = fopen(dateien[j],"r");             /* Datei oeffnen */

    fscanf(handle,"%d:",&anzahl); /* Anzahl der Koord. lesen */

    schritt1 = anzahl * 2;        /* Schrittweiten festlegen */
    schritt2 = schritt1 * 2;

    while(!feof(handle))            /* alle Koordinaten lesen */
    {
      fscanf(handle,"%d,",ptr);         /* lesen */
      ptr++;                            /* Zeiger weitersetzen */
    }
    fclose(handle);                        /* Datei schliessen */

    ptr=&position[0];          /* Zeiger auf den Anfang setzen */
    farbe++;                           /* Farbe inkrementieren */
    setcolor(BLACK);           /* Buchstabenrand immer schwarz */
    setvisualpage(0);                      /* Seite 0 anzeigen */
    setactivepage(0);
    setfillstyle(1,farbe);          /* Buchstabenfarbe setzen */
    fillpoly(anzahl,ptr);              /* Buchstaben zeichnen */
    setactivepage(1);                   /* Seite 1 aktivieren */
    fillpoly(anzahl,ptr+schritt1); /* den Buchstaben an die
                                   naechste Position setzen */
    setvisualpage(1);                      /* Seite 1 anzeigen */

    /* solange noch Koordinaten vorhanden sind und keine
       Taste gedrueckt wird */

    while(*(ptr+schritt2) != -9999 && !kbhit())
    {
      /* Animationssequenz auf der Seite 0 erstellen */

      setactivepage(0);                 /* Seite 0 aktivieren */
      setfillstyle(1,BLACK);  /* Buchstabenfarbe auf schwarz */
      fillpoly(anzahl,ptr);        /* den Buchstaben loeschen */
      setfillstyle(1,farbe);  /* Buchstabenfarbe einstellen */
      fillpoly(anzahl,ptr+schritt2); /* den Buchstaben an die
                                   naechste Position setzen */
      Strahl();       /* vertikalen Strahlruecklauf abwarten */
      setvisualpage(0);                    /* Seite 0 anzeigen */

      ptr+=schritt1;                   /* Zeiger weitersetzen */
```

```
        /* Animationssequenz auf der Seite 1 erstellen */

        setactivepage(1);                /* Seite 1 aktivieren */
        setfillstyle(1,BLACK);  /* Buchstabenfarbe auf schwarz */
        fillpoly(anzahl,ptr);       /* den Buchstaben loeschen */

        /* wenn noch Koordinaten vorhanden */

        if(*(ptr+schritt2) != -9999)
        {
          setfillstyle(1,farbe); /* Buchstabenfarbe einstellen */
          fillpoly(anzahl,ptr+schritt2);/* Buchstaben zeichnen */

          Strahl();  /* vertikalen Strahlruecklauf abwarten */
          setvisualpage(1);                /* Seite 1 anzeigen */
          ptr+=schritt1;  /* Zeiger eine Position weitersetzen */
        }
      }

      if(kbhit()) Ende();   /* auf Tastendruck Programm beenden */

      setactivepage(0);                     /* Seite 0 aktivieren */
      setfillstyle(1,BLACK);     /* Buchstabenfarbe auf schwarz */
      fillpoly(anzahl,ptr);                /* Buchstaben loeschen */
      setfillstyle(1,farbe);     /* Buchstabenfarbe einstellen */
      fillpoly(anzahl,ptr+schritt1);        /* Buchstaben setzen */

      Strahl();           /* vertikalen Strahlruecklauf abwarten */
      setvisualpage(0);                 /* auf Seite 0 umschalten */

      setactivepage(1);           /* letztes Phasenbild anzeigen */
      fillpoly(anzahl,ptr+schritt1);        /* Buchstaben setzen */
    }

    if(kbhit()) Ende();     /* Programm auf Tastendruck beenden */

    delay(5000);                               /* 5 sec. Wartepause */

    /* beide Grafikseiten loeschen */

    setactivepage(0);                      /* Seite 0 aktivieren */
    cleardevice();                              /* und loeschen */
    setvisualpage(0);                        /* Seite 0 anzeigen */
    setactivepage(1);                      /* Seite 1 aktivieren */
    cleardevice();                              /* und loeschen */
  }
}

/*

 FUNCTION: main

*/
main()
{
  Grafik_an();          /* Grafikmodus einschalten */
  Buchstaben();         /* die Buchstaben animieren */
}
```

Struktogramm:

```
Grafikmodus einschalten
    solange keine Taste gedrückt wird
        alle Buchstaben nacheinander durchgehen
        alle Buchstabenpositionen laden
        auf beiden Grafikseiten den aktuellen Buchstaben
        in der ersten Position zeichnen
        Seite 1 anzeigen
            solange der Buchstabe noch nicht an seiner
            letzten Position angekommen ist und
            keine Taste gedrückt wurde
            Seite 0 aktivieren
            den Buchstaben an der alten Position löschen
            den Buchstaben an die neue Position setzen
            auf den vertikalen Strahlrücklauf warten
            Seite 0 anzeigen
            Seite 1 aktivieren
            den Buchstaben an der alten Position löschen
            den Buchstaben an die neue Position setzen
            auf den vertikalen Strahlrücklauf warten
            Seite 1 anzeigen
        den Buchstaben in der letzten Position auf beiden
        Grafikseiten zeichnen
    5 Sekunden Wartepause
    beide Grafikseiten löschen
Textmodus einschalten
```

Programmbeschreibung:

Das Programm verwendet zum Zeichnen der Buchstaben die TURBO-C 2.0 Funktion *fillpoly()*. Diese Funktion zeichnet ein Polygon und füllt es entsprechend der Einstellungen durch die Funktion *setfillstyle()* aus. Als Paramter erwartet *fillpoly()* die Anzahl der Eckpunkte des Polygons, gefolgt von den Koordinaten der Eckpunkte selbst.

Die Buchstaben in diesem Programm sind also nichts anderes als Polygone, die beim Zeichnen zusätzlich ausgefüllt werden.
Zur Einstellung des Füllmusters und der Füllfarbe erwartet die Funktion *setfillstyle()* zwei Parameter. Als ersten Parameter das Füllmuster, wobei in dem Programm eine 1 "vollständiges Ausfüllen ohne Muster" bedeutet und als zweiten Parameter die Füllfarbe. Um ein Polygon zu löschen, wird als Füllfarbe *BLACK* verwendet.

Da die Polygone sich über den Bildschirm bewegen und zudem noch rotiert werden, müssen für jeden Schritt verschiedene Positionen der Eckpunkte existieren. Wie in dem vorherigen Programm *KOE_DOS3* könnte man die neuen Positionen der Polygoneckpunkte während des Ablaufs bei jedem Schritt neu berechnen. Da die Polygone aber immer ungefähr 10 Eckpunkte besitzen und dreidimensionale Rotationen viel Rechenzeit beanspruchen, wurden die gesamten Berechnungen schon vor der Animation durchgeführt. Als Ergebnis dieser Berechnungen liegen für die vollständige Animation alle Positionen der Polygonpunkte vor.
Diese Positionen, genauer gesagt für jeden Eckpunkt die X- und die Y-Koordinate, befinden sich in den Dateien *DATEN1.DAT* bis *DATEN9.DAT* .
Vor dem Beginn der Animation werden für den entsprechenden Buchstaben alle Punktkoordinaten, die während der Animation benötigt werden, aus der Datei gelesen und in dem Feld *position* abgelegt. Der Zeiger *ptr* zeigt auf den Anfang dieses Feldes und wird während der Animation immer weiter gesetzt, so daß er der Funktion *fillpoly()* ständig die aktuellen Punktpositionen liefert.
Hat ein Buchstabe seine Bewegungsphase beendet, werden die Positionen für den nächsten Buchstaben geladen.

Die gesamte Animation befindet sich in der Funktion *Buchstaben()*. Zur Animation eines Buchstabens, wird als erstes die entsprechende Datei geladen. Die Anzahl der Eckpunkte des Buchstabens und alle Punktpositionen werden ihr entnommen.
Zur Vermeidung des Flimmereffektes und aus Zeitgründen wird die Technik des Pageflippings verwendet.
Ist die Datei geladen, wird das Polygon auf der Grafikseite 1 gezeichnet und diese wird angezeigt. Danach wird die nächste Bewegungsphase auf der Seite 0 vorbereitet. Dazu wird die alte Position gelöscht und das Polygon an der neuen gezeichnet. Ist dies geschehen, wird auf den vertikalen Rücklauf des Videostrahls gewartet und dann die Seite 0 angezeigt. Jetzt wird die nächste Animationsphase auf der Seite 1 erstellt. Also wieder Löschen und Neuzeichnen. Nach Eintreten des Strahlrück-

laufes werden die Seiten wiederum umgeschaltet. Dies geschieht solange in einer Schleife, bis ein Buchstabe an seiner Endposition angekommen ist. Dann wird der Buchstabe in seiner Endposition auf beiden Seiten gezeichnet, damit beim Pageflipping für den folgenden Buchstaben kein Flimmern der schon gezeichneten Buchstaben entsteht.
Ist dies geschehen, werden alle Positionen für den darauf folgenden Buchstaben geladen. Auf diese Art werden alle Buchstaben animiert, bis das Wort ANIMATION vollständig auf dem Bildschirm erscheint.
Anschließend wird fünf Sekunden lang gewartet, dann werden beide Grafikseiten gelöscht und die gesamte Animation beginnt von vorne, solange bis eine Taste gedrückt wird.

Die Echtzeit-Animation der Buchstaben erfordert weit mehr Rechenleistung als z.B. die Rotation des Würfels aus dem vorherigen Beispielprogramm. Das Ausfüllen von Polygonen ist ein ziemlich rechenintensiver Vorgang. Zudem enthält ein Polygon auch sehr viel mehr Bildinformation, die ja von der CPU auch erst einmal in den Grafikspeicher geschrieben werden muß.
Nur aufgrund der Tatsache, daß das Programm sich alleine mit dem Darstellen der Polygone und nicht mehr mit den Berechnungen der Punktpositionen beschäftigt, ist eine Echtzeit-Animation möglich.
Die Verwendung des Pageflippings ist zur Vermeidung von Flimmereffekten unbedingt nötig.

6.3.2 Snap-Animation

Die nächste Technik aus dem Bereich der Bitmap-Animation ist die Snap-Animation. Bei der Snap-Animation werden für die Bewegung eines Objektes alle seine Bewegungsphasen vor der eigentlichen Animation erstellt. Diese Bewegungsphasen werden auf einem separaten Bild, z.B. die zweite Grafikseite, abgelegt. Jedes Phasenbild (Snap) bekommt dabei einen eigenen Bereich, so daß die einzelnen Bewegungsphasen nebeneinander angeordnet sind (Abb. 20).

Bei der Animation werden dann die Snaps nacheinander geholt und auf der sichtbaren Grafikseite dargestellt. Dazu werden die Snaps in einem bestimmten zeitlichen Rhythmus auf eine Stelle kopiert. Da von Snap zu Snap immer Unterschiede in der Bildinformation bestehen, nimmt man eine Animation wahr.
Man kann auch während der Animation die Position der Snaps verändern, so daß die Snap-Animation auch noch durch eine Bewegung ergänzt wird.

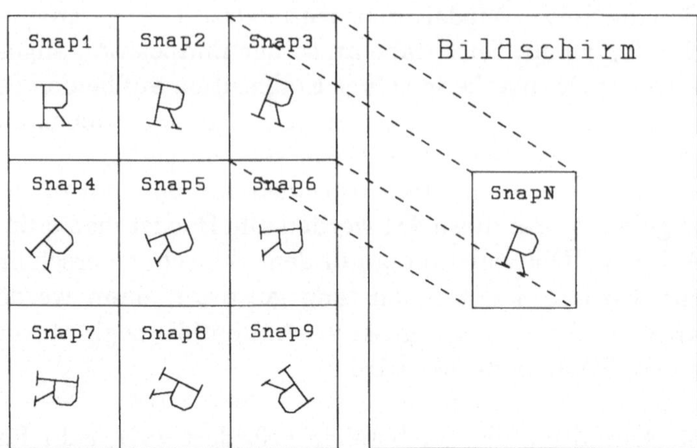

Abb. 20 Die Snaps werden nacheinander in den Bildschirm kopiert.

Bei einer Snap-Animation befaßt sich das Programm nur mit dem Verschieben von Bits. Die Snaps müssen immer von ihrer Ablage aus in die sichtbare Grafikseite hinein kopiert werden. Zur Speicherung der Snaps verwendet man die zusätzlichen Grafikseiten oder aber den Hauptspeicher des Rechners. Optimal wäre es, wenn man über eine Festplatte verfügen würde, die eine sehr hohe Übertragungsrate aufweist. Dann könnte man auf dieser eine fast unbegrenzte Anzahl von Snaps ablegen und während der Animation einlesen.
Das Positive an der Snap-Animation ist, daß es keine Rolle spielt wie komplex der Unterschied eines Snapinhaltes zum anderen ist. So können Pseudo-Transformationen (Abb. 20), Farbveränderungen, Bewegungen etc. realisiert werden, obwohl das Programm nur die Snaps kopiert. Die Erstellung der Snaps wird immer schon vor der Animation durchgeführt, deshalb ist die Dauer der Erstellung unerheblich.

Eine Snap-Animation beinhaltet zwar keine mathematischen Berechnungen und keine 2D- oder 3D-Transformationen, aber dennoch ist die CPU ziemlich gefordert. Das Kopieren der Snaps in den Bildschirmspeicher kann eine große Rechenleistung erfordern. Aus diesem Grund ist es nicht möglich die Snaps beliebig groß zu wählen, da sonst keine flüssige Animation mehr realisiert werden kann.
Für die Kopiergeschwindigkeit ist ausschlaggebend, wie groß die Snaps sind und wieviele Farben sie beinhalten. Je mehr Farben sie aufweisen, desto mehr Bits müssen verschoben werden.
Weiterhin spielen die rechnerspezifischen Daten eine Rolle: Wie schnell ist die CPU getaktet, wieviele Bits pro Sekunde können über den Datenbus geschoben werden und mit welcher Geschwindigkeit kann die Gra-

fikkarte die Bits entgegennehmen ? Hierbei spielt es auch noch eine Rolle, ob die einzelnen Snaps aus dem Hauptspeicher oder einer weiteren Grafikseite geholt werden. Im allgemeinen läßt sich der Hauptspeicher schneller ansprechen und auslesen.

Das folgende Beispielprogramm *SNAP_ANI* ist in ASSEMBLER geschrieben und demonstriert die Technik der Snap-Animation.
Es wurde die Programmiersprache ASSEMBLER gewählt, weil das Kopieren der Snaps so schnell wie möglich von statten gehen muß und ASSEMBLER die schnellste Möglichkeit dazu darstellt.

Vom Programm werden zwei Bilder die jeweils 12 Snaps beinhalten in den Hauptspeicher geladen. Während des Programmablaufes werden die einzelnen Snaps aus dem Hauptspeicher geholt und in den Bildschirmspeicher kopiert.

Das Programm SNAP_ANI:

```
;-----------------------------------------------------------------
;
; PROGRAMM: SNAP_ANI
;
;    AUTOR: Marc Schneider
;
;    DATUM: 22.04.1991
;
;   INHALT: Dieses Programm demonstriert die Technik der
;           Snap-Animation, welche aus dem Bereich der
;           Bitmap-Animation stammt.
;           Dazu werden zwei Bilder mit jeweils 12 Snaps in den
;           Hauptspeicher geladen. Von dort aus werden die
;           Snaps in den Bildschirmspeicher kopiert, so dass
;           eine Animation entsteht.
;           Durch Druecken einer Taste wird das Programm beendet.
;
;--------------------STACKSEGMENT----------------------------------
;------------------------------------------------------------------
stack segment para
dw 128 dup(?)          ; 256 Byte fuer den Stack reservieren
stack ends
;--------------------DATENSEGMENT----------------------------------
;------------------------------------------------------------------
data segment para

; KONSTANTEN

oeffnen     equ 3dh
schliessen  equ 3eh
lesen       equ 3fh
Codelaenge  equ 8192                ; Laenge des Codes
```

```
; VARIABLEN

zaehler1   db ?                    ; Zaehlvariable
even
zaehler2   db ?                    ; Zaehlvariable
even
handle     dw 0                    ; Dateihandle
farben     db 256 dup (0,0,0)      ; Speicher fuer alle Farbwerte
farbenret  db 256 dup (0,0,0)      ; Speicher fuer alle Farbwerte
buffer     db 650 dup (0)          ; Buffer fuers Bildladen
dateiende  db 0                    ; signalisiert das Ende der Datei

; Fehlermeldungen
errormalloc db 10,13,7,'There is not enough free memory !',10,13
            db 'Kill all tsr-programms and try again !',10,13,'$'
error_message db 'Fehler beim Zugriff auf eine Datei !',10,13,'$'

snaps_1 db 'SNAP_2.DAT',0          ; Bilddatei mit Snaps
snaps_2 db 'SNAP_3.DAT',0          ; Bilddatei mit Snaps
hintergrund db 'SNAP_1.DAT',0      ; Hintergrundbild
even

; Offsets der Positionen der einzelnen Snaps
position dw 0,80,160,240
         dw 65*320,65*320+80,65*320+160,65*320+240
         dw 130*320,130*320+80,130*320+160,130*320+240
         dw 0,80,160,240
         dw 65*320,65*320+80,65*320+160,65*320+240
         dw 130*320,130*320+80,130*320+160,130*320+240
data ends
;--------------------CODESEGMENT-----------------------------------
;-------------------------------------------------------------------
code  segment para
      assume cs:code, ds:data, ss:stack

main: jmp start
;-------------------------------------------------------------------
bildseg  dw ?       ; Segmentadresse des aktuellen Snap-Bildes
bildseg1 dw ?       ; Segmentadresse des ersten Snap-Bildes
bildseg2 dw ?       ; Segmentadresse des zweiten Snap-Bildes
;-------------------------------------------------------------------
; Makro: modus
;
; Dieses Makro dient dem Aktivieren eines Videomodus.
;
modus macro m                     ; Uebergabe der Modusnummer
      push ax                     ; Register retten
      mov  ah,0                   ; Funktionsnummer laden
      mov  al,m                   ; Modusnummer laden
      int  10h                    ; Modus aktivieren
      pop  ax                     ; Register wiederherstellen
      endm                        ; Makro beenden
;-------------------------------------------------------------------
; Makro: datei_schliessen
;
; Es wird eine Datei geschlossen. Bei Auftreten eines Fehlers wird
; das Programm beendet.
;
datei_schliessen  macro      ; Makrobeginn
```

```
        mov  bx,handle           ; Dateihandle laden
        mov  ah,schliessen       ; Funktionsnummer laden
        int  21h                 ; Datei schliessen
        jc   err                 ; wenn Fehler springe
        jmp  oh                  ; sonst beende
err:
        modus 3                  ; Textmodus 80 x 25 einstellen
        mov  ah,76               ; Funktionsnummer laden
        int  21h                 ; Programm beenden
oh:
        endm                     ; Makro beenden
;-----------------------------------------------------------------
; Makro: datei_oeffnen
;
; Es wird eine Datei geoeffnet. Bei Auftreten eines Fehlers wird
; das Programm beendet.
;
datei_oeffnen  macro
        mov  al,0                ; Zugriffsmodus
        mov  ah,oeffnen          ; Funktionsnummer laden
        int  21h                 ; Datei oeffnen
        mov  handle,ax           ; in handle den handle merken
        jc   errord              ; wenn Fehler springe
        jmp  oih                 ; sonst beende
errord:
        modus 3                  ; Textmodus 80 x 25 einstellen
        mov  ah,76               ; Funktionsnummer laden
        int  21h                 ; Programm beenden
oih:
        endm                     ; Makro beenden
;-----------------------------------------------------------------
; Prozedur: datei_lesen
;
; Es werden 640 Byte einer Datei gelesen und in der Variablen
; buffer abgelegt. Ist die Datei leer, wird sie geschlossen.
;
datei_lesen  proc
        mov  cx,640              ; Anzahl = 640 Byte
        mov  bx,handle           ; Dateihandle holen
        lea  dx,buffer           ; buffer anvisieren
        mov  ah,lesen            ; Funktionsnummer laden
        int  21h                 ; Lesen
        jc   etrror              ; bei Fehler springe
        cmp  ax,0                ; ist die Datei leer ?
        je   duatend             ; dann springe
        ret                      ; Prozedur beenden
etrror:
        modus 3                  ; Textmodus 80 x 25 einstellen
        mov  ah,76               ; Funktionsnummer laden
        int  21h                 ; Programm beenden
duatend:
        datei_schliessen         ; Datei schliessen
        mov  dateiende,1         ; Dateiende signalisieren
        ret                      ; Prozedur beenden
datei_lesen  endp                ; Prozedurende
;-----------------------------------------------------------------
; Prozedur: farben_holen
;
; Es werden die Farben eines Bildes geladen und zur Grafikkarte
```

```
; uebertragen.
;
farben_holen proc
      mov  cx,256*3              ; Anzahl = 256*3 Byte
      mov  bx,handle             ; Dateihandle holen
      lea  dx,farben             ; Farbenspeicher anvisieren
      mov  ah,lesen              ; Funktionsnummer laden
      int  21h                   ; Farben laden

      lea  si,farben+3           ; Farbenspeicher anvisieren
      mov  cl,0                  ; in cl befindet sich die Farbnummer
holl:
      mov  dx,3c8h               ; Portnummer laden
      mov  al,cl                 ; Farbnummer uebertragen
      out  dx,al                 ; Farbnummer schreiben
      inc  dx                    ; naechsten Port
      mov  al,[si]               ; Rotanteil laden
      out  dx,al                 ; rot schreiben
      mov  al,[si]+1             ; Gruenanteil laden
      out  dx,al                 ; gruen schreiben
      mov  al,[si]+2             ; Blauanteil laden
      out  dx,al                 ; blau schreiben
      add  si,3                  ; naechste Farbe anvisieren
      inc  cl                    ; Farbnummer inkrementieren
      jnz  holl                  ; Farbnummer nicht 0 dann weiter
      ret                        ; Prozedur beenden
farben_holen  endp               ; Prozedurende
;-------------------------------------------------------------------
; Prozedur: bildladen
;
; Es wird ein Bild geladen. Der Dateiname muss vorher nach dx
; geladen werden.
; Die Daten des geladenen Bildes sind gepackt und muessen vor
; dem Schreiben in den Bildschirmspeicher entpackt werden.
;
bildladen proc
      datei_oeffnen              ; Datei oeffnen
      call farben_holen          ; Farben laden
      mov  ax,0a000h             ; Bildschirmspeicher adressieren
      mov  es,ax                 ; Adresse nach ES
      xor  di,di                 ; DI loeschen
enra:
      push ax                    ; Register retten
      push bx
      push cx
      push dx
      call datei_lesen           ; 640 Byte laden
      pop  dx                    ; Register wiederherstellen
      pop  cx
      pop  bx
      pop  ax

      cmp  dateiende,1           ; ist das Dateiende erreicht ?
      je   rpo                   ; dann beenden

; Daten entpacken und in den Bildschirmspeicher schreiben

      lea  si,buffer             ; buffer mit den gelesenen Byte
      xor  bx,bx                 ; BX loeschen
```

```
leeren:
      xor  cx,cx              ; CX loeschen
      mov  cl,[si]            ; Anzahl der folgenden Farbe laden
      mov  al,[si]+1          ; die Farbe selbst laden
      rep  stosb              ; Byte in den Bildschirmspeicher
      add  si,2               ; naechste Anzahl anvisieren
      cmp  di,320*200-1       ; ist das Bild fertig ?
      jae  rpo                ; dann beenden
      inc  bx                 ; Zaehler erhoehen
      cmp  bx,320             ; ist der ganze buffer ausgepackt ?
      jne  leeren             ; nein dann weiter auspacken
      jmp  enra               ; naechste 640 Byte holen
rpo:
      ret                     ; Prozedur beenden
bildladen endp                ; Prozedurende
;------------------------------------------------------------------
; Makro: print
;
; Es wird ein String auf dem Bildschirm ausgegeben.
;
print macro text_zeile        ; Uebergabe der Textzeile
      mov  ah,9               ; Funktionsnummer laden
      mov  dx,offset text_zeile ; Offset der Textzeile
      int  21h                ; String ausgeben
      endm                    ; Makro beenden
;------------------------------------------------------------------
; Prozedur: bildsegment_belegen
;
; Es wird ein Speicherbereich allokiert und das Bild aus dem
; Bildschirmspeicher hinein kopiert.
; Diese Prozedur und die Prozedur bildsegment2_belegen kopieren
; die Bilder mit den Snaps in den allokierten Speicherbereich,
; damit waehrend der Animation die Snaps von dort geholt werden
; koennen.
;
bildsegment_belegen proc
      push es                 ; Register retten
      push ds
      push si
      push di
      mov  ah,98              ; Funktionsnummer laden
      int  21h                ; PSP holen in BX
      push bx                 ; Register retten
      mov  ah,74              ; Funktionsnummer laden
      mov  bx,320*200/16      ; Groesse des Bildes in Paragraphen
      add  bx,Codelaenge shr 4 ; die Programmlaenge laden
      shl  bx,1               ; BX mal 2, fuer 2tes Bild
      pop  es                 ; Register wiederherstellen
      int  21h                ; Speichergroesse veraendern
      jnc  oko                ; kein Fehler, dann weiter

      modus 3                 ; Textmodus 80 x 25 einstellen
      mov  ax,data            ;
      mov  ds,ax              ; Datensegment laden
      print errormalloc       ; Fehlermeldung ausgeben
      mov  ah,4ch             ; Funktionsnummer laden
      int  21h                ; Programm beenden
oko:
      mov  cs:bildseg1,es     ; Segmentadresse des ersten Bildes
```

```
        add  cs:bildseg1,Codelaenge ; Segmentadresse verschieben
        add  cs:bildseg1,Codelaenge ;
        mov  ax,cs:bildseg1         ;
        mov  cs:bildseg2,ax         ; Segmentadresse des zweiten Bildes
        add  cs:bildseg2,320*200/16 ; Segmentadresse verschieben

;ein Bild aus dem Bildschirmspeicher in den Hauptspeicher kopieren

        push ds                     ; Register retten
        xor  si,si                  ; SI loeschen
        mov  ax,cs:bildseg1         ; Segmentadr. des 1ten Bildspeichers
        mov  es,ax                  ; nach ES uebertragen
        mov  ax,0a000h              ; Adr. des Bildschirmspeichers laden
        mov  ds,ax                  ; Adresse uebertragen
        mov  di,si                  ; DI loeschen
        mov  cx,160*200             ; Anzahl zu kopierender Words
        cld                         ; Flag setzen
        rep  movsw                  ; kopieren
        pop  ds                     ; Register wiederherstellen
        pop  di
        pop  si
        pop  ds
        pop  es
        ret                         ; Prozedur beenden
bildsegment_belegen endp            ; Prozedurende
;-------------------------------------------------------------------
; Prozedur: bildsegment2_belegen
;
; Kopiert ein Bild aus dem Bildschirmspeicher in den allokierten
; Speicherbereich.
;
bildsegment2_belegen proc
        push es                     ; Register retten
        push ds
        push si
        push di
        xor  si,si                  ; SI loeschen
        mov  ax,cs:bildseg2         ; Segmentadr. des 2ten Bildspeichers
        mov  es,ax                  ; nach ES uebertragen
        mov  ax,0a000h              ; Adr. des Bildschirmspeichers laden
        mov  ds,ax                  ; Adresse uebertragen
        mov  di,si                  ; DI loeschen
        mov  cx,160*200             ; Anzahl zu kopierender Words
        cld                         ; Flag setzen
        rep  movsw                  ; kopieren
        pop  di                     ; Register wiederherstellen
        pop  si
        pop  ds
        pop  es
        ret                         ; Prozedur beenden
bildsegment2_belegen endp           ; Prozedurende
;-------------------------------------------------------------------
; Makro: strahl
;
; Es wird auf den Beginn des vertikalen Videostrahlruecklaufes
; gewartet.
;
strahl macro                        ; Makrobeginn
        local r1                    ; lokale Sprungmarke
```

```
      mov  dx,03dah            ; Port des Statusregisters der VGA
rl:
      in al,dx                 ; Registerwert lesen
      test al,1000b            ; Bit 3 testen,
      jz rl                    ; wenn nicht gesetzt weiter warten
      endm                     ; Makroende
;---------------------------------------------------------------------
; Prozedur: strahlpause
;
; Diese Prozedur dient als Pausenfunktion.
; Es wird ein Strahldurchlauf lang gewartet.
; Unter Verwendung dieser Prozedur wird die
; Animationsgeschwindigkeit gesteuert.
;
strahlpause proc
      push ax                  ; Register retten
      strahl                   ; auf vertikalen Ruecklauf warten
rxl:
      in al,dx                 ; Registerwert lesen
      test al,1000b            ; Bit 3 testen,
      jnz  rxl                 ; wenn gesetzt weiter warten
rx2:
      strahl                   ; auf vertikalen Ruecklauf warten
      pop  ax                  ; Register wiederherstellen
      ret                      ; Prozedur beenden
strahlpause endp               ; Prozedurende
;---------------------------------------------------------------------
; Prozedur: dimmer
;
; Alle Farben werden langsam abgedimmt, d.h. sie verlieren ihre
; Intensitaet bis das Bild schwarz ist.
; Die Farbwerte liegen in der Variablen farben, werden von dort in
; die Variable farbenret kopiert und dort dann dekrementiert und
; zur Anzeige gebracht !
;
dimmer proc
      lea  si,farben           ; Variable farben anvisieren
      lea  di,farbenret        ; Variable farbenret anvisieren
      mov  cx,256*3            ; Anzahl einstellen
holen:                         ; Farben kopieren
      mov  al,[si]             ; Farbwert laden
      mov  [di],al             ; Farbwert ablegen
      inc  si                  ; ein Farbwert weiter gehen
      inc  di                  ; ein Farbwert weiter gehen
      loop holen               ; solange bis alles kopiert

      mov  zaehler2,0          ; Zaehler initialisieren
mal:
      lea  di,farbenret        ; farbenret anvisieren
      mov  cx,256*3            ; Anzahl einstellen
dimm:
      cmp  byte ptr [di],0     ; ist der Farbwert schon 0
      je   nodim               ; dann nicht dimmen
      dec  byte ptr [di]       ; dimmen = Farbwert dekrementieren
nodim:
      inc  di                  ; naechsten Farbwert
      loop dimm                ; alle Farben behandeln

; alle Farben mit den Werten aus farbenret belegen
```

```
        call strahlpause         ; Pause
        mov  zaehler1,0          ; Zaehler initialisieren
        lea  di,farbenret+3      ; farbenret anvisieren
alles:
        cli                      ; Interrupts verbieten
        mov  dx,3c8h             ; Portnummer laden
        mov  al,zaehler1         ; Farbnummer uebertragen
        out  dx,al               ; Farbnummer schreiben
        inc  dx                  ; naechsten Port
        mov  al,[di]             ; Rotanteil laden
        out  dx,al               ; rot schreiben
        mov  al,[di]+1           ; Gruenanteil laden
        out  dx,al               ; gruen schreiben
        mov  al,[di]+2           ; Blauanteil laden
        out  dx,al               ; blau schreiben
        add  di,3                ; naechste Farbe anvisieren
        sti                      ; Interrupts erlauben
        cmp  zaehler1,64         ; ist man bei Farbnummer 64 ?
        jne  rrtt22              ; nein ueberspringen
        strahl                   ; auf vertikalen Ruecklauf warten
rrtt22:
        cmp  zaehler1,192        ; ist man bei Farbnummer 192 ?
        jne  rrtt32              ; nein ueberspringen
        strahl                   ; auf vertikalen Ruecklauf warten
rrtt32:
        inc  zaehler1
        cmp  zaehler1,255        ; wurden alle Farben behandelt ?
        jne  alles               ; nein weiter
        inc  zaehler2            ; Zaehler2 inkrementieren
        cmp  zaehler2,65         ; wurde 65 mal gedimmt ?
        jne  mal                 ; nein dann weiter
        ret                      ; Prozedur beenden
dimmer endp                      ; Prozedurende
;-----------------------------------------------------------------
; Prozedur: hochdim
;
; Alle Farben werden von schwarz aus langsam auf ihre Intensitaet
; eingestellt, so dass das Bild langsam Farbe annimmt.
; Die Farbwerte befinden sich in der Variablen farben.
; Die Variable farbenret wird mit 0 initialisiert und aus ihr
; werden die Farbwerte zur Anzeige gebracht.
; Jetzt werden die Werte in der Variablen farbenret langsam auf
; die Werte der Variablen farben eingestellt.
;
hochdim proc
        lea  si,farbenret        ; farbenret anvisieren
        mov  cx,256*3            ; Anzahl der Farbwerte laden
loesch:
        mov  byte ptr [si],0     ; Farbwert loeschen
        inc  si                  ; naechsten Farbwert
        loop loesch              ; alle Farbwerte behandeln

        mov  zaehler2,0          ; Zaehler initialisieren
hoppla:
        call strahlpause         ; Pause
        cli                      ; Interrupts verbieten
        mov  zaehler1,0          ; Zaehler initialisieren
        lea  di,farbenret+3      ; farbenret anvisieren
all:
```

```
        mov  dx,3c8h               ; Portnummer laden
        mov  al,zaehler1           ; Farbnummer uebertragen
        out  dx,al                 ; Farbnummer schreiben
        inc  dx                    ; naechsten Port
        mov  al,[di]               ; Rotanteil laden
        out  dx,al                 ; rot schreiben
        mov  al,[di]+1             ; Gruenanteil laden
        out  dx,al                 ; gruen schreiben
        mov  al,[di]+2             ; Blauanteil laden
        out  dx,al                 ; blau schreiben
        add  di,3                  ; naechste Farbe anvisieren

        cmp  zaehler1,64           ; ist man bei Farbnummer 64 ?
        jne  rrtt2                 ; nein ueberspringen
        strahl                     ; auf vertikalen Ruecklauf warten
rrtt2:
        cmp  zaehler1,192          ; ist man bei Farbnummer 192 ?
        jne  rrtt3                 ; nein ueberspringen
        strahl                     ; auf vertikalen Ruecklauf warten
rrtt3:
        inc  zaehler1              ; Zaehler inkrementieren
        cmp  zaehler1,255          ; wurden alle Farben behandelt ?
        jne  all                   ; nein dann weiter
        sti                        ; Interrupts erlauben

; die Eintraege in farben und farbenret vergleichen

        lea  si,farben             ; farben anvisieren
        lea  di,farbenret          ; farbenret anvisieren
        mov  cx,256*3              ; Anzahl der Farbwerte laden
vergl:
        mov  al,[si]               ; Farbwert laden
        cmp  [di],al               ; Farbwerte vergleichen
        je   nicht_angleichen      ; wenn gleich dann springen
        inc  byte ptr [di]         ; Farbwert inkrementieren
nicht_angleichen:
        inc  si                    ; naechsten Farbwert
        inc  di                    ;
        loop vergl                 ; alle Farben durchgehen

        inc  zaehler2              ; Zaehler inkrementieren
        cmp  zaehler2,65           ; 65 mal das Ganze abarbeiten
        jne  hoppla                ; wenn noch nicht dann noch einmal
        ret                        ; Prozedur beenden
hochdim endp                       ; Prozedurende
;------------------------------------------------------------------
; Makro: schirm
;
; Es wird der Bildschirm ein- oder ausgeschaltet.
;
schirm macro schalter              ; Uebergabe von on oder off
        mov   ah,12h               ; Funktionsnummer laden
        mov   bl,36h               ;
        mov   al,schalter          ; Schalter laden
        int   10h                  ; Bildschirm ein-/ausschalten
        endm
on  equ 0                          ; Konstanten
off equ 1
;------------------------------------------------------------------
```

```
; Makro: ablauf
;
; Hier wird die eigentliche Snap-Animation ausgefuehrt.
; Dazu werden aus den Bildspeichern die einzelnen Snaps
; nacheinander geholt und in den Bildschirmspeicher geschrieben.
; Das Programm wird durch Druecken einer Taste beendet.
;
ablauf macro
        mov  ax,bildseg1          ; Segmentadresse des ersten
                                  ; Snapbildes laden
        mov  bildseg,ax           ; und uebertragen
ok:
        add  bp,2                 ; BP enthaelt die aktive Snapnr.
        cmp  bp,48                ; sind alle Snaps durchgelaufen ?
        je   rtt                  ; ja dann
rrr:
        cmp  bp,24                ; ist die Haelfte der Snaps durch ?
        je   rrt                  ; ja dann
        jmp  kio                  ; springe
rtt:
        xor  bp,bp                ; BP auf ersten Snap einstellen
rrt:
        mov  ax,bildseg           ; aktives Bildsegment laden
        cmp  ax,bildseg1          ; ist es das erste Segment ?
        je   hier                 ; ja dann
        mov  ax,bildseg1          ; sonst steuere das erste Segment an
        jmp  ko                   ; springe
hier:
        mov  ax,bildseg2          ; steuere das zweite Segment an
ko:
        mov  bildseg,ax           ; mach es aktiv
kio:
        mov  si,position[bp]      ; lade die aktuelle Snapposition
        mov  ax,bildseg           ; hole aktives Bildsegment
        push ds                   ; Register retten
        mov  ds,ax                ; Bildsegment uebertragen
        mov  ax,0a000h            ; Bildschirmspeicheradresse
        mov  es,ax                ; und uebertragen

        call strahlpause          ; Pause

; ersten Snap kopieren

        mov  dx,si                ; Si in DX retten
        cld                       ; Flag setzen
        mov  di,320*65+65         ; Adr. an die der Snap kopiert wird
        mov  bl,60                ; Snap-Tiefe laden
zeile:
        mov  cx,40                ; Snap-Breite laden
        rep  movsw                ; kopieren
        add  di,320-80            ; naechste Zeile Ziel
        add  si,320-80            ; naechste Zeile Quelle
        dec  bl                   ; Tiefe dekrementieren
        jnz  zeile                ; wenn nicht 0 dann weiter

; zweiten Snap kopieren

        mov  si,dx                ; Si wiederherstellen
        mov  di,320*65+176        ; Adr. an die der Snap kopiert wird
```

```
        mov  bl,60                 ; Snap-Tiefe laden
zeile2:
        mov  cx,40                 ; Snap-Breite laden
        rep  movsw                 ; kopieren
        add  di,320-80             ; naechste Zeile Ziel
        add  si,320-80             ; naechste Zeile Quelle
        dec  bl                    ; Tiefe dekrementieren
        jnz  zeile2                ; wenn nicht 0 dann weiter

        pop  ds                    ; Register wiederherstellen

        mov  ah,11                 ; Funktionsnummer laden
        int  21h                   ; Tastaturbuffer abfragen
        cmp  al,255                ; ist er nicht leer ?
        je   aus                   ; ja dann beende
        jmp  ok                    ; sonst weitermachen
aus:
        endm                       ; Makroende
;----------------------------------------------------------------
; Makro: clearkey
;
; Es wird der Tastaturbuffer geloescht.
;
clearkey macro
        mov  ah,12                 ; Funktionsnummer laden
        mov  al,0                  ;
        int  21h                   ; Tastaturbuffer loeschen
        endm                       ; Makro beenden
;----------------------------------------------------------------
; Makro: taste
;
; Es wird auf die Eingabe einer Taste gewartet.
;
taste macro
        push ax                    ; Register retten
        mov  ah,8                  ; Funktionsnummer laden
        int  21h                   ; auf Taste warten
        mov  key,al                ; Taste speichern
        pop  ax                    ; Register wiederherstellen
        endm                       ; Makro beenden
key db ?                           ; Speicher des Tastenwertes
;----------------------------------------------------------------
; Dieser Programmabschnitt wird gleich nach dem Start
; des Programmes angesprungen.
; Es wird der VGA-Grafikmodus 19 mit einer Aufloesung von
; 320 x 200 Punkten und 256 Farben aktiviert.
; Anschliessend wird getestet, ob beim Programmstart ein
; Parameter angegeben wurde.
; Ist dies der Fall, zeigt das Programm die beiden Snap-Bilder
; waehrend des Ladevorganges, ansonsten bleiben sie verborgen.
; Danach werden die Snapbilder geladen und in den Hauptspeicher
; kopiert.
; Anschliessend wird die Snap-Animation gestartet.
; Nach dem Druecken einer Taste wird die Animation beendet.
; Die Farben werden daraufhin abgedimmt, so dass das sichtbare
; Bild allmaehlich verschwindet.
; Abschliessend wird in den Textmodus geschaltet und das Programm
; beendet.
;
```

```
start:
      modus 13h                   ; Grafikmodus 320 x 200 x 256

      mov  ax,0a000h              ; Adresse des Bildschirmspeichers
      mov  es,ax                  ; nach ES uebertragen

      cmp  byte ptr ds:[80h],0 ; wurde ein Parameter angegeben
      jne  para                   ; ja dann

      mov  ax,data                ; Datensegmentadresse laden
      mov  ds,ax                  ; Datensegment ansprechen

      schirm off                  ; Bildschirm ausschalten

; die Bilder laden

      lea  dx,snaps_1             ; Dateinamen laden
      call bildladen              ; Bild laden
      call bildsegment_belegen ;
      lea  dx,snaps_2             ; Dateinamen laden
      call bildladen              ; Bild laden
      call bildsegment2_belegen
      lea  dx,hintergrund         ; Dateinamen laden
      call bildladen              ; Bild laden

; alle Farben loeschen, d.h. auf schwarz einstellen

      xor  cl,cl                  ; CL loeschen, nimmt Farbnr. auf
thg:
      mov  dx,3c8h                ; Portnr. laden
      mov  al,cl                  ; Farbnr. uebertragen
      out  dx,al                  ; Farbe anwaehlen
      inc  dx                     ; naechsten Port anwaehlen
      xor  al,al                  ; AL loeschen
      out  dx,al                  ; Rotanteil loeschen
      out  dx,al                  ; Gruenanteil loeschen
      out  dx,al                  ; Blauanteil loeschen
      inc  cl                     ; naechste Farbe anwaehlen
      cmp  cl,255                 ; wurden alle Farben behandelt ?
      jne  thg                    ; nein, dann weiter

      schirm on                   ; Bildschirm einschalten
      call hochdim                ; Farben hoch dimmen
      jmp  run                    ; springe
para:
      mov  ax,data                ; Datensegmentadresse laden
      mov  ds,ax                  ; Datensegment ansprechen
      lea  dx,snaps_1             ; Dateinamen laden
      call bildladen              ; Bild laden
      call bildsegment_belegen ;
      taste                       ; auf Tastendruck warten
      lea  dx,snaps_2             ; Dateinamen laden
      call bildladen              ; Bild laden
      call bildsegment2_belegen
      taste                       ; auf Tastendruck warten
      lea  dx,hintergrund         ; Dateinamen laden
      call bildladen              ; Bild laden
run:
```

```
        xor  bp,bp              ; BP = Snapzeiger loeschen
        clearkey                ; Tastaturbuffer loeschen
        ablauf                  ; Animation starten
        call dimmer             ; Farben langsam ausblenden
        modus 3                 ; Textmodus 80 x 25 einstellen
        clearkey                ; Tastaturbuffer loeschen
        mov  ah,4ch             ; Funktionsnummer laden
        int  21h                ; Programm beenden
;------------------------------------------------------------------
code    ends
        end main
```

Struktogramm:

```
den VGA-Grafikmodus 19 aktivieren
wurde beim Programmstart ein Parameter angegeben ?
  ja:
    Snapbild 1 laden
    Bildsegment 1 belegen
    auf Tastendruck warten
    Snapbild 2 laden
    Bildsegment 2 belegen
    auf Tastendruck warten
    Hintergrundbild laden
  nein:
    Bildschirm ausschalten
    alle Farben löschen
    Snapbild 1 laden
    Bildsegment 1 belegen
    Snapbild 2 laden
    Bildsegment 2 belegen
    Hintergrundbild laden
    Bildschirm einschalten
    Farben langsam hochdimmen
den Tastaturbuffer löschen
den ersten Snap als den aktuellen einstellen
    die Snapnummer weitersetzen
    ist die Snapnummer am Ende angekommen ?
      ja:
        Snapnr. auf den Anfang setzen
      nein:
    ist der aktuelle Snap im ersten Bild enthalten ?
      ja:
        Snap aus dem ersten
        Snapbild laden
      nein:
        Snap aus dem zweiten
        Snapbild laden
    auf den vertikalen Strahlrücklauf warten
    Snap in den Bildschirmspeicher kopieren
    solange keine Taste gedrückt wird
die Farben langsam ausblenden
den Textmodus aktivieren
```

Programmbeschreibung:

Das Programm schaltet zu Beginn in den VGA-Grafikmodus 19 mit einer Auflösung von 320 x 200 Punkten und 256 Farben.
Darauf werden die Bilder *SNAP_2.DAT* und *SNAP_3.DAT*, die jeweils 12 Snaps beinhalten, in den Bildschirmspeicher geladen und von dort mit den Funktionen *bildsegment_belegen* und *bildsegment2_belegen* in den Hauptspeicher des Rechners kopiert. Dies war aus dem Grunde notwendig, weil der Grafikmodus 19 (siehe auch Der 256-Farben-Modus) nur über eine Grafikseite verfügt und somit die Bilder nicht auf einer weiteren deponiert werden konnten. Anschließend wird das Bild *SNAP_1.DAT* in den Hintergrund geladen.

Wird beim Aufruf des Programmes kein Paramter mit angegeben, geschieht der Ladevorgang bei ausgeschaltetem Bildschirm, so daß der Benutzer die Bilder nicht sieht. Vor dem Beginn der Animation werden dann die Farben durch ein Hochdimmen sichtbar gemacht.
Wurde aber ein Parameter angegeben, bleibt der Bildschirm eingeschaltet. Dadurch sieht man die Snapbilder beim Ladevorgang und kann sich damit einen Eindruck über die einzelnen Snaps verschaffen.
Nach dem Kopieren der beiden Snapbilder in den Hauptspeicher enthalten die Variablen *bildseg1* und *bildseg2* die Segmentadressen der Ablagestellen. Diese sind nötig, damit man später auf die Snaps gezielt zugreifen kann.

Der vollständige Animationsteil befindet sich in dem Makro *ablauf*. Dort werden die Snaps nacheinander, erst von *Bild1* und dann von *Bild2*, ausgelesen und auf den Bildschirm kopiert. Da auf jedem Bild 12 verschiedene Snaps vorhanden sind, umfaßt die gesamte Animation 24 verschiedene Bilder. Die Kopierreihenfolge beginnt bei dem ersten Snap auf dem ersten Bild und geht bis zu dem 24sten Snap auf dem zweiten Bild.
Um die Snaps gezielt auszulesen, stehen deren genaue Positionen in der Variablen *position*. Mit der Segmentadresse zusammen, die in *bildseg1* oder *bildseg2* steht, wird die logische Adresse gebildet.
Es wird jeder Snap zweimal in den Bildschirmspeicher kopiert. Dies geschieht nur aus dem Grund, weil noch Rechenzeit zur Verfügung stand und auf diese Art genutzt wird. Bei einem größeren Snap wäre dies nicht möglich gewesen.
Die Animationsgeschwindigkeit wird durch den Videostrahl bestimmt, wozu die Funktion *strahlpause* aufgerufen wird. Es werden ca. 24 Bilder pro Sekunde dargestellt.

Das Programm beendet die Animation durch Drücken einer Taste. Zum Schluß werden noch die Farben langsam abgedimmt, so daß das sichtbare Bild allmählich verschwindet. Abschließend wird in den Textmodus geschaltet und das Programm beendet.

6.3.3 Feldbewegung

Die Technik der Feldbewegung beruht auf dem Verschieben eines Bildbereiches oder Feldes. Der zu bewegende Bereich befindet sich dabei in dem sichtbaren Bild. Dies hat den Vorteil, daß kein weiterer Speicherplatz benötigt wird, wie es z.B. bei der Snap-Animation zur Speicherung der Snaps der Fall ist.

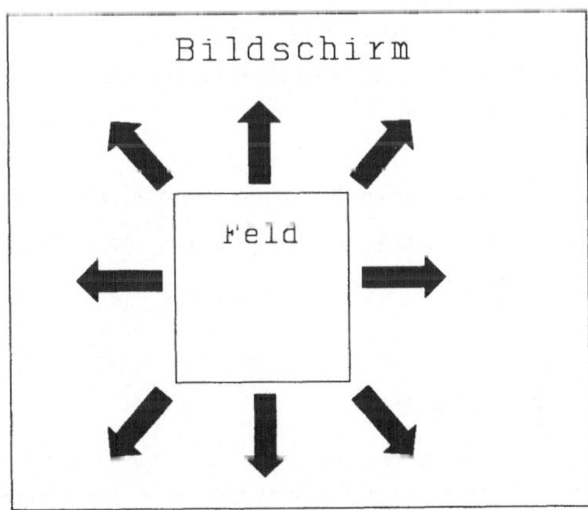

Abb. 21 Es wird ein Bildschirmbereich verschoben.

Die Bewegung kommt dadurch zustande, weil das Feld kontinuierlich neben seine vorherige Position kopiert wird. Damit der Bildschirm dabei nicht verschmiert wird, ist es zu empfehlen, immer einen Bereich zu verschieben, dessen Rand die Farbe des Hintergrundes besitzt. Ein Löschen des Feldes ist nämlich nicht möglich, da sonst die Bildinformation des Feldes verloren geht. Verschiebt man das Feld aus dem Bildschirm heraus, muß man sich selbst um das korrekte Clipping kümmern.

Die Animationstechnik der Feldbewegung befaßt sich im Grunde genommen wie die Snap-Animation nur mit dem Kopieren von Speicherbereichen. Auch hier sind für die Geschwindigkeit der Animation die rechnerspezifischen Daten sowie die Größe des Feldes ausschlaggebend.

Reicht für eine schnelle Bewegung die Leistung des Rechners nicht aus, kann man die Schrittweite vergrößern und dadurch eine höhere Geschwindigkeit simulieren.

Ein Nachteil dieser Technik ist, daß sich die Bildinformation innerhalb des Feldes nicht verändern kann. Es wird nur eine zumeist geradlinige Bewegung des Feldes in irgendeine Richtung ermöglicht. Dadurch sind keine Rotationen oder sonstigen Transformationen des Feldinhaltes möglich, wie sie von der Snap-Animation erzeugt werden können. Ein Vergleich über die Möglichkeiten und Einschränkungen der einzelnen Techniken wird in dem Abschnitt 7. Vergleich der Animationstechniken aufgestellt.

Das folgende Beispielprogramm *FELDBEW* demonstriert die Technik der Feldbewegung. Da es dabei um eine möglichst schnelle Ausführung des Kopiervorganges geht, wurde es wie das Beispiel für die Snap-Animation in ASSEMBLER geschrieben.

Die Programmteile, die zu dem Programm *SNAP_ANI* gleich geblieben sind, werden nicht aufgelistet. Es erscheint bei diesen nur immer die einleitende Beschreibung.

Das Programm FELDBEW:

```
;------------------------------------------------------------
;
; PROGRAMM: FELDBEW
;
;    AUTOR: Marc Schneider
;
;    DATUM: 24.04.1991
;
;  INHALT: Dieses Programm demonstriert die Technik der
;          Feldbewegung, welche aus dem Bereich der
;          Bitmap-Animation stammt.
;          Es wird ein Hintergrundbild geladen, in dem ein
;          Bereich (Feld) bewegt wird. Die Bewegung entsteht
;          durch ein kontinuierliches Kopieren des Bereiches
;          immer dicht neben seine vorherige Position.
;          Durch Druecken einer Taste wird das Programm beendet.
;
;-------------------STACKSEGMENT------------------------------
;------------------------------------------------------------
stack segment para
dw 128 dup(?)          ; 256 Byte fuer den Stack reservieren
stack ends
;-------------------DATENSEGMENT------------------------------
;------------------------------------------------------------
```

```
data segment para

; KONSTANTEN

oeffnen     equ 3dh
schliessen equ 3eh
lesen       equ 3fh
Codelaenge equ 8192                  ; Laenge des Codes
offset_breite equ 320-138            ; Offset auf die naechste Zeile

; VARIABLEN

zaehler1    db ?                     ; Zaehlvariable
even
zaehler2    db ?                     ; Zaehlvariable

; Fehlermeldung
error_message db 'Fehler beim Zugriff auf eine Datei !',10,13,'$'

; Dateiname
dateiname   db 'FELDBEW.PIC',0
even

handle      dw 0                     ; Dateihandle
farben      db 256 dup (0,0,0)       ; Speicher fuer alle Farbwerte
farbenret   db 256 dup (0,0,0)       ; Speicher fuer alle Farbwerte
buffer      db 650 dup (0)           ; Buffer fuers Bildladen
dateiende   db 0                     ; signalisiert das Ende der Datei

start       dw 320*110+26            ; Startposition der Bewegung
stop        dw 320*50+26             ; Stopposition der Bewegung
breite      dw 138                   ; Breite des Feldes
tiefe       dw 50                    ; Tiefe des Feldes
position    dw ?                     ; aktuelle Position
flag        dw 1                     ; Schalter fuer hoch oder runter

data ends
;--------------------CODESEGMENT-------------------------------------
;--------------------------------------------------------------------
code  segment para
      assume cs:code, ds:data, ss:stack

main: jmp beginn
;--------------------------------------------------------------------
; Makro: modus
;
; Dieses Makro dient dem Aktivieren eines Videomodus.
;
;--------------------------------------------------------------------
; Makro: datei_schliessen
;
; Es wird eine Datei geschlossen. Bei Auftreten eines Fehlers wird
; das Programm beendet.
;
;--------------------------------------------------------------------
; Makro: datei_oeffnen
;
; Es wird eine Datei geoeffnet. Bei Auftreten eines Fehlers wird
; das Programm beendet.
```

```
;
;------------------------------------------------------------------
; Prozedur: datei_lesen
;
; Es werden 640 Byte einer Datei gelesen und in der Variablen
; buffer abgelegt. Ist die Datei leer, wird sie geschlossen.
;
;------------------------------------------------------------------
; Prozedur: farben_holen
;
; Es werden die Farben eines Bildes geladen und zur Grafikkarte
; uebertragen.
;
;------------------------------------------------------------------
; Prozedur: bildladen
;
; Es wird ein Bild geladen. Der Dateiname muss vorher nach dx
; geladen werden.
; Die Daten des geladenen Bildes sind gepackt und muessen vor
; dem Schreiben in den Bildschirmspeicher entpackt werden.
;
;------------------------------------------------------------------
; Makro: print
;
; Es wird ein String auf dem Bildschirm ausgegeben.
;
;------------------------------------------------------------------
; Makro: strahl
;
; Es wird auf den Beginn des vertikalen Videostrahlruecklaufes
; gewartet.
;
;------------------------------------------------------------------
; Prozedur: strahlpause
;
; Diese Prozedur dient als Pausenfunktion.
; Es wird ein Strahldurchlauf lang gewartet.
; Unter Verwendung dieser Prozedur wird die
; Animationsgeschwindigkeit gesteuert.
;
;------------------------------------------------------------------
; Prozedur: dimmer
;
; Alle Farben werden langsam abgedimmt, d.h. sie verlieren ihre
; Intensitaet bis das Bild schwarz ist.
; Die Farbwerte liegen in der Variablen farben, werden von dort in
; die Variable farbenret kopiert und dort dann dekrementiert und
; zur Anzeige gebracht !
;
;------------------------------------------------------------------
; Prozedur: hochdim
;
; Alle Farben werden von schwarz aus langsam auf ihre Intensitaet
; eingestellt, so dass das Bild langsam Farbe annimmt.
; Die Farbwerte befinden sich in der Variablen farben.
; Die Variable farbenret wird mit 0 initialisiert und aus ihr
; werden die Farbwerte zur Anzeige gebracht.
; Jetzt werden die Werte in der Variablen farbenret langsam auf
; die Werte der Variablen farben eingestellt.
```

```
;
;-----------------------------------------------------------------
; Makro: schirm
;
; Es wird der Bildschirm ein- oder ausgeschaltet.
;
;-----------------------------------------------------------------
; Makro: ablauf
;
; In diesem Makro wird die Technik der Feldbewegung realisiert.
; Dazu wird ein Bildschirmbereich langsam nach oben und dann nach
; unten bewegt. Die Bewegung entsteht durch ein kontinuierliches
; Kopieren des Bereiches immer dicht neben seine alte Position.
;
ablauf macro
      mov  di,start            ; Startposition laden
      mov  position,di         ; und uebertragen
ok:
      mov  di,position         ; aktuelle Position laden
      mov  si,di               ; jetzt in SI und DI

      cmp  word ptr flag,1     ; Schalter fuer nach oben gesetzt ?
      jne  runter              ; nein dann nach unten

      sub  si,320              ; eine Zeile hoch gehen
      mov  position,si         ; und als aktuelle Position merken

      cmp  si,stop             ; ist Bewegung schon am Ende ?
      jne  toto                ; nein dann
      mov  word ptr flag,0     ; sonst Schalter umlegen, damit beim
                               ; naechsten Durchgang die Bewegung
                               ; nach unten geht
toto:
      call strahlpause         ; Pause

; Feld nach oben kopieren

      mov  bx,tiefe            ; Feldtiefe laden
block:
      mov  cx,breite           ; Feldbreite laden
zeile:
      mov  al,es:[di]          ; Byte lesen
      mov  es:[si],al          ; Byte setzen
      inc  si                  ; naechstes Byte anvisieren
      inc  di                  ; naechstes Byte anvisieren
      loop zeile               ; die Zeile fertig kopieren

      add  si,offset_breite    ; naechste Zeile anvisieren
      add  di,offset_breite    ; naechste Zeile anvisieren
      dec  bx                  ; Tiefe dekrementieren
      jnz  block               ; wenn nicht null, dann weiter
      jmp  goon                ; springe

runter:
      add  si,320              ; eine Zeile nach unten gehen
      mov  position,si         ; und als aktuelle Position merken

      cmp  si,start            ; ist die Bewegung am Ende ?
      jne  tww                 ; nein dann
```

```
      mov  word ptr flag,1    ; sonst Schalter umlegen, damit beim
                              ; naechsten Durchgang die Bewegung
                              ; nach oben geht
tww:
      add  si,320 * 48        ; unteren Rand des Feldes adressieren
      add  di,320 * 48        ;

      call strahlpause        ; Pause

; Feld nach unten kopieren

      mov  bx,tiefe           ; Feldtiefe laden
bloc:
      mov  cx,breite          ; Feldbreite laden
zeil:
      mov  al,es:[di]         ; Byte lesen
      mov  es:[si],al         ; Byte setzen
      inc  si                 ; naechstes Byte anvisieren
      inc  di                 ; naechstes Byte anvisieren
      loop zeil               ; die Zeile fertig kopieren

      sub  si,320 + 138       ; naechste Zeile anvisieren
      sub  di,320 + 138       ; naechste Zeile anvisieren
      dec  bx                 ; Tiefe dekrementieren
      jnz  bloc               ; wenn nicht null, dann weiter
goon:
      mov  ah,11              ; Funktionsnummer laden
      int  21h                ; Tastaturbuffer abfragen
      cmp  al,255             ; ist er nicht leer ?
      je   aus                ; ja dann beende
      jmp  ok                 ; sonst weitermachen
aus:
      endm
;-------------------------------------------------------------
; Makro: clearkey
;
; Es wird der Tastaturbuffer geloescht.
;
;-------------------------------------------------------------
; Makro: taste
;
; Es wird auf die Eingabe einer Taste gewartet.
;
;-------------------------------------------------------------
; Dieser Programmabschnitt wird gleich nach dem Start des
; Programmes angesprungen.
; Es wird der VGA-Grafikmodus 19 mit einer Aufloesung von
; 320 x 200 Punkten und 256 Farben aktiviert.
; Der Bildschirm wird ausgeschaltet und das Hintergrundbild wird
; geladen. Die Farben werden auf schwarz eingestellt und dann
; langsam auf ihre volle Intensitaet hochgedimmt.
; Anschliessend wird die Animation gestartet.
; Nach dem Druecken einer Taste wird die Animation beendet.
; Darauf wird in den Textmodus 80 x 25 geschaltet und das Programm
; beendet.
;
beginn:
     modus 13h               ; Grafikmodus 320 x 200 x 256
```

```
        mov  ax,0a000h           ; Adresse des Bildschirmspeichers
        mov  es,ax               ; nach ES uebertragen

        mov  ax,data             ; Datensegmentadresse laden
        mov  ds,ax               ; Datensegment ansprechen

        schirm off               ; Bildschirm ausschalten

        lea  dx,dateiname        ; Dateinamen laden
        call bildladen           ; Bild laden

; alle Farben loeschen, d.h. auf schwarz einstellen

        xor  cl,cl               ; CL loeschen, nimmt Farbnr. auf
thg:
        mov  dx,3c8h             ; Portnr. laden
        mov  al,cl               ; Farbnr. uebertragen
        out  dx,al               ; Farbe anwaehlen
        inc  dx                  ; naechsten Port anwaehlen
        xor  al,al               ; AL loeschen
        out  dx,al               ; Rotanteil loeschen
        out  dx,al               ; Gruenanteil loeschen
        out  dx,al               ; Blauanteil loeschen
        inc  cl                  ; naechste Farbe anwaehlen
        cmp  cl,255              ; wurden alle Farben behandelt ?
        jne  thg                 ; nein, dann weiter

        schirm on                ; Bildschirm einschalten
        call hochdim             ; Farben hoch dimmen

        clearkey                 ; Tastaturbuffer loeschen
        ablauf                   ; Animation starten

        call dimmer              ; Farben langsam ausblenden
        modus 3                  ; Textmodus 80 x 25 einstellen
        clearkey                 ; Tastaturbuffer loeschen
        mov  ah,4ch              ; Funktionsnummer laden
        int  21h                 ; Programm beenden
;-------------------------------------------------------------------
code    ends
        end beginn
```

Struktogramm:

```
den VGA-Grafikmodus 19 aktivieren
den Bildschirm ausschalten
das Hintergrundbild laden
alle Farben löschen
den Bildschirm einschalten
die Farben langsam hochdimmen
die Ausgangsposition des Feldes laden
    ist der Richtungsschalter auf nach oben eingestellt?
    ja:
        ist das Feld oben angekommen ?
            ja: Schalter umlegen
            nein: -
        auf den vertikalen Strahlrücklauf warten
        das Feld um 1nen Schritt nach oben kopieren
    nein:
        ist das Feld unten angekommen ?
            ja: Schalter umlegen
            nein: -
        auf den vertikalen Strahlrücklauf warten
        das Feld um einen Schritt nach unten kopieren
solange keine Taste gedrückt wird
die Farben langsam ausblenden
den Textmodus aktivieren
```

Programmbeschreibung:

Das Programm schaltet zu Beginn in den VGA-Grafikmodus 19 mit einer Auflösung von 320 x 200 Punkten und 256 Farben. Danach wird der Bildschirm ausgeschaltet und das Hintergrundbild wird geladen. Die Farben werden alle auf schwarz eingestellt und dann langsam durch ein Hochdimmen auf ihre volle Intensität gebracht. Dadurch wird das Hintergrundbild allmählich sichtbar.

Anschließend beginnt die Animation. Der vollständige Animationsteil befindet sich in dem Makro *ablauf*. Dort wird ein Bildschirmbereich durch kontinuierliches Kopieren bewegt. Für das Kopieren wird er Byte für Byte aus dem Bildschirmspeicher gelesen und an einer anderen Stelle wieder abgelegt. Der Bereich hat eine Größe von 138 x 50 Punkten und befindet sich in der linken Bildhälfte. Er bewegt sich abwechselnd geradlinig nach oben und nach unten. Dazu wird die Variable *flag* als Schalter für die Bewegungsrichtung benutzt. Die Variablen *start* und *stop* begrenzen das Gebiet, in dem der Bereich bewegt wird.

Die Animationsgeschwindigkeit wird durch den Videostrahl geregelt, wozu die Funktion *strahlpause* aufgerufen wird. Es werden ca. 24 Bewegungsschritte pro Sekunde ausgeführt.
Das Programm beendet die Animation durch Drücken einer Taste. Danach werden die Farben langsam abgedimmt, so daß das sichtbare Bild verschwindet. Abschließend wird in den Textmodus geschaltet und das Programm beendet.

6.3.4 Delta-Datenkompression

Die nächste Technik aus dem Bereich der Bitmap-Animation ist die Delta-Datenkompression. Diese Technik liefert zwar eine in Echtzeit ablaufende Animation, hat aber dennoch eine Sonderstellung innerhalb der Echtzeit-Animation. Diese Sonderstellung kommt dadurch zustande, weil vor dem Beginn der Animation alle Bilder der gesamten Animation schon vorliegen müssen.
Wenn wir uns an die vorher besprochenen Techniken erinnern, dann war dort entweder eine Echtzeitberechnung vorhanden (Additive Bewegung) oder aber es wurden nur Bereiche eines Bildes manipuliert und animiert (Snap-Animation, Feldbewegung).
Bei dieser Technik wird während der Animation aber nichts anderes getan, als die einzelnen Animationssequenzen hintereinander abzuspielen. Die einzelnen Bilder können dabei durch eine lange Berechnungszeit hindurch entstanden sein. Die Erstellung der Bilder beeinflußt nicht die später folgende Animation. Die Bilderstellung orientiert sich meistens an den unter Kapitel 2.3 vorgestellten Animationsmethoden.

Sind alle Bilder fertiggestellt, beginnt die Animationsvorbereitung. Bei der "Nicht-Echtzeit-Animation" werden die Bilder einzeln auf Film belichtet und anschließend unter Verwendung einer Vorführeinheit abgespielt. Hat man keinen Filmträger oder sonstigen Datenträger zur Verfügung, von dem man die gespeicherten Bilder sehr schnell abrufen kann, muß man sich auf andere Weise behelfen.

Hier kommt die Datenkompression zum Einsatz. Angenommen wir gehen von einer Animation aus, die aus 500 Einzelbildern besteht und im VGA-Grafikmodus 19 mit einer Auflösung von 320 x 200 Punkten und 256 Farben stattfindet. Dann kommen wir auf folgende Werte: Jedes einzelne Bild benötigt 320 x 200 = 64000 Byte. 500 Bildern würden dann einen Speicherbereich von 31250 Kbyte = 30,5 Mbyte belegen. Dadurch würde so manche Festplatte schon an die Grenze ihrer Kapazität stoßen. Noch unangenehmer ist die Tatsache, daß um ein Bild anzuzeigen, jedesmal

64000 Byte in den Bildschirmspeicher transportiert werden müssen. Dies ist nicht in Echtzeit mit 25 Bildern pro Sekunde zu realisieren.

Aus diesem Grund müssen die anzuzeigenden Daten verringert werden. Als wirksames Mittel dafür bietet sich die Datenkompression an. Die Delta-Datenkompression übernimmt diese Aufgabe und geht wie folgt vor: Wenn man die Einzelbilder einer Animationssequenz vergleicht, stellt man fest, daß die Änderungen von Bild zu Bild oft nur sehr gering sind und längst nicht das ganze Bild betreffen. Es muß sich also nur immer der Unterschied von einem Bild zum nächsten gemerkt werden, um trotzdem noch über alle Informationen für die gesamte Animation zu verfügen. Auf diese Weise werden der benötigte Speicherplatz und die von Bild zu Bild zu verändernden Daten rapide verringert.
Das Animationsprogramm lädt dann während der Animation immer nur die Veränderungen zum folgenden Bild und zeichnet diese in den Bildschirmspeicher. Es findet eine selektive Bilderneuerung statt.

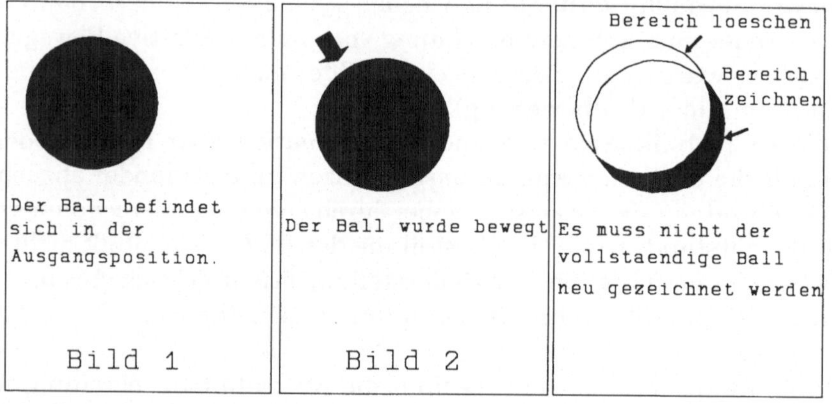

Abb. 22 Es werden nur die sich verändernden Teile erneuert.

Ein Nachteil bei dieser Technik tritt auf, wenn die Bildunterschiede zu groß werden. Bewegt sich z.B. der gesamte Bildhintergrund, umfaßt eine Bildveränderung meist das vollständige Bild. In diesem Fall ist eine Echtzeitwiedergabe nicht mehr möglich. Da aber in den meisten Fällen die Bildänderungen nur gering sind, hat sich die Delta-Datenkompression bewährt.
Im Übrigen verwendet auch das zur Zeit beste Animationsprogramm für den PC-Sektor, welches mit einer VGA-Grafikkarte läuft, der AUTODESK ANIMATOR der Firma Autodesk AG, die Delta-Datenkompression zur Erzeugung von Echtzeitanimationen.

Um nun eine Animation zu erzeugen, werden drei Dinge benötigt: Als erstes muß man über die einzelnen Bilder verfügen, die die spätere Animation ausmachen. Als nächstes benötigt man ein Programm, welches die Bilder nacheinander einliest und immer den Unterschied von einem Bild zum nächsten ermittelt. Alle Bildunterschiede müssen in eine Datei (Kompressionsdatei) geschrieben werden. Als letztes braucht man das eigentliche Animationsprogramm, welches die zuvor erstellte Datei einliest und die Animation präsentiert.
Man könnte sich auch ein Programm vorstellen, das alle diese Teile beinhaltet. In diesem Programm würden dann die Bilder generiert und nur der jeweilige Unterschied von einem Bild zum nächsten abgespeichert werden. Anschließend würde das Programm die Kompressionsdatei laden und die Animation abspielen.
Da aber bei der Generierung der Bilder und der Entwicklung der Kompressionsdatei kein Zeitfaktor vorgegeben ist, die spätere Animation dagegen aber sehr wohl einem Zeitfaktor unterliegt, wurden getrennte Programme entwickelt.

Das Programm *MAKE_KOM* ermittelt die Bildunterschiede der einzelnen Bilder und erstellt die Kompressionsdatei. Es wurde in TURBO-C 2.0 geschrieben.
Das Animationsprogramm *DELTAKOM*, welches darauf die Kompressionsdatei lädt und abspielt, wurde in ASSEMBLER geschrieben, da nur so eine maximale Geschwindigkeit ermöglicht werden kann.

Das Programm MAKE_KOM:

```
/*
 ┌─────────────────────────────────────────────────────────────────┐
 │                                                                 │
 │ PROGRAMM: MAKE_KOM                                              │
 │                                                                 │
 │    AUTOR: Marc Schneider                                        │
 │                                                                 │
 │    DATUM: 07.05.1991                                            │
 │                                                                 │
 │  INHALT: Dieses Programm erstellt die Kompressionsdatei fuer    │
 │          die Technik der Delta-Kompression. Diese Datei wird    │
 │          spaeter von dem Programm DELTAKOM eingelesen und       │
 │          als Animation angezeigt.                               │
 │          Zur Erstellung der Kompressionsdatei werden nach-      │
 │          einander alle Bilder der Animation geladen. Der        │
 │          Bildunterschied jeweils zweier benachbarter Bilder     │
 │          wird ermittelt und abgespeichert.                      │
 │                                                                 │
 └─────────────────────────────────────────────────────────────────┘
*/
```

```
#include <dos.h>                    /* Headerdateien einbinden */
#include <stdlib.h>
#include <stdio.h>
#include <alloc.h>
#include <string.h>
                                    /* KONSTANTEN */
#define Grafik320 0x13              /* Nr. des Grafikmodus */
#define Text 3                      /* Nr. des Textmodus */
#define DIR "g:\\temp\\"            /* Directory in dem sich die
                                       Bilder der Animation befinden*/
#define DAT "G256"                  /* Dateiname des ersten Bildes */
#define EXT ".DAT"                  /* Extension der Bilddateien */
#define ZIEL "g:\\diskpic.dat"      /* Name der Kompressionsdatei */
#define STOPBILD 468                /* Nr. des letzten Bildes */
#define STARTBILD 1                 /* Nr. des ersten Bildes */
#define BILDSTEP 1                  /* Stepweite Bildnummern */
#define ZURUECK 1                   /* der Schalter gibt an, ob die
                                       Bilder vorwaerts und rueck-
                                       waerts gelesen werden */

                                    /* VARIABLEN */
int dateien = STARTBILD ;           /* Startdatei */
int bildnr = STARTBILD-1;           /* aktuelle Bildnummer */
char datnr[3] ;                     /* Bildnummer als String */
char name[50];                      /* aktueller Dateiname */

FILE *datei;                        /* Dateihandle */

unsigned char far *bildspeicher,/* Zeiger auf den Speicher,
                                       in den immer das vorherige
                                       Bild gerettet wird */
                   far *merken, /* aktuelle Zeigerpos. merken */
                      far *akt; /* gibt die aktuelle Position
                                       innerhalb des Bildes an */

/*

  FUNCTION: Modus

  IN : unsigned char nr : Nummer des Videomodus
  OUT: ---

  PURPOSE: Es wird je nach Uebergabeparamter ein bestimmter
           Videomodus aktiviert.

           In dem Programm wird der Grafikmodus 19 mit einer
           Aufloesung von 320 x 200 Punkten und 256 Farben und
           der Color-Textmodus benoetigt.

*/
void Modus(unsigned char nr)
{
  union REGS regs ;                 /* Variable fuer die Prozessor-
                                       Register */

  regs.h.ah = 0;                    /* Funktionsnummer laden */
  regs.h.al = nr;                   /* Nr. des Videomodus */
  int86(0x10,&regs,&regs);          /* Modus aktivieren */
}
```

```
/*
┌──────────────────────────────────────────────────────────────────┐
│ FUNCTION: RGB                                                    │
│                                                                  │
│ IN : unsigned char nr    : Farbnummer                            │
│      unsigned char rot   : Rotanteil der Farbe                   │
│      unsigned char gruen : Gruenanteil der Farbe                 │
│      unsigned char blau  : Blauanteil der Farbe                  │
│ OUT: ---                                                         │
│                                                                  │
│ PURPOSE: Es werden die Farbanteile einer Farbe eingestellt.      │
└──────────────────────────────────────────────────────────────────┘
*/
void RGB(nr,rot,gruen,blau)
unsigned char nr,rot,gruen,blau;    /* Farbanteile */
{
  outportb(0x3c8,nr);              /* Farbnummer schreiben */
  outportb(0x3c9,rot);             /* Rotanteil schreiben */
  outportb(0x3c9,gruen);           /* Gruenanteil schreiben */
  outportb(0x3c9,blau);            /* Blauanteil schreiben */
}

/*
┌──────────────────────────────────────────────────────────────────┐
│ FUNCTION: Farbe                                                  │
│                                                                  │
│ IN : unsigned int x : X-Koordinate                               │
│      unsigned int y : Y-Koordinate                               │
│ OUT: unsigned char  : Farbwert                                   │
│                                                                  │
│ PURPOSE: Es wird der Farbwert an der Bildschirmposition mit      │
│          den Koordinaten x und y ermittelt.                      │
└──────────────────────────────────────────────────────────────────┘
*/
unsigned char Farbe(unsigned int x,unsigned int y)
{
  return(peekb(0xa000,320*y+x));  /* Farbwert aus dem Bildschirm-
                                     speicher lesen */
}

/*
┌──────────────────────────────────────────────────────────────────┐
│ FUNCTION: Merke_Bild                                             │
│                                                                  │
│ IN : ---                                                         │
│ OUT: ---                                                         │
│                                                                  │
│ PURPOSE: Es wird das auf dem Bildschirm sichtbare Bild           │
│          zwischengespeichert. Dazu wird es aus dem Bildschirm-   │
│          speicher in das Feld 'bildspeicher' kopiert.            │
└──────────────────────────────────────────────────────────────────┘
*/
void Merke_Bild()
{
  register int x,y;                /* Bild-Koordinaten */
```

```
  for(y=0;y<200;y++)              /* alle Zeilen durchgehen */
    for(x=0;x<320;x++)            /* alle Spalten durchgehen */
      bildspeicher[x+y*320] = Farbe(x,y); /* Farbwert speichern */
}

/*

  FUNCTION: Veraenderung_speichern

  IN : ---
  OUT: ---

  PURPOSE: Es wird der Bildunterschied zwischen dem letzten Bild
           und dem aktuellen ermittelt. Dazu wird der Bildschirm-
           speicher mit dem Inhalt des Feldes 'bildspeicher'
           verglichen. Die Information ueber den Bildunterschied
           wird in dem Speicherbereich abgelegt, auf den der
           Zeiger 'akt' zeigt.

*/
void Veraenderung_speichern()
{
  static long laenge = 0;     /* Groesse aller Bildunterschiede */
  unsigned int x=0,y=0;       /* Bildschirm-Koordinaten */
  unsigned int i,             /* Zaehlvariable */
          offend,             /* Endposition einer Veraenderung */
            offs,             /* aktuelle Position im Bildschirm-
                                 speicher */
             anz,             /* Anzahl der Punkte die zum letzten
                                 Bild unterschiedlich sind */
           alles;             /* Umfang der Unterschiede */

  akt = merken ;              /* aktuellen Zeiger einstellen */
  alles = 0 ;                 /* Umfang der Unterschiede init. */

  while(y < 200)              /* alle Zeilen bearbeiten */
  {

    /* wenn ein Unterschied zwischen dem aktuellen Bild und dem
       vorherigen Bild besteht */

    if( Farbe(x,y) != bildspeicher[x+y*320])
    {
      offs = x + y * 320 ;      /* aktuelle Position im Bildschirm-
                                   speicher */

      /* Startposition fuer DI schreiben */

      *akt = offs%256;          /* LOW-Anteil der Bildposition */
      akt++;
      *akt = offs/256;          /* HIGH-Anteil der Bildposition */
      akt++;

      alles+=2;                 /* 2 Bytes wurden geschrieben */
      anz = 0 ;                 /* Anzahl der Punkte die unter-
                                   schiedlich sind */

      /* der Anzahl der Punkte die zum letzten Bild unterschiedlich
         sind ermitteln */
      while(Farbe(x,y) != bildspeicher[x+y*320])
```

```
      {
        x++;                      /* X-Koordinate erhoehen */
        anz++;                    /* Anzahl erhoehen */
        if(x == 320)              /* wenn Zeile beendet */
        {
          x = 0 ;                 /* x auf Zeilenanfang setzen */
          y++ ;                   /* y erhoehen = naechste Zeile */
          if(y == 200)            /* unterer Bildrand erreicht */
            goto schleifenende;
        }
      }
      schleifenende: ;

      *akt = anz%256;             /* LOW-Anteil der Anzahl schreiben*/
      akt++;
      *akt = anz/256;            /* HIGH-Anteil der Anzahl schreiben*/
      akt++;

      alles+=2;                   /* 2 Bytes wurden geschrieben */
      offend = offs + anz - 1;  /* Endposition der Veraenderung */

      /* den Bereich der Veraenderung abarbeiten */
      for(i=offs;i<=offend;i++)
      {
        *akt = Farbe(i-(i/320)*320,i/320); /* Farbe holen und
                                               abspeichern */
        akt++;                    /* aktuelle Position erhoehen */
        alles++;                  /* Anzahl der Bytes erhoehen */
      }
    }
    else  /* kein Bildunterschied */
    {
      x++;
      if(x == 320)                /* wenn Zeile zuende */
      {
        x = 0 ;                   /* Zeilenanfang */
        y++ ;                     /* naechste Zeile */
      }
    }
  }
  alles+=4;                       /* 4 Bytes der Endekennung
                                     werden noch geschrieben */
  laenge += alles ;               /* Laenge erhoehen */

  if(laenge > 60000 )             /* wenn Laenge zu gross ist */
  {
    Modus(Text);                  /* Textmodus aktivieren */
    printf("\n Das Bild ist zu gross !");
    fcloseall();                  /* alle Dateien schliessen */
    exit(0);                      /* Programm beenden */
  }

   /* wenn keine Aenderung von einem Bild zum naechsten vorlag */
  if(alles == 4)
  {
    alles += 5 ;                  /* 5 Bytes schreiben */
    *akt = 0 ; akt++;             /* DI Start auf 0 = links oben */
    *akt = 0 ; akt++;
    *akt = 1 ; akt++;             /* Anzahl gleich 1 Punkt */
    *akt = 0 ; akt++;
    *akt = 0 ;                    /* das Byte selbst */
  }
```

```
  fputc(alles%256,datei);        /* LOW-Anteil der Dateilaenge */
  fputc(alles/256,datei);        /* HIGH-Anteil */

  akt = merken ;                 /* Zeiger wieder auf den Anfang */
  for(i=0;i<alles-4;i++)         /* alle Veraenderungen durchgehen */
  {
    fputc(*akt,datei);           /* und abspeichern */
    akt++;                       /* Zeiger weitersetzen */
  }
  fputc(0,datei);                /* Endekennung schreiben */
  fputc(0,datei);
  fputc(0,datei);
  fputc(0,datei);
}

/*

  FUNCTION: Make_hin

  IN : ---
  OUT: ---

  PURPOSE: Es werden alle Bilder angefangen vom STARTBILD bis
           hin zum STOPBILD miteinander verglichen und die
           jeweiligen Bildunterschiede zweier benachbarter
           Bilder ermittelt.

*/
void Make_hin()
{
  int x;                          /* Laufvariable */

  Merke_Bild();                   /* erstes Bild merken */

  for(x=STARTBILD;x<STOPBILD;x+=BILDSTEP) /* alle Bilder */
  {
    /* den aktuellen Dateinamen zusammensetzen */
    strcpy(name,DIR);
    strcat(name,DAT);
    itoa(dateien,datnr,10);
    strcat(name,datnr);
    strcat(name,EXT);

    dateien+=BILDSTEP;            /* naechste Bilddatei anwaehlen */

    if(kbhit()) exit(0);          /* auf Tastendruck beenden */

    Bildladen(name);              /* Bildladen */

    Veraenderung_speichern();     /* Bildveraenderung speichern */

    Merke_Bild();                 /* aktuelles Bild merken */
  }
}

/*

  FUNCTION: Make_zurueck
```

```
  IN : ---
  OUT: ---

  PURPOSE: Es werden alle Bilder rueckwaerts vom STOPBILD bis
           hin zum STARTBILD miteinander verglichen und die
           jeweiligen Bildunterschiede zweier benachbarter
           Bilder ermittelt.

*/
void Make_zurueck()
{
  int x ;                              /* Laufvariable */

  dateien--;                           /* einen Dateinamen zurueckgehen*/
  Merke_Bild();                        /* erstes Bild merken */

  for(x=STOPBILD;x>=STARTBILD;x-BILDSTEP) /* alle Bilder */
  {
    /* den aktuellen Dateinamen zusammensetzen */
    strcpy(name,DIR);
    strcat(name,DAT);
    itoa(dateien,datnr,10);
    strcat(name,datnr);
    strcat(name,EXT);

    dateien-=BILDSTEP;                 /* naechste Bilddatei anwaehlen */

    if(kbhit()) exit(0);               /* auf Tastendruck beenden */

    Bildladen(name);                   /* Bildladen */

    Veraenderung_speichern();          /* Bildveraenderung speichern */

    Merke_Bild();                      /* aktuelles Bild merken */
  }
}

/*

  FUNCTION: Bildladen

  IN : char *ptr : Zeiger auf den Dateinamen
  OUT: ---

  PURPOSE: Es wird ein Bild im Grafikmodus 19 geladen und direkt
           in den Bildschirmspeicher geschrieben.
           Zuvor werden alle Farben des Bildes geladen und
           eingestellt.

*/
int Bildladen(char *ptr)
{
  FILE *handle;                        /* Dateihandle */
  unsigned int  pos,                   /* Bildschirmspeicherposition */
                  i;                   /* Laufvariable */
  unsigned char anz,                   /* Anzahl Punkte einer Farbe */
            farbe;                     /* Punktfarbe */
  int           rot,                   /* Farbanteil rot */
                gru,                   /* Farbanteil gruen */
```

```
              bla;                /* Farbanteil blau */

  if(!(handle = fopen(ptr,"rb")))  /* Datei oeffnen */
  {
    /* bei Fehlversuch */

    Modus(Text);                  /* Textmodus aktivieren */
    printf("\n\07 Bild: %s nicht gefunden !",ptr);
    exit(0);                      /* Programm beenden */
  };

  fgetc(handle);                  /* ersten 3 Bytes ueberlesen */
  fgetc(handle);
  fgetc(handle);
  for(i=0;i<255;i++)              /* alle Farbwerte laden */
  {
    rot = fgetc(handle);          /* roten Farbanteil laden */
    gru = fgetc(handle);          /* gruenen Farbanteil laden */
    bla = fgetc(handle);          /* blauen Farbanteil laden */
    RGB(i,rot,gru,bla);           /* Farbwerte einstellen */
  }

  pos = 0;                        /* Position nach links oben */

  /* bis das Bild fertig aufgebaut ist oder die Datei leer ist */
  while(pos < 320*200 && !feof(handle))
  {
    anz = fgetc(handle);          /* Anzahl der folgenden Punkte */
    farbe = fgetc(handle);        /* Farbe der Punkte */
    for(i=0;i<anz;i++)
    {
      pokeb((unsigned int)0xa000,pos,farbe); /* Punkte setzen */
      pos++;                      /* Position inkrementieren */
    }
  }
  fclose(handle);                 /* Datei schliessen */

  bildnr+=BILDSTEP;               /* Bildnr. erhoehen */
}

/*
 ----------------------------------------------------------------
|                                                                |
| FUNCTION: main                                                 |
|                                                                |
| PURPOSE: Es wird der Grafikmodus aktiviert.                    |
|          Anschliessend werden die Speicher fuer das aktuelle   |
|          Bild und die Bildunterschiede allokiert.              |
|          Darauf wird das Startbild geladen und alle Bild-      |
|          unterschiede der die Animation betreffenden Bilder    |
|          werden ermittelt.                                     |
|          Zum Abschluss wird die Dateiendekennung geschrieben   |
|          und der Textmodus aktiviert.                          |
|                                                                |
 ----------------------------------------------------------------
*/
main()
{
  Modus(Grafik320);               /* Grafikmodus aktivieren */

  /* Speicher allokieren, in den dann spaeter immer ein Bild
     abgelegt wird */
```

```
  bildspeicher = farmalloc((long)320*200);

  /* den Speicher allokieren, in den die Bildunterschiede
     geschrieben werden */
  merken = farmalloc((long)65000);

   /* wenn kein Speicher allokiert werden konnte */
  if(!bildspeicher || !merken)
  {
    Modus(Text);                    /* Textmodus aktivieren */
    printf("\n Konnte keinen Speicher reservieren !");
    exit(0);                        /* Programm beenden */
  }

  /* den ersten Dateinamen einer Bilddatei bilden */
  strcpy(name,DIR);
  strcat(name,DAT);
  itoa(dateien,datnr,10);
  strcat(name,datnr);
  strcat(name,EXT);
  dateien+=BILDSTEP;

  Bildladen(name);                  /* Startbild laden */

  datei = fopen(ZIEL,"wb");         /* Kompressionsdatei oeffnen */

  Make_hin();                       /* Unterschiede ermitteln */
  if(ZURUECK)
    Make_zurueck();           /* evtl. auf dem Rueckweg Unterschiede
                                 ermitteln */

  fputc(0xaa,datei);                /* Gesamtendekennung schreiben */
  fputc(0xaa,datei);
  fcloseall();                      /* alle Dateien schliessen */

  Modus(Text);                      /* den Textmodus aktivieren */
}
```

Struktogramm:

```
den VGA-Grafikmodus 16 aktivieren
Speicher zum Zwischenspeichern der Bilder allokieren
Speicher zum Ablegen der Bildunterschiede allokieren
das Startbild laden
das Startbild zwischenspeichern
alle Bilder bearbeiten, vom Start- zum Stopbild
    den nächsten Dateinamen bilden
    das nächste Bild laden
    die erste Bildschirmposition ansteuern
    solange die Bildschirmposition nicht unten
    rechts angekommen ist, wird das aktuelle Bild
    mit dem Zwischengespeicherten verglichen
        existiert ein Bildunterschied ?
            ja:
                die Position merken
                die Anzahl der unter-
                schiedl. Punkte merken
                Position, Anzahl und
                die Punkte sichern
            nein:
        die nächste Bildschirmposition ansteuern
    alle Bildunterschiede abspeichern
    die Bildendekennung schreiben
    das aktuelle Bild zwischenspeichern
die Dateiendekennung schreiben
den Textmodus aktivieren
```

Programmbeschreibung:

Das Programm lädt alle Bilder, die in der späteren Animation angezeigt werden sollen. Die Dateinamen der Bilder werden mit den dafür vorgesehenen *defines* gebildet. Im Moment ist das Programm so eingestellt, daß die Bilder aus dem Directory *G:\TEMP* geladen werden und die Dateinamen *G2561.DAT* bis *G256x.DAT* haben. Die Anzahl der Bilder wird durch die Konstanten *STARTBILD* und *STOPBILD* bestimmt.
Es wird immer ein Bild geladen und zwischengespeichert. Zum Zwischenspeichern wird ein Speicherbereich allokiert, auf den der Zeiger *bildschirmspeicher* zeigt.

Ist ein Bild zwischengespeichert, wird das nächste Bild in den Bildschirmspeicher geladen und mit dem vorherigen Bild verglichen. Alle Bildunterschiede dieser beiden Bilder werden in der Funktion *Veraenderung_speichern* ermittelt. Ein Bildunterschied enthält dabei immer die genaue Bildposition sowie die Anzahl der unterschiedlichen Punkte. Alle Bildunterschiede werden gesammelt und in dem Speicher, auf den der Zeiger *akt* zeigt, abgelegt. Ist der Vergleich zweier Bilder beendet, werden die gesammelten Unterschiede in der Kompressionsdatei *G:\DISKPIC.DAT* abgespeichert.
Als nächstes wird jetzt das sichtbare Bild zwischengespeichert und das folgende Bild in den Bildschirmspeicher geladen. Jetzt werden diese beiden Bilder verglichen und wiederum alle Bildunterschiede ermittelt. Dieser Vorgang wiederholt sich solange, bis alle die Animation betreffenden Bilder bearbeitet wurden.
Ist der Schalter *ZURUECK* gesetzt, werden die Bilder noch einmal in umgekehrter Reihenfolge eingelesen und bearbeitet. Dadurch wird erreicht, daß die Animation erst vorwärts und dann rückwärts abgespielt werden kann.
Als Ergebnis dieses Programmes erhält man eine Kompressionsdatei, in der alle Bildunterschiede von jeweils einem Bild zu seinem nächsten abgespeichert sind.

Das Programm *DELTAKOM* liest diese Kompressionsdatei und ein zusätzliches Startbild ein und erzeugt daraus die eigentliche Animation.

Das Programm DELTAKOM:

```
;-----------------------------------------------------------------
;
; PROGRAMM: DELTAKOM
;
;    AUTOR: Marc Schneider
;
;    DATUM: 01.05.1991
;
;  INHALT: Es wird die Technik der Delta-Kompression demonstriert.
;          Diese Technik gehoert in den Bereich der Bitmap-
;          Animation.
;          Dazu wird die von dem Programm MAKE_KOM erstellte
;          Datei, welche alle Bildunterschiede beinhaltet, sowie
;          ein Startbild geladen. Die Bildunterschiede werden
;          nacheinander in den Bildschirmspeicher geschrieben.
;          Die Animationsgeschwindigkeit wird durch den
;          Videostrahl synchronisiert.
;
;-----------------------------------------------------------------
code     segment
```

```
        assume cs:code,ds:code,es:code
        org 100h
marke:  jmp start
;------------------------------------------------------------------

; VARIABLEN

fractal1    db 'FRACSTART.PIC',10 dup(0)        ; Dateinamen
fractal2    db 'FRAC.PIC',10 dup(0)
raytrace1   db 'RAYSTART.PIC',10 dup(0)
raytrace2   db 'RAY.PIC',10 dup(0)

; Fehlermeldung
error_message db 'Fehler beim Zugriff auf die Datei !',10,13,'$'

handle      dw 0                    ; Dateihandle
farben      db 256 dup (0,0,0)      ; Speicher fuer alle Farbwerte
farbenret   db 256 dup (0,0,0)      ; Speicher fuer alle Farbwerte
dateiende   db 0                    ; signalisiert das Ende der Datei

flag        db 0                    ; Schalter fuer Pause ein oder aus
buffer      db 62000 dup (0)        ; nimmt immer die Bytes der
                                    ; folgenden Bildveraenderung auf
; KONSTANTEN

oeffnen    equ 3dh
schliessen equ 3eh
lesen      equ 3fh
;------------------------------------------------------------------
; Makro: modus
;
; Dieses Makro dient dem Aktivieren eines Videomodus.
;
modus macro m                   ; Uebergabe der Modusnummer
      push ax                   ; Register retten
      mov  ah,0                 ; Funktionsnummer laden
      mov  al,m                 ; Modusnummer laden
      int  10h                  ; Modus aktivieren
      pop  ax                   ; Register wiederherstellen
      endm                      ; Makro beenden
;------------------------------------------------------------------
; Makro: print
;
; Es wird ein String auf dem Bildschirm ausgegeben.
;
print macro text_zeile          ; Uebergabe der Textzeile
      mov  ah,9                 ; Funktionsnummer laden
      mov  dx,offset text_zeile ; Offset der Textzeile
      int  21h                  ; String ausgeben
      endm                      ; Makro beenden
;------------------------------------------------------------------
; Prozedur: farben_holen
;
; Es werden die Farben eines Bildes geladen und zur Grafikkarte
; uebertragen.
;
farben_holen  proc
      mov  cx,256*3             ; Anzahl = 256*3 Bytes
      mov  bx,handle            ; Dateihandle holen
```

```
      lea  dx,farben             ; Farbenspeicher anvisieren
      mov  ah,lesen              ; Funktionsnummer laden
      int  21h                   ; Farben laden

      lea  si,farben+3           ; Farbenspeicher anvisieren
      mov  cl,0                  ; in cl befindet sich die Farbnummer
holl:
      mov  dx,3c8h               ; Portnummer laden
      mov  al,cl                 ; Farbnummer uebertragen
      out  dx,al                 ; Farbnummer schreiben
      inc  dx                    ; naechsten Port
      mov  al,[si]               ; Rotanteil laden
      out  dx,al                 ; rot schreiben
      mov  al,[si]+1             ; Gruenanteil laden
      out  dx,al                 ; gruen schreiben
      mov  al,[si]+2             ; Blauanteil laden
      out  dx,al                 ; blau schreiben
      add  si,3                  ; naechste Farbe anvisieren
      inc  cl                    ; Farbnummer inkrementieren
      jnz  holl                  ; Farbnummer nicht 0 dann weiter
      ret                        ; Prozedur beenden
farben_holen  endp               ; Prozedurende
;-----------------------------------------------------------------
; Prozedur: datei_lesen
;
; Es werden 640 Bytes einer Datei gelesen und in der Variablen
; buffer abgelegt. Ist die Datei leer, wird sie geschlossen.
;
datei_lesen  proc
      mov  cx,640                ; Anzahl = 640 Bytes
      mov  bx,handle             ; Dateihandle holen
      lea  dx,buffer             ; buffer anvisieren
      mov  ah,lesen              ; Funktionsnummer laden
      int  21h                   ; Lesen
      jc   etrror                ; bei Fehler springe
      cmp  ax,0                  ; ist die Datei leer ?
      je   duatend               ; dann springe
      ret                        ; Prozedur beenden
etrror:
      modus 3                    ; Textmodus 80 x 25 einstellen
      mov  ah,76                 ; Funktionsnummer laden
      int  21h                   ; Programm beenden
duatend:
      call datei_schliessen      ; Datei schliessen
      mov  dateiende,1           ; Dateiende signalisieren
      ret                        ; Prozedur beenden
datei_lesen  endp                ; Prozedurende
;-----------------------------------------------------------------
; Prozedur: bildladen
;
; Es wird ein Bild geladen. Der Dateiname muss vorher nach dx
; geladen werden.
; Die Daten des geladenen Bildes sind gepackt und muessen vor
; dem Schreiben in den Bildschirmspeicher entpackt werden.
;
bildladen proc
      call datei_oeffnen         ; Datei oeffnen
      call farben_holen          ; Farben laden
      mov  ax,0a000h             ; Bildschirmspeicher adressieren
```

```
        mov  es,ax                  ; Adresse nach ES
        xor  di,di                  ; DI loeschen
enra:
        push ax                     ; Register retten
        push bx
        push cx
        push dx
        call datei_lesen            ; 640 Bytes laden
        pop  dx                     ; Register wiederherstellen
        pop  cx
        pop  bx
        pop  ax

        cmp  dateiende,1            ; ist das Dateiende erreicht ?
        je   rpo                    ; dann beenden

; Daten entpacken und in den Bildschirmspeicher schreiben

        lea  si,buffer              ; buffer mit den gelesenen Bytes
        xor  bx,bx                  ; BX loeschen
leeren:
        xor  cx,cx                  ; CX loeschen
        mov  cl,[si]                ; Anzahl der folgenden Farbe laden
        mov  al,[si]+1              ; die Farbe selbst laden
        rep  stosb                  ; Bytes in den Bildschirmspeicher
        add  si,2                   ; naechste Anzahl anvisieren
        cmp  di,320*200-1           ; ist das Bild fertig ?
        jae  rpo                    ; dann beenden
        inc  bx                     ; Zaehler erhoehen
        cmp  bx,320                 ; ist der ganze buffer ausgepackt ?
        jne  leeren                 ; nein dann weiter auspacken
        jmp  enra                   ; naechste 640 Bytes holen
rpo:
        ret                         ; Prozedur beenden
bildladen endp                      ; Prozedurende
;-------------------------------------------------------------------
; Prozedur: datei_schliessen
;
; Es wird eine Datei geschlossen. Bei Auftreten eines Fehlers wird
; das Programm beendet.
;
datei_schliessen proc
        mov  bx,handle              ; Dateihandle laden
        mov  ah,schliessen          ; Funktionsnummer laden
        int  21h                    ; Datei schliessen
        jc   err                    ; wenn Fehler springe
        jmp  oh                     ; sonst beende
err:
        modus 3                     ; Textmodus 80 x 25 einstellen
        print error_message         ; Fehlermeldung ausgeben
        mov  ah,76                  ; Funktionsnummer laden
        int  21h                    ; Programm beenden
oh:
        ret                         ; Prozedur beenden
datei_schliessen endp               ; Prozedurende
;-------------------------------------------------------------------
; Prozedur: datei_oeffnen
;
; Es wird eine Datei geoeffnet. Bei Auftreten eines Fehlers wird
```

```
; das Programm beendet.
;
datei_oeffnen proc
      mov  al,0                ; Zugriffsmodus
      mov  ah,oeffnen          ; Funktionsnummer laden
      int  21h                 ; Datei oeffnen
      mov  handle,ax           ; in handle den handle merken
      jc   errord              ; wenn Fehler springe
      jmp  oih                 ; sonst beende
errord:
      modus 3                  ; Textmodus 80 x 25 einstellen
      print error_message      ; Fehlermeldung ausgeben
      mov  ah,76               ; Funktionsnummer laden
      int  21h                 ; Programm beenden
oih:
      ret                      ; Prozedur beenden
datei_oeffnen endp             ; Prozedurende
;-----------------------------------------------------------------
; Prozedur: datei_anfang
;
; Es wird die erste Bildschirmposition des ersten Animationsbildes
; sowie alle das Bild betreffenden Bytes geladen und in der
; Variablen buffer abgelegt.
;
datei_anfang  proc
      mov  cx,2                ; 2 Byte lesen
      mov  bx,handle           ; Dateihandle holen
      mov  ah,lesen            ; Funktionsnummer laden
      lea  dx,buffer           ; in buffer laden
      int  21h                 ; laden
      jc   etror               ; bei Fehler Ende
      cmp  ax,0                ; wenn 0 Byte gelesen
      je   etror               ; dann Ende

      mov  cx,buffer           ; Anzahl der Bytes des Bildes laden
      add  cx,2                ; 2 addieren, damit eine evtl.
                               ; Endekennung mitgelesen wird
      mov  bx,handle           ; Dateihandle holen
      mov  ah,lesen            ; Funktionsnummer laden
      lea  dx,buffer           ; in buffer laden
      int  21h                 ; laden
      jc   etror               ; bei Fehler Ende
      cmp  ax,0                ; wenn 0 Byte gelesen
      je   etror               ; dann Ende
      ret                      ; Prozedur beenden
etror:
      modus 3                  ; Textmodus 80 x 25 einstellen
      print error_message      ; Fehlermeldung ausgeben
      mov  ah,76               ; Funktionsnummer laden
      int  21h                 ; Programm beenden
datei_anfang  endp             ; Prozedurende
;-----------------------------------------------------------------
; Prozedur: clrscr
;
; Es wird der Bildschirm im VGA-Grafikmodus 19 geloescht.
;
clrscr proc
      mov  ax,0a000h           ; Bildschirmspeicheradresse laden
      mov  es,ax               ; uebertragen
```

```
        xor  di,di              ; DI loeschen = links oben anfangen
        cld                     ; Flag setzen
        xor  ax,ax              ; AX loeschen
        mov  cx,320*100         ; Anzahl zu schreibender Words
        rep  stosw              ; Bildschirm loeschen
        ret                     ; Prozedur beenden
clrscr endp                     ; Prozedurende
;-----------------------------------------------------------------
; Makro: strahl
;
; Es wird auf den Beginn des vertikalen Videostrahlruecklaufes
; gewartet.
;
strahl macro                    ; Makrobeginn
        local r1                ; lokale Sprungmarke
        mov  dx,03dah           ; Port des Statusregisters der VGA
r1:
        in al,dx                ; Registerwert lesen
        test al,1000b           ; Bit 3 testen,
        jz r1                   ; wenn nicht gesetzt weiter warten
        endm                    ; Makroende
;-----------------------------------------------------------------
; Prozedur: strahlpause
;
; Diese Prozedur dient als Pausenfunktion.
; Es wird ein Strahldurchlauf lang gewartet.
; Unter Verwendung dieser Prozedur wird die
; Animationsgeschwindigkeit gesteuert.
;
strahlpause proc
        push ax                 ; Register retten
        strahl                  ; auf vertikalen Ruecklauf warten
rx1:
        in al,dx                ; Registerwert lesen
        test al,1000b           ; Bit 3 testen,
        jnz  rx1                ; wenn gesetzt weiter warten
rx2:
        strahl                  ; auf vertikalen Ruecklauf warten
        pop  ax                 ; Register wiederherstellen
        ret                     ; Prozedur beenden
strahlpause endp                ; Prozedurende
;-----------------------------------------------------------------
; Prozedur: animate
;
; Hier wird der Hauptteil der Animation ausgefuehrt.
; Es wird fuer jedes neue Bild der Unterschied zu dem vorherigen
; geladen und in den Bildschirmspeicher geschrieben.
; Die Datei, die die Unterschiede beinhaltet hat folgenden Aufbau:
;
; Aufbau der Datei
; ----------------
; DI-Start-Screen  2 Byte  Anfangszeichenposition in dem Bild
; CX-Anzahl Bytes  2 Byte  Anzahl zu schreibender Bytes
; die Bytes selbst n Byte
;
; wiederholt sich bis zum Bildende:
; DI-neu           2 Byte  neue Zeichenposition
; CX-Anzahl Bytes  2 Byte  Anzahl zu schreibender Bytes
; die Bytes selbst n Byte
```

```
;
; DI-neu            db 00,00  Endekennug des Bildes
; CX-Anzahl         db 00,00
;                   dw aaaah  Endekennung der Animation
;
; Die ersten beiden Bytes bestimmen die Position an der als
; naechstes gezeichnet werden soll. Die zweiten beiden Bytes geben
; die Anzahl der zu schreibenden Bytes an. Darauf folgen die das
; Bild betreffenden Bytes. Am Ende des Bildes steht fuer die neue
; Position und die Anzahl jeweils eine 0. Dadurch weiss das Pro-
; gramm, dass die naechsten Bilddaten geladen werden muessen.
; Ist die gesamte Animation beendet, steht im Buffer aaaah .
;
; Ist ein Bild fertiggestellt, werden die Daten fuer das naechste
; in die Variable buffer geladen. Die aktuelle Zeichenposition
; befindet sich immer in dem Register DI und die Byteanzahl in dem
; Register CX.
;
;
animate proc
        mov  ax,0a000h           ; Adresse des Bildschirmsp. laden
        mov  es,ax               ; uebertragen
        cld                      ; Flag setzen
fid:
        lea  si,buffer           ; Variable buffer anvisieren
        cmp byte ptr flag,1      ; wird eine Pause gewuenscht
        jne ooo                  ; nein ueberspringe

        mov cx,4                 ; Anzahl an Strahlpausen laden
kbw:
        call strahlpause         ; Pause ausfuehren
        loop kbw
ooo:
        mov  di,buffer           ; Startposition nach Di
        mov  cx,buffer+2         ; Anzahl Bytes nach CX
        add  si,4                ; SI zeigt auf die Bytes selbst
        rep  movsb               ; Bytes ins Bild setzen

; zeichne alle Bildunterschiede !
holen:
        mov  di,[si]             ; naechste Zeichenposition nach DI

        add  cx,[si]+2           ; Anzahl Bytes nach CX
        jz   weg                 ; Endekennung ( cx == 0 ) ??
        add  si,4                ; naechste Bytes anvisieren
        rep  movsb               ; Bytes ins Bild setzen
        jmp  holen               ; weiter machen

; Bild ist vollstaendig gezeichnet !
weg:
        add  si,4                ; SI auf Endekennung setzen
        cmp  word ptr [si],0aaaah ; ist Animation zu Ende ?
        je   endu                ; ja dann beenden

        mov  cx,[si]             ; Anzahl Bytes des naechsten Bildes
        add  cx,2                ; Endekennung mitlesen
        mov  ah,lesen            ; Funktionsnummer laden
        lea  dx,buffer           ; den Buffer anvisieren
        int  21h                 ; die naechsten Bilddaten laden
```

```
        xor  cx,cx                  ; CX loeschen
        jmp  fid                    ; weiter machen
endu:
        ret                         ; Prozedur beenden
animate endp                        ; Prozedurende
;-------------------------------------------------------------------
; Makro: clearkey
;
; Es wird der Tastaturbuffer geloescht.
;
clearkey macro
        mov  ah,12                  ; Funktionsnummer laden
        mov  al,0                   ;
        int  21h                    ; Tastaturbuffer loeschen
        endm                        ; Makro beenden
;-------------------------------------------------------------------
; Makro: schirm
;
; Es wird der Bildschirm ein- oder ausgeschaltet.
;
schirm macro schalter               ; Uebergabe von on oder off
        mov   ah,12h                ; Funktionsnummer laden
        mov   bl,36h                ;
        mov   al,schalter           ; Schalter laden
        int   10h                   ; Bildschirm ein-/ausschalten
        endm
on  equ 0                           ; Konstanten
off equ 1
;-------------------------------------------------------------------
; Dieser Programmabschnitt wird gleich nach dem Start des
; Programmes angesprungen.
; Zuerst wird getestet, ob beim Aufruf des Programmes ein
; Parameter mit angegeben wurde. Ist dies nicht der Fall,
; wird das Programm beendet.
; Sonst wird der VGA-Grafikmodus 19 mit einer Aufloesung von
; 320 x 200 Punkten und 256 Farben aktiviert.
; Danach wird der Bildschirm ausgeschaltet und das Startbild
; geladen.
; Es gibt zwei Animationen, die ausgefuehrt werden koennen.
; Der Paramter waehlt eine davon aus.
; Nachdem das Startbild geladen wurde, wird die Animation
; ausgefuehrt. Ist die Animation einmal durchgelaufen, kann das
; Programm durch Druecken einer Taste beendet werden.
;
start:
        cmp  byte ptr cs:[80h],0 ; wurde ein Paramter angegeben ?
        je   nopara                 ; nein dann beende

        modus 13h                   ; Grafikmodus einschalten
        schirm off                  ; Bildschirm ausschalten
hoch:
        cmp  byte ptr cs:[82h],'R' ; war der Paramter ein R ?
        jne  frac                   ; nein dann anderes Bild laden
        mov  flag,1                 ; Pauseflag setzen
        lea  dx,raytrace1           ; Dateinamen laden
        call bildladen              ; Startbild laden
        schirm on                   ; Bildschirm einschalten
        lea  dx,raytrace2           ; Dateinamen der Datei mit den
                                    ; Bildunterschieden laden
```

```
        jmp   make                       ; springe zur Animation
frac:
        mov   flag,0                     ; Pauseflag ausschalten
        lea   dx,fractal1                ; Dateinamen laden
        call bildladen                   ; Startbild laden
        schirm on                        ; Bildschirm einschalten
        lea   dx,fractal2                ; Dateinamen der Datei mit den
                                         ; Bildunterschieden laden
make:
        call datei_oeffnen               ; Datei mit den Bildunterschieden
                                         ; oeffnen
        call datei_anfang                ; Anfang lesen
        call animate                     ; Animation ausfuehren
        call datei_schliessen            ; Datei schliessen

        mov   ah,11                      ; Funktionsnummer laden
        int   21h                        ; Tastaturbuffer abfragen
        cmp   al,255                     ; ist er nicht leer ?
        je    aus                        ; ja dann beende
        jmp   hoch                       ; sonst weitermachen
aus:
        modus 3                          ; Textmodus 80 x 25 einstellen
        clearkey                         ; Tastaturbuffer loeschen
nopara:
        mov   ah,4ch                     ; Funktionsnummer laden
        int   21h                        ; Programm beenden
;---------------------------------------------------------------
code    ends
        end marke
```

Struktogramm:

```
den VGA-Grafikmodus 19 aktivieren
den Bildschirm ausschalten
    das Startbild laden
    den Bildschirm einschalten
    die Kompressionsdatei öffnen
    alle Bildunterschiede zum 2ten Bild laden
        auf den vertikalen Strahlrücklauf warten
        die Bildunterschiede zum folgenden Bild zeichnen
        alle Bildunterschiede zum jetzt folgenden
        Bild laden
    solange die Kompressionsdatei nicht am Ende
    die Kompressionsdatei schließen
solange keine Taste gedrückt wird
den Textmodus aktivieren
```

Programmbeschreibung:

Um eine Animation zu erzeugen, werden von dem Programm das Startbild der Animation und die Kompressionsdatei mit den Bildunterschieden benötigt.
Zu Beginn des Programmes wird der VGA-Grafikmodus 19 mit einer Auflösung von 320 x 200 Punkten und 256 Farben aktiviert. Darauf wird der beim Aufruf des Programmes übergebene Parameter überprüft. Es wurden zwei verschiedene Animationen vorbereitet, von denen der Parameter eine auswählt.
Je nach Paramter wird jetzt das Startbild der Animation geladen. Danach wird die Kompressionsdatei geöffnet und der Bildunterschied des ersten zum zweiten Bild geladen. Nachdem der vertikale Strahlrücklauf eingesetzt hat, wird der Bildunterschied in den Bildschirmspeicher geschrieben. Anschließend wird der Bildunterschied vom zweiten zum dritten Bild geladen. Dieser wird dann wiederum in den Bildschirmspeicher geschrieben. Der Vorgang wiederholt sich solange, bis die Kompressionsdatei am Ende angelangt ist.
Den Aufbau der Kompressionsdatei kann man dem Kopf der Prozedur *animate* entnehmen.
Ist die gesamte Animation einmal durchgelaufen, wird überprüft, ob eine Taste gedrückt wurde. Ist dies nicht der Fall, wiederholt sich die Animation fortlaufend. Ansonsten wird der Textmodus aktiviert und das Programm beendet.

6.3.5 Spezielle Objektanimation

Wenn wir uns an die Beispielprogramme aus dem Bereich der additiven Bewegung der Snap-Animation und der Feldbewegung erinnern, dann fällt uns auf, daß die bewegten Objekte dort nie einen Hintergrund hatten. Sie wurden immer in den leeren Bildschirmspeicher gezeichnet oder darin bewegt. Dies sind natürlich Sonderfälle, denn in der Regel befindet sich hinter einem bewegten Objekt ein Hintergrund.
Will man z.B. ein Auto über eine Landschaft fahren lassen, dann darf man den Hintergrund nicht außerachtlassen. Ebenso entstehen Probleme, wenn sich mehrere Objekte gleichzeitig auf dem Bildschirm bewegen und sich dabei überschneiden oder wenn ein Objekt sich zwischen einem Hintergrund und einem Vordergrund bewegt.

Diese Probleme treten nur im Bereich der Echtzeit-Animation auf. Bei den "Nicht-Echtzeit-Animationen" werden immer die vollständigen Bilder der Animation berechnet, so daß es dabei keine Rolle spielt, ob ein Hintergrund vorhanden ist oder nicht.

Im folgenden werden die Techniken erläutert, wie man eine Objektbewegung unter Existenz eines Vorder- und Hintergrundes realisiert. Bevor aber dazu übergegangen wird, müssen noch zwei Dinge geklärt werden. Es handelt sich dabei um das Objekt-Shiften und die Notwendigkeit der Maskenbildung.

Einführende Betrachtungen

Objekt-Shiften

Je nachdem, wie der Bildschirmspeicher in einem Grafikmodus verwaltet wird, kommt das Objekt-Shiften zur Anwendung oder nicht. Auf der VGA-Grafikkarte sind die grundsätzlich zu unterscheidenden Modi die Modi 16 und 19.
Bei anderen Computersystemen kommt es immer darauf an, an welchem Grafikmodus sich die Verwaltung des Bildschirmspeichers orientiert.
Im Grafikmodus 19 (siehe Der 256-Farben-Modus) bestimmt immer ein ganzes Byte die Farbe und somit das Vorhandensein eines Punktes. Will man einen Punkt um einen Schritt versetzen, muß man dazu nur die Adresse des Bytes um eins verändern. Es werden keine Shiftoperationen benötigt.

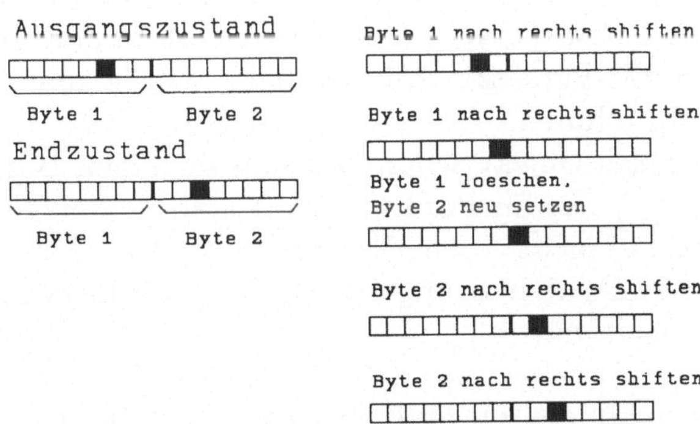

Abb. 23 Verschieben eines Punktes im Grafikmodus 16.

Im Grafikmodus 16 dagegen ist dies nicht so einfach. Wenn man einmal das Vorgehen zum Setzen eines Punktes in den beiden Modi vergleicht (siehe Punktsetzen im 16-Farben-Modus, Punktsetzen im 256-Farben-Modus), dann sieht man, daß im Grafikmodus 16 dazu viel mehr Aufwand getrieben werden muß.

Dort beeinflußt ein Byte nämlich immer acht benachbarte Punkte auf dem Bildschirm. Will man einen Punkt um einen Schritt nach rechts versetzen, muß man das Bit, welches den Punkt bestimmt, innerhalb des Bytes verschieben (Abb. 23). Ist das Bit am rechten Rand des Bytes angekommen, muß man das Bit löschen und an die benachbarte Adresse ein Byte schreiben, bei dem das ganz linke Bit gesetzt ist.

Bewegt man ein Objekt über den Bildschirm, hat man dabei noch mehr zu beachten. In Abb. 24 ist ein Objekt zu sehen, welches eine Breite von 2 Bytes oder 16 Bit aufweist. Die Höhe des Objektes hat für die folgenden Betrachtungen keine Bedeutung.
Um das Objekt über den Bildschirm bewegen zu können, muß es zuerst irgendwo erstellt werden. Von dieser Stelle aus, es bietet sich dafür die zweite Grafikseite oder der Hauptspeicher an, wird es dann während der Bewegung geholt und in den Bildschirmspeicher kopiert. Dieser Vorgang ist ähnlich zu dem der Snap-Animation.
Stellen wir uns vor, das Objekt existiert auf der zweiten nicht sichtbaren Grafikseite. Um jetzt eine Bewegung zu starten, wird der Bildausschnitt, in dem es sich befindet, von der zweiten Grafikseite in die erste kopiert. Der Bildausschnitt ist dabei genau 2 Bytes breit.
Da man den Speicher in einem Computer, sei es der Bildschirmspeicher oder der Hauptspeicher, nur byteweise adressieren kann, ist es nicht möglich das Objekt um einen Punkt nach rechts zu setzen. Bei einer Bewegung nach rechts würde das Objekt zuerst an die Adresse 0, dann an die Adresse 1 usw. kopiert werden. Dies ergibt eine Schrittweite von 8 Punkten (8 Bit-Versatz). Als Benutzer würde man eine ruckende Bewegung wahrnehmen.
Will man aber das Objekt schön langsam über den Bildschirm gleiten lassen, also um Punkt für Punkt, kommt man an der Technik des Shiftens (Verschieben) nicht vorbei. Für das Shiften wird an die rechte Seite des Objektes ein Zusatzbyte angehängt. Bei einer Bewegung nach rechts geht man wie folgt vor:

Den ersten Schritt der Objektbewegung erhält man, indem man das Objekt in seiner Ausgangsposition auf den Bildschirm kopiert. Für den zweiten Schritt shiftet (verschiebt) man das gesamte Objekt, d.h. vielmehr das Objektmuster, um ein Bit nach rechts. Jetzt leuchtet einem auch die Existenz des Zusatzbytes ein, denn dieses nimmt die Bits auf, die auf der rechten Seite aus den 2 Objektbytes herausfallen.

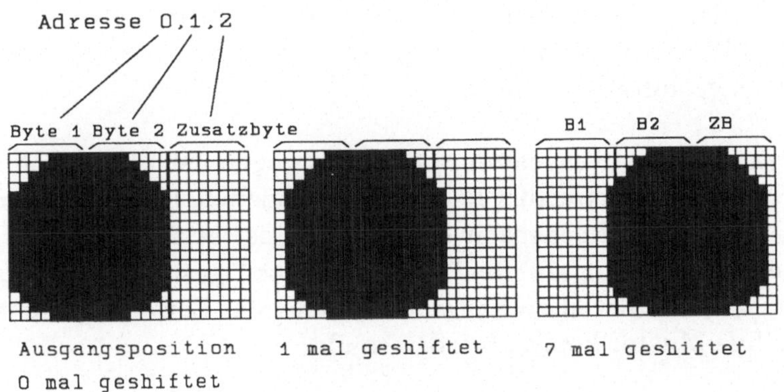

Abb. 24 Shiften des Objektes.

Man fängt mit dem Verschieben immer bei dem Zusatzbyte an. Danach geht man Byte für Byte von rechts nach links vor. Nachdem man das Zusatzbyte geshiftet hat, verschiebt man das links daneben liegende Byte nach rechts und überträgt die rechts herausfallenden Bits in das Zusatzbyte. Danach verschiebt man das wieder um eine Position weiter links liegende Byte nach rechts. Die aus diesem Byte rechts herausfallenden Bits werden dann in das rechts daneben liegende Byte übertragen. Auf diese Art und Weise geht man alle das Objekt umfassenden Bytes durch. Es wird immer nur ein Zusatzbyte benötigt, ganz gleich wie breit das Objekt ist.

Ist der Vorgang des Shiftens beendet, werden die Objektbytes und das Zusatzbyte in den Bildschirmspeicher kopiert. Man erhält dadurch die Bewegung des Objektes um einen Punkt nach rechts. Es ist zu bemerken, daß die Bildschirmadresse dabei die gleiche geblieben ist. Nur das Objektmuster hat sich verändert.

Für den nächsten Schritt nach rechts wird wiederum das ganze Objekt einschließlich des Zusatzbytes nach rechts geshiftet und anschließend wieder an die gleiche Bildschirmadresse kopiert. Dieser Vorgang wiederholt sich genau sieben mal. Danach wird das Objekt in seiner Ausgangsposition an die folgende Adresse kopiert und man erhält den achten Schritt nach rechts. Eine flüssige Bewegung des Objektes nach rechts wird erreicht, indem man das Objekt erst in seiner Ausgangsposition und dann sieben mal um ein Bit nach rechts geshiftet immer auf die gleiche Adresse kopiert. Anschließend erhöht man die Adresse und beginnt wieder mit der Ausgangsposition von vorne. Der Vorgang umfaßt also immer sieben mal Shiften, dann die Bildschirmadresse inkrementieren, wieder sieben mal Shiften etc.

Bei einer Bewegung nach links hängt man das Zusatzbyte auch auf der rechten Seite des Objektes an. Man fängt dann aber beim Kopieren immer mit dem Objektmuster an, welches schon um sieben Bits nach rechts geshiftet wurde. Danach kopiert man das um sechs Positionen nach rechts geshiftete Muster etc.

Der Vorgang des Shiftens ist nur bei Bewegungen nach links und rechts erforderlich. Im Grafikmodus 19 entfällt er gänzlich. Da der Vorgang des Shiftens immer viel Rechenzeit beansprucht, ist es sinnvoll das Objekt neben seinem Ausgangszustand in allen sieben geshifteten Zuständen schon im Speicher bereit zu halten, so daß bei der Bewegung immer nur das jeweilige Muster kopiert werden muß.

Maskenbildung

Die Bildung einer Objektmaske ist immer dann nötig, wenn der Bildschirmspeicher in mehrere Bitplanes (Bitebenen) aufgeteilt ist. Dies ist auch im Grafikmodus 16 der Fall (siehe Der 16-Farben-Modus).
Dort ist der Bildschirmspeicher in genau vier Bitplanes aufgeteilt. Diese vier Bitplanes ermöglichen eine Darstellung von 16 Farben, die durch die Kombination der gesetzten Bits auf den Bitplanes erzeugt werden.

Wenn z.B. der Bildschirm weiß erscheint, dann sind auf allen vier Bitplanes alle Bits gesetzt. Will der Benutzer jetzt auf den Bildschirm einen roten Kreis zeichnen, dann muß er folgenden Umstand beachten: Die Farbe Rot entsteht, wenn die Bits auf der Bitplane 2 gesetzt sind. Um einen roten Kreis zu zeichnen, müßte man also die Bits für den Kreis auf der Bitplane 2 setzen. Was würde man aber dadurch erreichen ?
Es würde sich nichts auf dem Bildschirm ändern, da vorher ja bereits alle Bits auf allen Bitplanes schon gesetzt waren und damit auch die Bitplane 2 schon vollständig gefüllt war.

Um dennoch einen roten Kreis erzeugen zu können, muß man die Technik der Maskenbildung verwenden. In Abb. 25 wird der Vorgang veranschaulicht.
Der Ausgangszustand ist der, daß alle vier Bitplanes mit Bits gefüllt sind. Es erscheint der Bildschirm in weiß. Ein roter Kreis beinhaltet nur gesetzte Bits auf der Bitplane 2. Um den roten Kreis erkennen zu können, müßen somit an der Stelle des Kreises auf den anderen Bitplanes die Bits gelöscht sein.
Dazu entwickelt man eine Objektmaske. Diese Maske enthält auf allen Bitplanes alle das Objekt umfassenden Bits. Man überträgt dazu von

jeder Bitplane die dem Objekt zugehörigen Bits in alle anderen Bitplanes.
Hat man die Maske gebildet, löscht man sie an der Stelle, an der später der Kreis erscheinen soll, aus dem Bildschirmspeicher. Jetzt ist sozusagen ein Loch im Bildschirmspeicher entstanden, das genau die Form des Objektes hat.

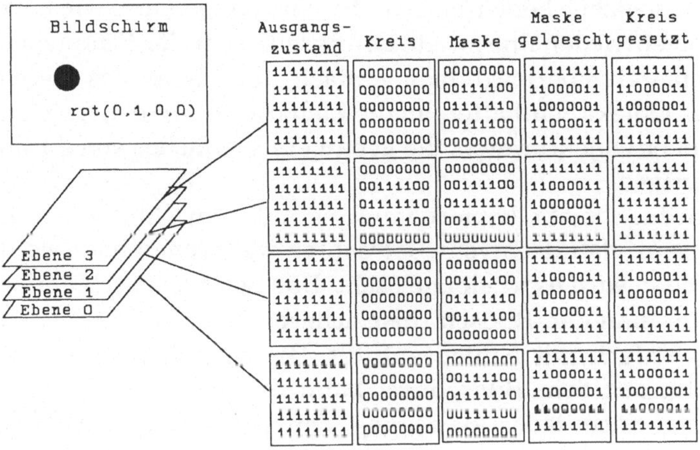

Bildschirm

rot(0,1,0,0)

Ebene 3
Ebene 2
Ebene 1
Ebene 0

Ausgangszustand	Kreis	Maske	Maske geloescht	Kreis gesetzt
11111111	00000000	00000000	11111111	11111111
11111111	00000000	00111100	11000011	11000011
11111111	00000000	01111110	10000001	10000001
11111111	00000000	00111100	11000011	11000011
11111111	00000000	00000000	11111111	11111111
11111111	00000000	00000000	11111111	11111111
11111111	00111100	00111100	11000011	11111111
11111111	01111110	01111110	10000001	11111111
11111111	00111100	00111100	11000011	11111111
11111111	00000000	00000000	11111111	11111111
11111111	00000000	00000000	11111111	11111111
11111111	00000000	00111100	11000011	11000011
11111111	00000000	01111110	10000001	10000001
11111111	00000000	00111100	11000011	11000011
11111111	00000000	00000000	11111111	11111111
11111111	00000000	00000000	11111111	11111111
11111111	00000000	00111100	11000011	11000011
11111111	00000000	01111110	10000001	10000001
11111111	00000000	00111100	11000011	11000011
11111111	00000000	00000000	11111111	11111111

Abb. 25 Bildung einer Objektmaske.

Im letzten Schritt kann man nun den Kreis an seine Position setzen. Dazu wird das Objekt, d.h. seine vier Bitplanes, sozusagen in das vorher entstandene Loch hineingeschoben. Dieser Vorgang geschieht in der Regel unter Verwendung der logischen Operation ODER. Diese Operation gewährleistet, daß nur die das Objekt betreffenden Bits verändert werden.

Wahrheitstabelle:

ODER	
0 0	0
0 1	1
1 0	1
1 1	1

Die Maskenbildung ist aufwendig und kostet zudem auch noch wertvolle Rechenzeit. Aus diesem Grunde bevorzugen Programmierer den Grafikmodus 19, in dem nur eine Bitplane vorhanden ist und somit die Notwendigkeit einer Maske entfällt. Eine weitere Möglichkeit, den Prozeß der Maskenbildung zu umgehen, ist, keinen Bildschirmhintergrund zu verwenden.

Objekt ohne Hintergrund

Die einfachste Art, ein Objekt über den Bildschirm zu bewegen, entsteht, wenn kein Hintergrundbild vorhanden ist. Dies ist zwar recht selten der Fall, wird aber teilweise aus Geschwindigkeitsgründen bevorzugt.

Bei der Bewegung muß man das Objekt von seiner Ablage aus in den Bildschirmspeicher kopieren. Der Ort der Ablage kann wie bei der Snap-Animation entweder eine zweite Grafikseite oder der Hauptspeicher sein. Beim Kopieren überträgt man einfach alle Bytes des Bereiches, der genau das Objekt beinhaltet, an die Zielposition. In der Regel wählt man daher immer Objektbreiten, die genau ein Vielfaches von 8 Punkten (ein Byte) betragen.
Hat man das Objekt kopiert, muß es auf dem Bildschirm eine Weile sichtbar sein, damit es vom Betrachter wahrgenommen werden kann. Anschließend wird es wieder gelöscht. Das Löschen geschieht am schnellsten, wenn man den Bildschirmspeicherbereich, in dem sich das Objekt befindet, einfach mit Nullen auffüllt. Bewegen sich sehr viele Objekte gleichzeitig auf dem Bildschirm, kann es sich als schneller erweisen, wenn man nach jeder Bewegung den gesamten Bildschirmspeicher löscht.
Damit eine Bewegung entsteht, muß kontinuierlich die Objektposition auf dem Bildschirm verändert werden. Soll sich das Objekt dabei sehr flüssig und nicht ruckelnd bewegen, muß, je nach Grafikmodus, das Objekt-Shiften (s.o.) angewendet werden.

Die beiden für die Bewegung notwendigen Schritte sind also:
1) Das Objekt an die Zielposition kopieren.
2) Das Objekt an der Zielposition wieder löschen.

Objekt mit Hintergrund

Technik 1

Liegt ein Hintergrundbild vor, wird die Realisierung einer Objektbewegung schon sehr viel komplizierter.
Man kann nicht einfach das Objekt in das Hintergrundbild hinein kopieren und anschließend wieder löschen, weil man dadurch den Hintergrund zerstören würde.
Da leider nur ein Bildschirmspeicher existiert, ist es somit nicht möglich, das Hintergrundbild und das Objekt getrennt zu behandeln. Eine Ausnahme dazu bietet der Dual-Playfield-Mode, der aber auf der VGA-Grafikkarte nicht vorhanden ist.

Der COMMODORE AMIGA verfügt über den Dual-Playfield-Mode. In diesem kann man zweimal drei Bitplanes getrennt voneinander verwalten. Es entstehen dadurch sozusagen zwei Bilder, die bei der Anzeige übereinander gelegt werden. Die beiden Bilder sind unabhängig voneinander, so daß eine Bildveränderung eines Bildes, das andere nicht beeinflußt.

Um die Bildinformation des Hintergrundbildes nicht zu verlieren, muß man, bevor man das Objekt hinein kopiert, den Hintergrund an der Zielposition retten. Es wird also als erstes der Hintergrundbereich an einen sicheren Ort kopiert. Dieser Ort kann wiederum die zweite Grafikseite sein.
Nachdem man den Hintergrund gerettet hat, kann man das Objekt kopieren. Aber Vorsicht: Damit keine Farbkonflikte auftreten, muß man zuerst die Maske des Objektes aus dem Hintergrundbild löschen (siehe Maskenbildung). Wurde die Maske gelöscht, wird gleich darauf das Objektmuster kopiert. Ich mache hier bewußt die Unterscheidung zwischen Objektmuster und Objekt. Bei der Objektbewegung ohne Hintergrund wird schlicht der Bereich, in dem sich das Objekt befindet, Byte für Byte an die Zielposition übertragen.
Hier muß aber auf benachbarte Punkte aus dem Hintergrundbild Rücksicht genommen werden. Man darf nicht die vollständigen Bytes übertragen, sondern nur die jeweils darin gesetzten Bits. Damit dies gewährleistet wird, kann man die Bytes in einem bestimmten Register der Grafikkarte ausmaskieren. Zum Übertragen wird dann die logische Operation ODER verwendet. Den genauen Vorgang dazu kann man sich in dem folgenden Programmbeispiel *OBJEKT* in der Funktion *Muster_kopieren* ansehen. Es sei hier noch angemerkt, daß man beim Löschen der Objektmaske natürlich auch auf das Ausmaskieren nicht verzichten darf. Den Vorgang kann man der Funktion *Maske_loeschen* entnehmen.
In dem letzten Schritt muß das Objekt jetzt wieder gelöscht werden. Dies geschieht, indem der zuvor gerettete Bereich des Hintergrundbildes an seine ursprüngliche Position zurück kopiert wird.

Die vier für die Bewegung notwendigen Schritte sind:
1) Den Hintergrund an der Zielposition retten.
2) Die Maske des Objektes an der Zielposition löschen.
3) Das Objektmuster an die Zielposition kopieren.
4) Den Hintergrund wiederherstellen.

Technik 2

Man ist natürlich immer bemüht, den Aufwand zur Realisierung einer Bewegung möglichst gering zu halten. Aus diesem Grund wird hier eine Verbesserung gegenüber der vorherigen Vorgehensweise vorgestellt.

Verfügt die Grafikkarte über mehrere Grafikseiten, so wird das sichtbare Hintergrundbild der ersten Seite in die zweite Seite kopiert, wodurch es danach zweimal vorliegt.
Man muß jetzt nicht mehr vor dem Kopieren des Objektes den Hintergrund retten, weil man die gleiche Bildinformation auf der zweiten Grafikseite vorliegen hat. Es wird zum Restaurieren des Hintergrundbildes der entsprechende Bereich aus dem zweiten Bild übernommen. Der Vorteil bei dieser Technik ist, daß man sich einen Schritt sparen kann.

Die drei für die Bewegung notwendigen Schritte sind:
1) Die Maske des Objektes an der Zielposition löschen.
2) Das Objektmuster an die Zielposition kopieren.
3) Den Hintergrund aus dem zweiten Bild kopieren.

Objekt mit Hintergrund und Vordergrund

Bei der Objektbewegung unter Vorhandensein eines Hintergrundes und eines Vordergrundes geht man zuerst wie bei den zuvor beschriebenen Techniken vor. Ist eine zweite Grafikseite vorhanden, werden von der Technik 2 die Schritte 1 und 2 übernommen. Ansonsten werden von der Technik 1 die Schritte 1 bis 3 übernommen.
Nachdem die Schritte ausgeführt wurden, befindet sich das Objekt an seiner Zielposition. Jetzt muß nur noch der Vordergrund vor das Objekt gesetzt werden.
Um einen Vordergrund zu ermöglichen, müssen alle Bilddetails die später im Vordergrund erscheinen sollen, einmal im Hintergrundbild selbst und zum anderen in einem separaten Bild vorliegen. Dieses zusätzliche Bild muß im Hauptspeicher oder auf der zweiten Grafikseite gehalten werden.
Beim Setzen des Vordergrundes vor das Objekt geht man wie bei dem Setzen des Objektes vor. Zuerst muß die Maske des Vordergrundes an der Zielposition gelöscht werden. Anschließend wird das Muster des Vordergrundes, also der Vodergrund selbst, kopiert. Als Abschluß der Bewegung wird dann entweder wieder der gerettete Hintergrund zurück kopiert oder aus dem zweiten Hintergrundbild übertragen.

Die sechs für die Bewegung notwendigen Schritte sind:
1) Den Hintergrund an der Zielposition retten.
2) Die Maske des Objektes an der Zielposition löschen.
3) Das Objektmuster an die Zielposition kopieren.
4) Die Maske des Vordergrundes an der Zielposition löschen.
5) Den Vordergrund an die Zielposition kopieren.
6) Den Hintergrund wiederherstellen.

Die einzelnen Techniken werden schrittweise in dem folgenden Programm *OBJEKT* vorgestellt. Das Programm ist in TURBO-C 2.0 geschrieben.

Das Programm OBJEKT:

```
/*

  PROGRAMM: OBJEKT

     AUTOR: Marc Schneider

     DATUM: 13.05.1991

   INHALT: Es werden die Techniken zur Bewegung eines Objektes
           vorgestellt.
           Die erste Technik bewegt das Objekt ohne Hinter-
           grund. Bei der zweiten und dritten Technik ist ein
           Hintergrund vorhanden, wobei sich aber die
           Vorgehensweise beim Restaurieren des Bildhinter-
           grundes unterscheidet. Die vierte Technik bewegt
           das Objekt vor einem Hintergrund und hinter einem
           Vordergrund.

*/

#include <dos.h>              /* Headerdateien einbinden */
#include <graphics.h>
#include <stdlib.h>
#include <stdio.h>
                              /* KONSTANTEN */
#define PAUSE1 8000           /* Pausenwerte */
#define PAUSE2 1000
#define PAUSE3 3000

#define t(x,y,text) outtextxy(x,y,text) /* Ausgabe eines Textes */

#define BREITE 13             /* Breite des Objektbereiches */
#define ZEILEN 32             /* Hoehe des Objektbereiches */

#define xo1 76                /* Koordinaten des Objektes */
#define yo1 75
#define xo2 176
#define yo2 107

/*
```

```
 FUNCTION: Grafik_aus

 IN : ---
 OUT: ---

 PURPOSE: Der Rechner wird in den Alphamodus versetzt.

*/
void Grafik_aus()
{
  closegraph();                  /* Grafikmodus beenden */
}

/*

 FUNCTION: Grafik_an

 IN : ---
 OUT: ---

 PURPOSE: Der Rechner wird in den Grafikmodus versetzt.
          Die Auflösung beträgt 640 x 350 Punkte mit 16 Farben.

*/
void Grafik_an()
{
  int driver,                    /* Grafiktreiber */
      modus;                     /* Grafikmodus */

  driver = EGA;                  /* Treiber und Modus einstellen*/
  modus = EGAHI;

  initgraph( &driver, &modus,"");/* Aufruf des Grafiktreibers   */

  if(graphresult())              /* Grafikfehler ueberpruefen */
  {
    Grafik_aus();
    printf("\n Der Grafikmodus konnte nicht aktiviert werden !");
  }
}

/*

 FUNCTION: Ende

 IN : ---
 OUT: ---

 PURPOSE: Diese Funktion schaltet den Textmodus ein, loescht
          den Tastaturbuffer und beendet das Programm.

*/
void Ende()
{
  Grafik_aus();                  /* Textmodus einschalten */
```

```
  if(kbhit())getch();           /* Tastaturbuffer loeschen */
  exit(0);                      /* Programm beenden */
}

/*

 FUNCTION: Objekt_zeichnen

 IN : int x : X-Koordinate der Objektposition
      int y : Y-Koordinate der Objektposition
 OUT: ---

 PURPOSE: Es wird ein Auto an der Position gezeichnet, die
          durch die Koordinaten X und Y angegeben wird.
          Der Umriss des Autos wird durch ein Polygon gebildet.

*/
void Objekt_zeichnen(int x,int y)
{
  int i,                        /* Laufvariable */
      poly[9][2];               /* Feld fuer Polygonpunkte */

  /* Polygonpunkte belegen */

  poly[0][0] = x+61;
  poly[0][1] = poly[1][1] = poly[7][1] =poly[8][1] = y;
  poly[1][0] = poly[2][0] = x+75;
  poly[2][1] = poly[3][1] = poly[6][1] = y-15;
  poly[3][0] = x+55;
  poly[4][0] = x+45;
  poly[4][1] = poly[5][1] = y-25;
  poly[5][0] = x-15;
  poly[6][0] = poly[7][0] = x-20;
  poly[8][0] = x-11;

  /* Reifen zeichnen */

  setcolor(BLUE);
  for(i=y-8;i<y;i++)
    line(x-20,i,x+74,i);
  setfillstyle(SOLID_FILL,BROWN);
  setcolor(BROWN);
  circle(x,y,10);
  floodfill(x,y+5,BROWN);
  circle(x+50,y,10);
  floodfill(x+50,y+5,BROWN);
  setfillstyle(SOLID_FILL,DARKGRAY);
  setcolor(DARKGRAY);
  circle(x,y,5);
  floodfill(x,y,DARKGRAY);
  circle(x+50,y,5);
  floodfill(x+50,y,DARKGRAY);
  setcolor(BLUE);
  line(x+11,y,x+39,y);

  drawpoly(9,&poly);                    /* Umriss des Autos zeichnen */

  rectangle(x,y-22,x+20,y-12);          /* Fenster zeichnen */
  rectangle(x+25,y-22,x+42,y-12);
  line(x-20,y-8,x+74,y-8);
```

```
  setfillstyle(SOLID_FILL,LIGHTBLUE);
  floodfill(x-5,y-20,BLUE);
  setfillstyle(SOLID_FILL,DARKGRAY);
  setcolor(YELLOW);
  line(x+76,y-14,x+76,y-10);
  setcolor(DARKGRAY);
  line(x-20,y-2,x-25,y-2);

  setcolor(WHITE);                    /* das Auto markieren */
  t(190,y-10,"<-- das Objekt");
  delay(2000);
  setcolor(BLACK);
  t(190,y-10,"<-- das Objekt");
}

/*

  FUNCTION: Ueberschrift

  IN : char *text1 : Zeiger auf den ersten String
       char *text2 : Zeiger auf den zweiten String
  OUT: ---

  PURPOSE: Es wird ein Text auf dem Bildschirm ausgegeben.
           Der Text erscheint in extra grossen Buchstaben,
           bleibt drei Sekunden lang stehen und verschwindet
           anschliessend wieder.

*/
void Ueberschrift(char *text1,char *text2)
{
  cleardevice();              /* Bildschirm loeschen */
  settextstyle(0,0,3);        /* grosse Buchstaben einstellen */
  setcolor(LIGHTBLUE);        /* Textfarbe einstellen */
  t(0,100,text1);             /* den ersten String ausgeben */
  t(0,200,text2);             /* den zweiten String ausgeben */
  setcolor(BLUE);             /* Textfarbe einstellen */
  t(1,102,text1);             /* den ersten String ausgeben */
  t(1,202,text2);             /* den zweiten String ausgeben */
  delay(PAUSE3);              /* 3 Sekunden warten */
  cleardevice();              /* Bildschirm loeschen */
  settextstyle(0,0,1);        /* normale Buchstaben einstellen */
}

/*

  FUNCTION: Kopieren

  IN : int ziel   : Adresse des Ziels
       int quelle : Adresse der Quelle
  OUT: ---

  PURPOSE: Es wird ein Bildschirmbereich von der Quelladresse
           an die Zieladresse kopiert.
           Die Groesse des Bereiches wird durch die Konstanten
           ZEILEN und BREITE bestimmt.
           Es werden die gelesenen Bytes immer unveraendert
           an die Zielposition uebertragen.
```

```
*/
void Kopieren(int ziel,int quelle)
{
  register int j,i;              /* Laufvariablen */

  outportb(0x3ce,5);             /* das Mode Register anwaehlen */
  outportb(0x3cf,1);             /* Schreibmodus 1 einstellen */
  outportb(0x3c4,2);             /* das Map Mask Register anwaehlen */
  outportb(0x3c5,15);            /* alle Bitebenen einschalten */

  for(j=0;j<=ZEILEN;j++)         /* alle Zeilen abarbeiten */
  {
    for(i=0;i<=BREITE;i++)       /* alle Spalten abarbeiten */
      pokeb(0xa000,ziel+i,peekb(0xa000,quelle+i)); /* kopieren */
    quelle+=80;                  /* naechste Zeile anwaehlen */
    ziel+=80;                    /* naechste Zeile anwaehlen */
  }
}

/*
```

```
FUNCTION: Objekt_kopieren_ohne

IN : int x : X-Koordinate der Zielposition
     int y : Y-Koordinate der Zielposition
OUT: ---

PURPOSE: Es wird das Objekt an die Position mit den
         Koordinaten x und y kopiert.
         Diese Funktion wird fuer das Objektkopieren ohne
         Hintergrund benoetigt.
```

```
*/
void Objekt_kopieren_ohne(int x,int y)
{
  /* Ziel- und Quelladresse berechnen und Bereich kopieren */
  Kopieren(y*80+x/8,6009);
}

/*
```

```
FUNCTION: Objekt_loeschen_ohne

IN : int x : X-Koordinate der Zielposition
     int y : Y-Koordinate der Zielposition
OUT: ---

PURPOSE: Es wird das Objekt vom Bildschirm geloescht.
         Dazu wird der Bereich in dem sich das Objekt befindet
         mit Nullen gefuellt.
         Diese Funktion wird fuer die Objektbewegung ohne
         Hintergrund benoetigt.
```

```
*/
void Objekt_loeschen_ohne(int x,int y)
{
  unsigned int ziel;             /* Bildschirmadresse */
```

```
  register int i,j;             /* Laufvariablen */

  ziel = y * 80 + x/8 ;         /* Bildschirmadresse berechnen */

  outportb(0x3ce,5);            /* Mode Register anwaehlen */
  outportb(0x3cf,0);            /* Schreibmodus 0 setzen */
  outportb(0x3c4,2);            /* Map Mask Register anwaehlen */

  outportb(0x3c5,15);           /* alle Bitebenen einschalten */

  for(j=0;j<=ZEILEN;j++)        /* alle Zeilen abarbeiten */
  {
    for(i=0;i<=BREITE;i++)      /* alle Spalten abarbeiten */
      pokeb(0xa000,ziel+i,0);   /* Byte loeschen */
    ziel+=80;                   /* naechste Zeile anwaehlen */
  }
}

/*
 ---------------------------------------------------------------
 |                                                             |
 | FUNCTION: Objekt_bewegen_ohne                               |
 |                                                             |
 | IN : ---                                                    |
 | OUT: ---                                                    |
 |                                                             |
 | PURPOSE: Das Objekt wird ueber den Bildschirm bewegt.       |
 |          Dazu wird es kontinuierlich kopiert und wieder     |
 |          geloescht.                                         |
 |          Diese Funktion wird fuer die Objektbewegung ohne   |
 |          Hintergrund benoetigt.                             |
 |                                                             |
 ---------------------------------------------------------------
*/
void Objekt_bewegen_ohne()
{
  register int x=10;            /* Laufvariable */

  while(kbhit())getch();        /* Tastaturbuffer loeschen */

  while(!kbhit() && x<300)
  {
    Objekt_kopieren_ohne(x,200);  /* Objekt setzen */
    delay(200);                   /* Pause */
    Objekt_loeschen_ohne(x,200);  /* Objekt loeschen */
    x+=8;                         /* naechste Position anwaehlen*/
  }
  if(kbhit())
    if(getch()=='q')            /* bei Eingabe von 'q' Programm */
      Ende();                   /* beenden */
}

/*
 ---------------------------------------------------------------
 |                                                             |
 | FUNCTION: Ohne_Hintergrund                                  |
 |                                                             |
 | IN : ---                                                    |
 | OUT: ---                                                    |
 |                                                             |
 | PURPOSE: Es wird die Technik der Objektbewegung ohne Hinter-|
 |          grund dem Benutzer vorgestellt.                    |
 |                                                             |
 ---------------------------------------------------------------
```

```
*/
void Ohne_Hintergrund()
{
  int i;                          /* Laufvariable */

  /* Benutzerhinweise ausgeben */

  Ueberschrift("  Objekt ohne Hintergrund","");
  setcolor(WHITE);
  t(100,0,"Für diese Technik benötigt man 2 Schritte !");
  line(100,12,440,12);
  setcolor(LIGHTGRAY);
  t(100,20,"Schritt 1: Das Objekt an die Zielposition kopieren.");
  t(100,30,"Schritt 2: Das Objekt an der Zielposition wieder
           löschen.");

  delay(PAUSE1);                  /* Pause */
  Objekt_zeichnen(100,100);       /* das Objekt zeichnen */
  delay(PAUSE2);                  /* Pause */

  /* das Objekt einrahmen */
  setcolor(WHITE);
  t(210,80,"Schritt 1: Diesen Bereich kopieren.");
  for(i=0;i<8;i++)
  {
    setcolor(WHITE);
    rectangle(xo1-1,yo1-1,xo2+1,yo2+1);
    line(178,85,206,85);
    delay(500);
    setcolor(BLACK);
    line(178,85,206,85);
    rectangle(xo1-1,yo1-1,xo2+1,yo2+1);
    delay(200);
  }
  t(210,80,"Schritt 1: Diesen Bereich kopieren.");
  setcolor(WHITE);
  Objekt_kopieren_ohne(10,200);
  delay(PAUSE2);
  t(142,210,"Schritt 2: Den Bereich wieder löschen.");
  for(i=0;i<8;i++)
  {
    setcolor(WHITE);
    rectangle(10,199,113,233);
    line(112,215,138,215);
    delay(500);
    setcolor(BLACK);
    line(112,215,138,215);
    rectangle(10,199,113,233);
    delay(200);
  }
  Objekt_loeschen_ohne(10,200);
  t(142,210,"Schritt 2: Den Bereich wieder löschen.");

  Objekt_bewegen_ohne();  /* das Objekt animieren */
}

/*
┌──────────────────────────────────────────────
│ FUNCTION: Bild_laden
```

```
IN : char *dateiname : Name der Bilddatei
OUT: ---

PURPOSE: Es wird im Grafikmodus 16 mit einer Aufloesung von
         640 x 350 Punkten und 16 Farben ein Bild geladen.

*/
void Bild_laden(char *dateiname)
{
  FILE *handle;                  /* Dateihandle */
  int x,y,                       /* Koordinaten */
      ind,                       /* Laenge einer Linie */
    farbe;                       /* Farbe der aktuellen Linie */

  handle = fopen(dateiname,"rb"); /* Datei oeffnen */

  if(!handle)                 /* Wenn das Oeffnen nicht geklappt */
  {                           /* hat, wird eine Meldung ausgegeben */
    Grafik_aus();             /* und das Programm beendet ! */

    printf("\n Konnte Bild-Datei: %s nicht öffnen !",dateiname);
    exit(1);
  }
  x=y=0;                         /* Koordinaten initialisieren */
  while(!feof(handle))           /* solange die Datei nicht leer */
  {
    ind = fgetc(handle);       /* Laenge der naechsten Linie holen */
    farbe = fgetc(handle);       /* Farbe holen */
    setcolor(farbe);             /* Farbe einstellen */
    line(x,y,x+ind,y);           /* Linie zeichnen */
    x+=ind;                      /* Koordinate weitersetzen */
    if(x>=639)                   /* wenn eine Zeile beendet */
    {
      y++;                       /* naechste Zeile anwaehlen */
      x = 0;                     /* erste Spalte */
    }
  }
  fclose(handle);                /* Datei schliessen */
}

/*

FUNCTION: Muster_kopieren

IN : int zielu : Adresse der Zielposition
     int quellu: Adresse der Quellenposition
OUT: ---

PURPOSE: Es wird ein Bildschirmbereich von der Quelladresse
         an die Zieladresse kopiert.
         Die Groesse des Bereiches wird durch die Konstanten
         ZEILEN und BREITE bestimmt.
         Es werden die gelesenen Bytes unter Verwendung der
         logischen Operation ODER an die Zielposition
         uebertragen.
         Diese Funktion kommt zur Anwendung bei der Objekt-
         bewegung mit Hintergrund.
```

```
*/
void Muster_kopieren(int zielu,int quellu)
{
  int i,j,                      /* Laufvariablen */
     ziel,                      /* Speicher fuer die Zieladresse */
   quelle;                      /* Speicher fuer die Quellenadresse*/
  unsigned char wert,           /* zu kopierendes Byte */
               ebene,           /* Bitebenennr. fuers Schreiben */
              ebene2;           /* Bitebenennr. fuers Lesen */

  ebene2 = 0;                   /* initialisieren */
  outportb(0x3ce,5);            /* Mode Register anwaehlen */
  outportb(0x3cf,0);            /* Schreibmodus 0 einstellen */

  /* die Bitebenen fuers Schreiben durchgehen, Nr.: 1,2,4,8 */
  for(ebene=1;ebene<=8;ebene*=2)
  {
    quelle = quellu ;           /* Adresse uebertragen */
    ziel = zielu ;              /* Adresse uebertragen */

    outportb(0x3c4,2);          /* Map Mask Register anwaehlen */
    outportb(0x3c5,ebene);      /* Bitebene fuers Schreiben setzen */
    outportb(0x3ce,4);          /* Read Map Select Register */
    outportb(0x3cf,ebene2);     /* Bitebene fuers Lesen einstellen */
    ebene2++;                   /* Bitebenennr. fuers Lesen:0,1,2,3*/

    for(j=0;j<=ZEILEN;j++)      /* alle Zeilen durchgehen */
    {
      for(i=0;i<=BREITE;i++)    /* alle Spalten durchgehen */
      {
        wert = peekb(0xa000,quelle+i); /* zu uebertragenden Wert
                                          holen */
        outportb(0x3ce,8);      /* Bit Mask Reg anwaehlen */
        outportb(0x3cf,wert);/* Wert ausmaskieren */
        /* Wert in den Bildschirmspeicher odern */
        pokeb(0xa000,ziel+i,peekb(0xa000,ziel+i) | wert);
      }
      quelle+=80;               /* naechste Zeile anwaehlen */
      ziel+=80;                 /* naechste Zeile anwaehlen */
    }
  }
}

/*
 ----------------------------------------------------------------
 FUNCTION: Objekt_kopieren_mit

 IN : int x : X-Koordinate der Zielposition
      int y : Y-Koordinate der Zielposition
 OUT: ---

 PURPOSE: Es wird das Objekt an die Position mit den
          Koordinaten x und y kopiert.
          Diese Funktion wird fuer die Objektbewegung mit
          Hintergrund benoetigt.
 ----------------------------------------------------------------
*/
void Objekt_kopieren_mit(int x,int y)
{
  /* Adressen berechnen und Bereich uebertragen */
```

```
  Muster_kopieren(y*80+x/8,6009);
}

/*

 FUNCTION: Maske_loeschen

 IN : int ziel  : Adresse der Zielposition
      int quelle: Adresse der Quellenposition
 OUT: ---

 PURPOSE: Es wird die Maske des Objektes, welches sich an der
          Quellenposition befindet, an der Zielposition aus dem
          Bildschirmspeicher geloescht.
          Diese Funktion dient zur Vorbereitung der Objekt-
          bewegung mit Hintergrund.

*/
void Maske_loeschen(int ziel,int quelle)
{
  int i,j;                    /* Laufvariablen */
  unsigned char wert,         /* zu loeschendes Byte */
                ebene;        /* Nr. der Bitebene */

  outportb(0x3ce,5);          /* Mode Register anwaehlen */
  outportb(0x3cf,0);          /* Schreibmodus 0 setzen */
  outportb(0x3c4,2);          /* Map Mask Register anwaehlen */
  outportb(0x3c5,15);         /* alle Bitebenen einschalten */

  for(j=0;j<=ZEILEN;j++)      /* alle Zeilen durchgehen */
  {
    for(i=0;i<=BREITE;i++)    /* alle Spalten durchgehen */
    {
      wert = 0;               /* Wert loeschen */
      /* die Bitebenen fuers Lesen durchgehen: 0,1,2,3 */
      for(ebene=0;ebene<=3;ebene++)
      {
        outportb(0x3ce,4);    /* Read Map Select Register */
        outportb(0x3cf,ebene); /* Bitebene einstellen */
        wert |= peekb(0xa000,quelle+i); /* Wert bilden */
      }
      outportb(0x3ce,8);      /* Bit Mask Register anwaehlen */
      outportb(0x3cf,wert);   /* Wert ausmaskieren */
      /* Maske loeschen, indem die Bits weggeundet werden !! */
      pokeb(0xa000,ziel+i,peekb(0xa000,ziel+i) & 0);
    }
    quelle+=80;               /* naechste Zeile anwaehlen */
    ziel+=80;                 /* naechste Zeile anwaehlen */
  }
}

/*

 FUNCTION: Maske_Objekt_loeschen

 IN : int x : X-Koordinate der Zielposition
      int y : Y-Koordinate der Zielposition
 OUT: ---
```

```
PURPOSE: Es wird die Maske des Objektes an der Zielposition mit
         den Koordinaten x und y aus dem Bildschirmspeicher
         geloescht.
         Diese Funktion wird fuer die Objektbewegung mit
         Hintergrund benoetigt.

*/
void Maske_Objekt_loeschen(int x,int y)
{
  int ziel;                    /* Adresse der Zielposition */

  ziel = y * 80 + x/8 ;        /* Adresse berechnen */

  Maske_loeschen(ziel,6009); /* die Maske des Objektes loeschen */
}

/*

  FUNCTION: Hintergrund_retten

  IN : int x : X-Koor. der Ablageposition fuer den Hintergrund
       int y : Y-Koor. der Ablageposition fuer den Hintergrund
  OUT: ---

  PURPOSE: Es wird ein Bereich aus dem Bildhintergrund an eine
           andere Stelle kopiert, um ihn damit zu retten und
           spaeter wieder verwenden zu koennen.

*/
void Hintergrund_retten(int x,int y)
{
  Kopieren(9609,y*80+x/8);    /* Hintergrund kopieren */
}

/*

  FUNCTION: Hintergrund_hin

  IN : int x : X-Koor. der Ablageposition des Hintergrundes
       int y : Y-Koor. der Ablageposition des Hintergrundes
  OUT: ---

  PURPOSE: Es wird der zuvor gerettete Hintergrundbereich wieder
           an seine urspruengliche Position zurueck kopiert.

*/
void Hintergrund_hin(int x,int y)
{
  Kopieren(y*80+x/8,9609);    /* Hintergrund zurueck kopieren */
}

/*

  FUNCTION: Objekt_bewegen_mit_Technik1

  IN : ---
```

```
OUT: ---

PURPOSE: Ein Objekt wird mit der Technik 1 ueber den
         Bildschirm bewegt.
         Dazu werden nacheinander zuerst der Hintergrund
         gerettet, dann die Objektmaske geloescht, dann das
         Objektmuster kopiert und anschliessend wieder der
         Hintergrund restauriert.

*/
void Objekt_bewegen_mit_Technik1()
{
  register int x=10;           /* X-Koordinate des Objektes */

  while(kbhit())getch();       /* Tastaturbuffer loeschen */

  while(!kbhit() && x<240)
  {
    Hintergrund_retten(x,290);      /* Hintergrund retten */
    Maske_Objekt_loeschen(x,290);   /* Maske loeschen */
    Objekt_kopieren_mit(x,290);     /* Objekt kopieren */
    delay(300);                     /* Pause */
    Hintergrund_hin(x,290);         /* Hintergrund restaurieren */
    x+=8;
  }
  if(kbhit())                  /* wenn Taste gedrueckt */
    if(getch()=='q')           /* bei Eingabe von 'q' Programm */
      Ende();                  /* beenden */
}

/*

FUNCTION: Mit_Hintergrund_Technik1

IN : ---
OUT: ---

PURPOSE: Es wird die erste Technik der Objektbewegung mit
         Hintergrund dem Benutzer vorgestellt.

*/
void Mit_Hintergrund_Technik1()
{
  /* Benutzerhinweise ausgeben */

  cleardevice();
  Ueberschrift("  Objekt mit Hintergrund","        Technik 1 ");
  Bild_laden("HINTEN.PIC");  /* Hintergrundbild laden */
  setcolor(WHITE);
  t(100,0,"Für diese Technik benötigt man 4 Schritte !");
  line(100,12,440,12);
  setcolor(LIGHTGRAY);
  t(100,20,"Schritt 1: Den Hintergrund an der Zielposition
            retten");
  t(100,30,"Schritt 2: Die Maske des Objektes an der Zielposition
            löschen");
  t(100,40,"Schritt 3: Das Objektmuster an die Zielposition
            kopieren");
  t(100,50,"Schritt 4: Den Hintergrund wiederherstellen ");
```

```
  delay(PAUSE1);
  Objekt_zeichnen(100,100);   /* das Objekt zeichnen */
  delay(PAUSE2);

  /* nacheinander alle Schritte fuer die Bewegung vorstellen */

  setcolor(WHITE);
  Hintergrund_retten(10,290);
  t(190,130,"<--- Schritt 1: Hintergrund retten");
  delay(PAUSE3);
  setcolor(BLACK);
  t(190,130,"<--- Schritt 1: Hintergrund retten");
  Maske_Objekt_loeschen(10,290);
  setcolor(WHITE);
  t(330,310,"<--- Schritt 2: Maske löschen");
  delay(PAUSE3);
  setcolor(BLACK);
  t(330,310,"<--- Schritt 2: Maske löschen");
  Objekt_kopieren_mit(10,290);
  outportb(0x3c4,2);
  outportb(0x3c5,15);        /* alle Bitebenen einschalten */
  setcolor(WHITE);
  t(330,310,"<--- Schritt 3: Objekt kopieren");
  delay(PAUSE3);
  setcolor(BLACK);
  t(330,310,"<--- Schritt 3: Objekt kopieren");
  Hintergrund_hin(10,290);
  setcolor(WHITE);
  t(322,310,"<-- Schritt 4: Hintergrund restaurieren");
  delay(PAUSE3);
  setcolor(BLACK);
  t(322,310,"<-- Schritt 4: Hintergrund restaurieren");

  Objekt_bewegen_mit_Technik1();  /* das Objekt animieren */
}

/*

 FUNCTION: Bild_kopieren

 IN  : ---
 OUT: ---

 PURPOSE: Es wird das Hintergrundbild aus dem linken Bild-
          bereich in den rechten kopiert.

*/
void Bild_kopieren()
{
  register int x,y;              /* Koordinaten */

  for(x=0;x<320;x++)             /* Spalten durchgehen */
    for(y=150;y<350;y++)         /* Zeilen durchgehen */
      putpixel(x+320,y,getpixel(x,y)); /* Punkt uebertragen */
}

/*

 FUNCTION: Hintergrund_kopieren
```

```
  IN : int x : X-Koordinate der Zielposition
       int y : Y-Koordinate der Zielposition
  OUT: ---

  PURPOSE: Es wird der Hintergrundbereich aus dem
           rechten Hintergrundbild in das linke kopiert.

*/
void Hintergrund_kopieren(x,y)
{
  unsigned int ziel;           /* Adresse der Zielposition */

  ziel = y * 80 + x/8 ;        /* Adresse berechnen */

  Kopieren(ziel,ziel+40);      /* Hintergrundbereich kopieren */
}

/*

  FUNCTION: Objekt_bewegen_mit_Technik2

  IN : ---
  OUT: ---

  PURPOSE: Ein Objekt wird mit der Technik 2 ueber den
           Bildschirm bewegt.
           Dazu wird nacheinander zuerst die Objektmaske
           geloescht, dann das Objektmuster kopiert und
           anschliessend wieder der Hintergrund restauriert.
           Zum Restaurieren des Hintergrundes wird der Bild-
           bereich aus dem rechten Bild in das linke kopiert.

*/
void Objekt_bewegen_mit_Technik2()
{
  register int x=10;           /* X-Koordinate des Objektes */

  while(kbhit())getch();       /* Tastaturbuffer loeschen */
  while(!kbhit() && x<220)
  {
    Maske_Objekt_loeschen(x,290);/* Maske des Objektes loeschen */
    Objekt_kopieren_mit(x,290);  /* Objektmuster kopieren */
    delay(300);                  /* Pause */
    Hintergrund_kopieren(x,290); /* Hintergrund restaurieren */
    x+=8;
  }
  if(kbhit())                  /* wenn Taste gedrueckt */
    if(getch()=='q')           /* bei Eingabe von 'q' Programm */
      Ende();                  /* beenden */
}

/*

  FUNCTION: Mit_Hintergrund_Technik2

  IN : ---
  OUT: ---
```

```
|                                                                |
| PURPOSE: Es wird die zweite Technik der Objektbewegung mit     |
|          Hintergrund dem Benutzer vorgestellt.                  |
|                                                                |
*/
void Mit_Hintergrund_Technik2()
{
  /* Benutzerhinweise ausgeben */

  cleardevice();
  Ueberschrift("  Objekt mit Hintergrund","          Technik 2 ");
  Bild_laden("HINTEN.PIC");
  Bild_kopieren();
  setcolor(WHITE);
  t(100,0,"Für diese Technik benötigt man 3 Schritte !");
  line(100,12,440,12);
  setcolor(LIGHTGRAY);
  t(100,20,"Schritt 1: Die Maske des Objektes an der Zielposition
            löschen");
  t(100,30,"Schritt 2: Das Objektmuster an die Zielposition kopie-
ren");
  t(100,40,"Schritt 3: Den Hintergrund aus dem zweiten Bild
            kopieren");

  delay(PAUSE1);
  Objekt_zeichnen(100,100);  /* das Objekt zeichnen */
  delay(PAUSE2);

  /* nacheinander alle Schritte fuer die Bewegung vorstellen */

  setcolor(WHITE);
  Maske_Objekt_loeschen(10,290);
  setcolor(WHITE);
  t(30,140," Schritt 1: Maske löschen");
  delay(PAUSE3);
  setcolor(BLACK);
  t(30,140," Schritt 1: Maske löschen");
  Objekt_kopieren_mit(10,290);
  outportb(0x3c4,2);
  outportb(0x3c5,15);      /* alle Bitebenen einschalten */
  setcolor(WHITE);
  t(30,140," Schritt 2: Objekt kopieren");
  delay(PAUSE3);
  setcolor(BLACK);
  t(30,140," Schritt 2: Objekt kopieren");
  Hintergrund_kopieren(10,290);
  setcolor(WHITE);
  t(30,130,"  ┌─── Schritt 3: Hintergrund kopieren ───┐");
  t(30,140,"  \037                                       \036");
  delay(PAUSE3);
  setcolor(BLACK);
  t(30,130,"  ┌─── Schritt 3: Hintergrund kopieren ───┐");
  t(30,140,"  \037                                       \036");

  Objekt_bewegen_mit_Technik2();  /* das Objekt animieren */
}

/*
|                                                                |
| FUNCTION: Maske_Vordergrund_loeschen                           |
```

```
IN : int x : X-Koordinate der Zielposition
     int y : Y-Koordinate der Zielposition
OUT: ---

PURPOSE: Es wird die Maske des Vordergrundes an der Ziel-
         position mit den Koordinaten x und y aus dem Bild-
         schirmspeicher geloescht.
         Diese Funktion wird fuer die Objektbewegung mit
         Hintergrund und Vordergrund benoetigt.

*/
void Maske_Vordergrund_loeschen(int x,int y)
{
  int ziel;                    /* Adresse der Zielposition */

  ziel = y * 80 + x/8 ;        /* Adresse berechnen */

  Maske_loeschen(ziel,ziel+40); /* Maske loeschen */
}

/*

FUNCTION: Vordergrund_kopieren

IN : int x : X-Koordinate der Zielposition
     int y : Y-Koordinate der Zielposition
OUT: ---

PURPOSE: Es wird ein Bereich aus dem Bildvordergrund aus der
         linken Bildhaelfte in die rechte Bildhaelfte kopiert.
         Diese Funktion wird fuer die Objektbewegung mit
         Hintergrund und Vordergrund benoetigt.

*/
void Vordergrund_kopieren(int x,int y)
{
  int ziel ;                   /* Adresse der Zieladresse */

  ziel = y * 80 + x/8 ;        /* Adresse berechnen */

  Muster_kopieren(ziel,ziel+40); /* Vordergrund kopieren */
}

/*

FUNCTION: Objekt_bewegen_Vordergrund

IN : ---
OUT: ---

PURPOSE: Das Objekt wird ueber den Bildschirm bewegt.
         Es ist ein Hintergrund und ein Vordergrund vorhanden.
         Fuer die Bewegung werden nacheinander der Hinter-
         grund gerettet, die Objektmaske geloescht, das
         Objekt kopiert, die Maske des Vordergrundes geloescht,
         der Vordergrund kopiert und anschliessend wieder der
         Hintergrund restauriert.
```

```
*/
void Objekt_bewegen_Vordergrund()
{
  int x=10;                    /* x-Koordinate des Objektes */

  while(kbhit())getch();       /* Tastaturbuffer loeschen */
  while(!kbhit())              /* solange keine Taste gedrueckt */
  {
    Hintergrund_retten(x,290);        /* den Hintergrund retten */
    Maske_Objekt_loeschen(x,290);     /* die Objektmaske loeschen */
    Objekt_kopieren_mit(x,290);       /* das Objekt kopieren */
    Maske_Vordergrund_loeschen(x,290); /* die Vordergrundmaske
                                          loeschen*/
    Vordergrund_kopieren(x,290);      /* den Vordergrund kopieren */
    delay(350);                       /* Pause */
    Hintergrund_hin(x,290);           /* Hintergrund restaurieren */
    x+=8;                      /* naechste Objektposition */
    if(x>210) x = 10 ;         /* rechts angekommen, dann wieder */
  }                            /* links anfangen */

  if(kbhit())                  /* wenn Taste gedrueckt */
    if(getch()=='q')           /* bei Eingabe von 'q' Programm */
      Ende();                  /* beenden */
}

/*
┌──────────────────────────────────────────────────────────────┐
│                                                              │
│ FUNCTION: Mit_Vordergrund                                    │
│                                                              │
│ IN : ---                                                     │
│ OUT: ---                                                     │
│                                                              │
│ PURPOSE: Es wird die Technik der Objektbewegung unter        │
│          Vorhandensein eines Hinter- und Vordergrundes       │
│          dem Benutzer vorgestellt.                           │
│                                                              │
└──────────────────────────────────────────────────────────────┘
*/
void Mit_Vordergrund()
{
  /* Benutzerhinweise ausgeben */

  cleardevice();
  Ueberschrift("  Objekt mit Hintergrund","      und Vordergrund");
  Bild_laden("HINTEN2.PIC");
  setcolor(WHITE);
  t(100,0,"Für diese Technik benötigt man 6 Schritte !");
  line(100,12,440,12);
  setcolor(LIGHTGRAY);
  t(100,15,"Schritt 1: Den Hintergrund an der Zielposition
            retten");
  t(100,25,"Schritt 2: Die Maske des Objektes an der Zielposition
            löschen");
  t(100,35,"Schritt 3: Das Objektmuster an die Zielposition
            kopieren");
  t(100,45,"Schritt 4: Die Maske des Vordergrundes an der Ziel-
            position löschen");
  t(100,55,"Schritt 5: Den Vordergrund an die Zielposition
            kopieren");
```

```
  t(100,65,"Schritt 6: Den Hintergrund wiederherstellen ");

  delay(PAUSE1);
  Objekt_zeichnen(100,100);  /* das Objekt zeichnen */
  delay(PAUSE2);

  /* nacheinander alle Schritte fuer die Bewegung vorstellen */

  Hintergrund_retten(10,290);
  setcolor(WHITE);
  t(200,140," Schritt 1: Hintergrund retten");
  delay(PAUSE3);
  setcolor(BLACK);
  t(200,140," Schritt 1: Hintergrund retten");
  Maske_Objekt_loeschen(10,290);
  setcolor(WHITE);
  t(200,140," Schritt 2: Maske löschen");
  delay(PAUSE3);
  setcolor(BLACK);
  t(200,140," Schritt 2: Maske löschen");
  Objekt_kopieren_mit(10,290);
  outportb(0x3c4,2);
  outportb(0x3c5,15);       /* alle Bitebenen einschalten */
  setcolor(WHITE);
  t(200,140," Schritt 3: Objekt kopieren");
  delay(PAUSE3);
  setcolor(BLACK);
  t(200,140," Schritt 3: Objekt kopieren");
  Maske_Vordergrund_loeschen(10,290);
  setcolor(WHITE);
  t(200,140," Schritt 4: Vordergrundmaske löschen");
  delay(PAUSE3);
  setcolor(BLACK);
  t(200,140," Schritt 4: Vordergrundmaske löschen");
  Vordergrund_kopieren(10,290);
  setcolor(WHITE);
  t(200,140," Schritt 5: Vordergrund kopieren");
  delay(PAUSE3);
  setcolor(BLACK);
  t(200,140," Schritt 5: Vordergrund kopieren");
  Hintergrund_hin(10,290);
  setcolor(WHITE);
  t(200,140," Schritt 6: Hintergrund restaurieren");
  delay(PAUSE3);
  setcolor(BLACK);
  t(200,140," Schritt 6: Hintergrund restaurieren");

  Objekt_bewegen_Vordergrund(); /* das Objekt animieren */
}

/*
 ┌────────────────────────────────────────────────────────────────┐
 │ FUNCTION: main                                                 │
 │                                                                │
 │ Es werden nacheinander alle Techniken der Objektbewegung       │
 │ vorgestellt.                                                   │
 └────────────────────────────────────────────────────────────────┘
*/
main()
{
```

```
   Grafik_an();                   /* Grafikmodus aktivieren */
   Ohne_Hintergrund();            /* Objektbewegung ohne Hintergrund */
   Mit_Hintergrund_Technik1();/* Objektbewegung mit Hintergrund */
   Mit_Hintergrund_Technik2();/* Objektbewegung mit Hintergrund */
   Mit_Vordergrund();             /* Objektbewegung mit Hintergrund
                                     und Vordergrund */
}
```

Struktogramm:

- den VGA-Grafikmodus 16 aktivieren
- das Objekt zeichnen
- die einzelnen Schritte zur Objektbewegung ohne Hintergrund dem Benutzer vorstellen
- solange keine Taste gedrückt wird
  - das Objekt an die Zielposition kopieren
  - kurze Pause
  - das Objekt an der Zielposition löschen
- das Hintergrundbild laden
- das Objekt zeichnen
- die erste Technik zur Objektbewegung mit Hintergrund dem Benutzer vorstellen
- solange keine Taste gedrückt wird
  - den Hintergrund an der Zielposition retten
  - die Maske des Objektes an der Zielposition löschen
  - das Objektmuster an die Zielposition kopieren
  - kurze Pause
  - den Hintergrund wiederherstellen
- das Hintergrundbild laden
- das Hintergrundbild aus der linken Bildhälfte in die rechte Bildhälfte kopieren
- das Objekt zeichnen
- die zweite Technik zur Objektbewegung mit Hintergrund dem Benutzer vorstellen
- solange keine Taste gedrückt wird
  - die Maske des Objektes an der Zielposition löschen
  - das Objektmuster an die Zielposition kopieren
  - kurze Pause

```
|   | den Hintergrund aus dem zweiten Bild kopieren
das Hinter- und Vordergrundbild laden
das Objekt zeichnen
die einzelnen Schritte zur Objektbewegung mit Vorder-
und Hintergrund vorstellen
    solange keine Taste gedrückt wird
    | den Hintergrund an der Zielposition retten
    | die Maske des Objektes an der Zielposition löschen
    | das Objektmuster an die Zielposition kopieren
    | die Maske des Vordergrundes an der Zielposition
    | löschen
    | den Vordergrund an die Zielposition kopieren
    | kurze Pause
    | den Hintergrund wiederherstellen
den Textmodus einstellen
```

Programmbeschreibung:

Das Programm stellt dem Benutzer die Techniken zur Bewegung eines Objektes schrittweise vor. Zuerst werden die einzelnen Schritte der Bewegung langsam nacheinander ausgeführt und dabei immer durch einen Texthinweis dokumentiert. Wurden alle Schritte für die jeweilige Technik vorgestellt, wird das Objekt über den Bildschirm bewegt. Die Bewegung wird durch einen Tastendruck beendet oder wenn sich das Objekt ein Stück über den Bildschirm bewegt hat. Danach wird zur nächsten Technik übergegangen.
Die einzelnen Techniken sind:
1) Die Bewegung eines Objektes ohne Vorhandensein eines Hintergrundes.
2) Die Bewegung eines Objektes vor einem Hintergrund (Technik 1).
3) Die Bewegung eines Objektes vor einem Hintergrund (Technik 2).
4) Die Bewegung eines Objektes vor einem Hintergrund und hinter einem Vordergrund.

Das Programm läuft im VGA-Grafikmodus 16 mit einer Auflösung von 640 x 350 Punkten und 16 Farben. Da in diesem Grafikmodus der Bildschirmspeicher in vier Bitplanes unterteilt ist (siehe Der 16-Farben-Modus), kommt bei den letzten drei Techniken die Maskenbildung (siehe Maskenbildung) zur Anwendung.

Um das Programm nicht unnötig zu verkomplizieren, wurde auf das Shiften des Objektes (siehe Objekt-Shiften) verzichtet. Dadurch ist keine gleitende sondern nur eine ruckende Bewegung des Objektes möglich. Dem Verständnis für die jeweilige Technik wird aber dadurch nicht entgegengewirkt.
Jede Technik wird zu Beginn durch einen entsprechenden Text angekündigt. Darauf werden die einzelnen Schritte, die für die Technik nötig sind aufgelistet. Nach einer kleinen Pause wird das Objekt auf den Bildschirm gezeichnet. Dafür werden spezielle Funktionen der TURBO-C 2.0 Grafikbibliothek verwendet. Von dieser Position aus wird das Objekt anschließend bei der Bewegung an seine Zielpositionen kopiert.
Ist ein Hinter- oder Vordergrundbild vorhanden, wird dieses aus einer Datei in den Bildschirmspeicher geladen.
Bei der anschließenden Bewegung des Objektes, werden die unter den vorher beschriebenen Punkten erwähnten Schritte ausgeführt.

Mehrere Objekte gleichzeitig

Werden mehrere Objekte gleichzeitig auf dem Bildschirm bewegt, darf man die Schritte für das Objektsetzen nicht für jedes Objekt einzeln abarbeiten, sondern muß alle Objekte zusammen als eines betrachten. So wird für jedes Objekt zuerst der Hintergrund gerettet, dann die Objektmaske gelöscht, dann das Objektmuster kopiert etc. Dies ist immer dann notwendig, wenn es vorkommen kann, daß sich zwei Objekte überschneiden. Würde man die Objekte einzeln bearbeiten, könnte nämlich folgendes geschehen:
Es wird ein Objekt auf den Bildschirm gesetzt. Anschließend beginnt der Vorgang für das Objektsetzen des nächsten Objektes. Dieses Objekt befindet sich so nah an der Position des ersten Objektes, daß es dieses schneidet. Im ersten Schritt wird der Hintergrund gerettet. In diesem Hintergrundausschnitt befindet sich ein Teil des ersten Objektes. Danach werden die weiteren Schritte zum Objektsetzen ausgeführt. Jetzt sind beide Objekte auf dem Bildschirm. In dieser Phase scheint noch alles in Ordnung zu sein.
Die Bewegung wird fortgesetzt, und das erste Objekt bewegt sich weiter. Dazu wird der Hintergrund des ersten Objektes wiederhergestellt. Dies führt dazu, daß das zweite Objekt teilweise überschrieben wird.
Würde sich jetzt das zweite Objekt nicht mehr bewegen, wäre es die restliche Zeit teilweise gelöscht, was man natürlich unbedingt vermeiden muß. Deshalb gilt als erste Regel bei der Bewegung von mehreren Objekten, daß immer bei jedem Bewegungsschritt eines Objektes, alle Objekte neu gesetzt werden, auch wenn diese sich im Moment nicht bewegen.

Dadurch ist aber immer noch nicht gewährleistet, daß alles einwandfrei verläuft. Denn bewegt sich das zweite Objekt auch weiter, wird dessen Bildhintergrund ebenfalls wiederhergestellt. Dazu verwendet man den zuvor geretteten Bildausschnitt. Auf diesem Bildausschnitt befindet sich aber ein Teil des Objektmusters des ersten Objektes. Als Resultat hat man jetzt immer diesen verunstalteten Hintergrund auf dem Bildschirm. Die ursprüngliche Bildinformation ist verloren gegangen, weil der Hintergrund gerettet wurde als sich schon das erste Objekt darauf befand. Die zweite Regel lautet deshalb: Alle Schritte zum Setzen eines Objektes nacheinander für alle Objekte ausführen und somit alle Objekte scheinbar gleichzeitig auf den Bildschirm setzen.

6.4 Framemap-Animation

Framemap-Animationen entstehen durch Veränderungen der Lage des Bildschirmfensters innerhalb des Bildschirmspeichers.

Man unterscheidet bei der Framemap-Animation zwei Techniken. Es handelt sich dabei um das Scrolling und das Blättern innerhalb von Bildschirmspeicherbereichen.

6.4.1 Scrolling

Beim Scrolling wird das Bildschirmfenster, d.h. der sichtbare Bereich, innerhalb des Bildschirmspeichers verschoben (siehe Abb. 26). Dadurch werden immer andere Teile des Bildschirmspeichers sichtbar.
Man unterscheidet darüber hinaus das Scrolling vom Soft-Scrolling. Der Unterschied zwischen Scrolling und Soft-Scrolling besteht darin, daß normalerweise beim Scrolling das Bildschirmfenster byteweise und beim Soft-Scrolling bitweise, also Punkt für Punkt, verschoben wird. Dadurch erhält man beim Soft-Scrolling eine weiche, gleitende Veränderung des Bildschirminhalts.

Die für das Scrolling nötige Veränderung der Adresse des Bildschirmfensters wird von keiner Hochsprache aus unterstützt. Aus diesem Grunde muß man selbst die VGA-Grafikkarte programmieren.

Zur Veränderung der Lage des Bildschirmfensters innerhalb des Bildschirmspeichers muß direkt die Hardware der Grafikkarte angesprochen werden. Dazu stehen die Register Start Address High und Start Address Low zur Verfügung.

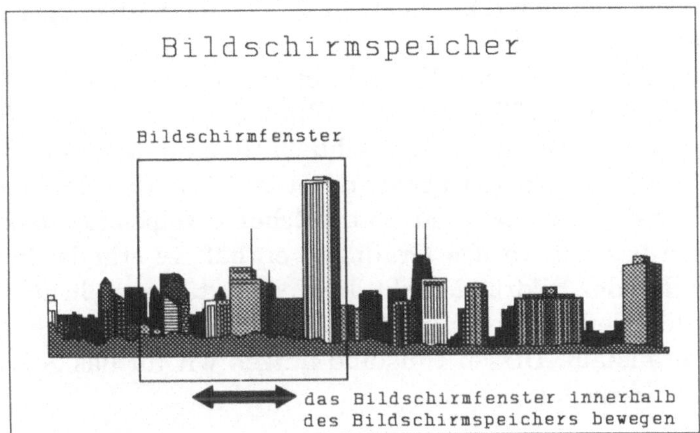

Abb. 26 Scrolling

Die neue Adresse des Bildschirmfensters wird in diese beiden Register geschrieben. Dabei ist zu beachten, daß die Bildschirmfensteradresse 16 Bit breit ist, die Register der Grafikkarte aber nur 8 Bit aufnehmen können. Aus diesem Grund wird die Adresse in einen High- und einen Low-Anteil zerlegt und einzeln an die beiden Register übertragen.
Will man das Bildschirmfenster um eine Zeile nach oben setzen, muß die Adresse um die Anzahl der Bytes pro Rasterzeile dekrementiert werden. Eine Auflösung von z.B. 320 Punkten pro Zeile benötigt genau 40 Bytes. Bei einem Versatz nach unten muß die Adresse entsprechend inkrementiert werden.
Bewegungen nach oben oder unten stellen damit keine Probleme dar. Anders sieht es aber bei einer Bewegung nach links oder rechts aus.
Soll das Bildschirmfenster z.B. nach links bewegt werden, muß die Fensteradresse dekrementiert werden. Würde man die Adresse um den kleinst möglichen Wert, nämlich um 1, erniedrigen, würde sich das Fenster um ein Byte und damit um 8 Punkte nach links bewegen. Man hätte zwar ein Scrolling erreicht, aber der Bildinhalt würde sehr stark ruckeln.
Will man das Bildschirmfenster dagegen genauso soft nach links und rechts bewegen, wie man es nach oben und unten bewegt, dann muß noch näher auf die Hardware der Grafikkarte eingegangen werden.

Der CRTC (Cathode Ray Tube Controller) synchronisiert die internen Abläufe der Grafikkarte mit der Bewegung des Monitor-Elektronenstrahls, indem er die Signale für den horizontalen und vertikalen Strahlrücklauf generiert. Er verwaltet den Bildschirmspeicher grundsätzlich byte- oder wortweise und ist deshalb nicht in der Lage, das Bildschirm-

fenster nur ein bißchen, d.h. um einen Punkt, nach links oder rechts zu verschieben.
Mehr Möglichkeiten in dieser Hinsicht bietet dagegen der Attribute Controller, der die vom CRTC adressierten Bilddaten als parallele Bitströme empfängt, weiterverarbeitet und schließlich zum Monitor leitet. Zur Familie der Attributregister gehört unter anderem das Horizontal Pixel Panning Register. Es bestimmt, mit welcher Pixelposition das Bild am linken Rand beginnt. In den Grafimodi enthält es standardmäßig den Wert 0, so daß der Bildrand exakt an einer Bytegrenze liegt. Eine Veränderung des Wertes hätte zur Folge, daß das Bild aus der linken Seite langsam herausfällt. Diesen Umstand nutzen wir für das Soft-Scrolling nach links und rechts.

Bei einer Bewegung nach links wird das Horizontal Pixel Panning Register derart beschrieben, daß langsam die erste bis zur siebten Punktspalte aus dem Bildschirm links herausgeschoben wird. Anschließend inkrementiert man die Fensteradresse um eins und erhält damit den Versatz des Bildschirmfensters um die achte Punktspalte. Will man das Fenster kontinuierlich bewegen, so muß es immer um sieben Spalten verschoben werden und anschließend eine Adresseninkrementierung erfolgen.
Bewegt man das Fenster nach rechts, dekrementiert man zuerst die Fensteradresse um eins und stellt das Horizontal Pixel Panning Register so ein, daß das Bild um sieben Spalten links herausgeschoben ist. Dadurch hat man den Versatz um eine Spalte nach rechts erreicht. Anschließend läßt man das Bild langsam von der siebenten Spalte aus bis zur nullten von rechts wieder herein gleiten.

Die Vorgehensweisen für das Soft-Scrolling des Bildschirmfensters in die verschiedenen Richtungen werden in dem folgenden Programm *MOVE_DOS* vorgestellt. Das Programm ist in TURBO-C 2.0 geschrieben. Der Vorgang des Scrollings erfordert nur eine geringe Rechenleistung, wofür die Geschwindigkeit eines C-Programmes völlig ausreicht.

Das Programm MOVE_DOS:

```
/*
 ┌─────────────────────────────────────────────────────────────┐
 │ PROGRAMM: MOVE_DOS
 │    AUTOR: Marc Schneider
 │    DATUM: 16.05.1991
```

```
|                                                                |
|   INHALT: Dieses Programm demonstriert die Technik des         |
|           Scrollings aus dem Bereich der Framemap-Animation.   |
|                                                                |
*/

#include <dos.h>              /* Headerdateien einbinden */
#include <graphics.h>
#include <stdio.h>
                              /* KONSTANTEN */
#define Bytes_pro_Zeile 80    /* Bytes pro Bildzeile */
#define AN 0                  /* Schalter fuer den Bildschirm */
#define AUS 1                 /* Schalter fuer den Bildschirm */

                              /* VARIABLEN */
int addr = 0;                 /* beinhaltet die aktuelle Bild-
                                 schirmfensteradresse */

/*
 ----------------------------------------------------------------
|                                                                |
|  FUNCTION: Modus                                               |
|                                                                |
|  IN : unsigned char nr : Nummer des Videomodus                 |
|  OUT: ---                                                      |
|                                                                |
|  PURPOSE: Es wird je nach Uebergabeparamter ein bestimmter     |
|           Videomodus aktiviert.                                |
|                                                                |
 ----------------------------------------------------------------
*/
void Modus(unsigned char nr)
{
  union REGS regs ;                /* Variable fuer die Prozessor-
                                      Register */
  regs.h.ah = 0;                   /* Funktionsnummer laden */
  regs.h.al = nr;                  /* Nr. des Videomodus */
  int86(0x10,&regs,&regs);         /* Modus aktivieren */
}

/*
 ----------------------------------------------------------------
|                                                                |
|  FUNCTION: Grafik_aus                                          |
|                                                                |
|  IN : ---                                                      |
|  OUT: ---                                                      |
|                                                                |
|  PURPOSE: Der Rechner wird in den Alphamodus versetzt.         |
|                                                                |
 ----------------------------------------------------------------
*/
void Grafik_aus()
{
  closegraph();                 /* Grafikmodus beenden */
}

/*
 ----------------------------------------------------------------
|                                                                |
|  FUNCTION: Grafik_an                                           |
```

```
IN : ---
OUT: ---

PURPOSE: Der Rechner wird in den Grafikmodus versetzt.
         Die Auflösung beträgt 640 x 350 Punkte mit 16 Farben.

*/
void Grafik_an()
{
  int driver,                     /* Grafiktreiber */
      modus;                      /* Grafikmodus */

  driver = EGA;                   /* Treiber und Modus einstellen*/
  modus = EGAHI;

  initgraph( &driver, &modus,"");/* Aufruf des Grafiktreibers   */

  if(graphresult())               /* Grafikfehler ueberpruefen */
  {
    Grafik_aus();
    printf("\n Der Grafikmodus konnte nicht aktiviert werden !");
  }
}


/*

FUNCTION: Bildschirm

IN : unsigned char mode : entweder AN oder AUS
OUT: ---

PURPOSE: Je nach Uebergabeparameter wird der Bildschirm
         entweder an- oder ausgeschaltet.

*/
void Bildschirm(unsigned char mode)
{
  union REGS r;                      /* Variable fuer die Prozessor-
                                        Register */
  r.h.ah = 0x12;                     /* Funktionsnummer laden */
  r.h.bl = 0x36;                     /* Funktionsnummer laden */
  r.h.al = mode ;                    /* Bildschirmstatus */
  int86(0x10,&r,&r);                 /* Bildschirm ein-/ausschalten */
}

/*

FUNCTION: Bildladen

IN : char *dateiname : Zeiger auf den Dateinamen
OUT: ---

PURPOSE: Es wird ein Bild geladen und direkt in den
         Bildschirmspeicher geschrieben.
```

```
*/
void Bild_laden(char *dateiname)
{
  FILE *handle;                 /* Dateihandle */
  int x=0,y=0,                  /* aktuelle Zeichenposition */
          ind,                  /* Laenge der folgenden Linie */
        farbe;                  /* Farbe der Linie */

  handle = fopen(dateiname,"rb");  /* Datei oeffnen */
  if(!handle)                   /* bei Fehler */
  {
    Grafik_aus();               /* Grafik ausschalten */
    printf("\n Konnte Bild-Datei: %s nicht öffnen !",dateiname);
    exit(1);                    /* Programm beenden */
  }

  while(!feof(handle))          /* solange Bilddatei nicht leer */
  {
    ind = fgetc(handle);        /* Laenge der Linie lesen */
    farbe = fgetc(handle);      /* Farbe der Linie lesen */
    setcolor(farbe);            /* Farbe einstellen */
    line(x,y,x+ind,y);          /* Linie zeichnen */
    x+=ind;                     /* naechste Linienposition */
    if(x>=639)                  /* bei Zeilenende */
    {
      y++;                      /* naechste Zeile */
      x=0;                      /* erste Spalte */
    }
  }
  fclose(handle);               /* Datei schliessen */
}

/*

 FUNCTION: Anzeige

 IN : unsigned int adresse: neue Adresse des Bildschirmfensters
 OUT: ---

 PURPOSE: Es wird das Bildschirmfenster innerhalb des Bild-
          schirmspeichers positioniert.

*/
void Anzeige(unsigned int adresse)
{
  outportb(0x3d4,0xc);            /* Register Start Address High */
  outportb(0x3d5,adresse/256);    /* Highwert schreiben */
  outportb(0x3d4,0xd);            /* Register Start Address Low */
  outportb(0x3d5,adresse%256);    /* Lowwert schreiben */
}

/*

 FUNCTION: Strahl1

 IN : ---
 OUT: ---

 PURPOSE: Diese Funktion wartet auf das Ende des vertikalen
```

```
|          Strahlruecklaufes.                                     |
|                                                                 |
 -----------------------------------------------------------------
*/
void Strahl1()
{
  while(!( inportb(0x3da) & 8 ));  /* warte auf Strahlbeginn */
  while(inportb(0x3da) & 8 );      /* warte auf Strahlende */
}

/*
 -----------------------------------------------------------------
|                                                                 |
| FUNCTION: Strahl2                                               |
|                                                                 |
| IN : ---                                                        |
| OUT: ---                                                        |
|                                                                 |
| PURPOSE: Diese Funktion wartet auf den Beginn des vertikalen    |
|          Strahlruecklaufes.                                     |
|                                                                 |
 -----------------------------------------------------------------
*/
void Strahl2()
{
  while(inportb(0x3da) & 8 );     /* warte auf Strahlende */
  while(!(inportb(0x3da) & 8 )); /* warte auf Strahlbeginn */
}

/*
 -----------------------------------------------------------------
|                                                                 |
| FUNCTION: Hori_Panning                                          |
|                                                                 |
| IN : unsigned char p: zu verschiebende Punkte                   |
| OUT: ---                                                        |
|                                                                 |
| PURPOSE: Diese Funktion laedt das Horizontal Pixel Panning      |
|          Register mit dem uebergebenen Wert.                    |
|          Dieses Register bestimmt, mit welcher Pixelposition    |
|          das Bild am linken Rand beginnt.                       |
|                                                                 |
 -----------------------------------------------------------------
*/
void Hori_Panning(unsigned char p)
{
  inportb(0x3da);            /* Lesen des Input Status Registers */
  outportb(0x3c0,0x13);      /* Zuruecksetzen des CPU/Video-Bits */
  outportb(0x3c0,p);         /* laden der Pixelposition */
  outportb(0x3c0,0x20);      /* Setzen des CPU/Video-Bits */
}

/*
 -----------------------------------------------------------------
|                                                                 |
| FUNCTION: Unten                                                 |
|                                                                 |
| IN : ---                                                        |
| OUT: ---                                                        |
|                                                                 |
| PURPOSE: Das Bildschirmfenster wird um eine Zeile nach oben     |
|          geschoben, so dass sich der Bildinhalt nach unten      |
```

```
            verschiebt.

*/
void Unten()
{
  Strahl2();                    /* auf den Videostrahl warten */

  if(addr>=Bytes_pro_Zeile)     /* wenn nicht oben angekommen,*/
    addr-=Bytes_pro_Zeile;      /* dann Adresse erniedrigen */

  Anzeige(addr);                /* Bildschirmfenster positionieren */
}

/*

  FUNCTION: Oben

  IN  : ---
  OUT: ---

  PURPOSE: Das Bildschirmfenster wird um eine Zeile nach unten
           geschoben, so dass sich der Bildinhalt nach oben
           verschiebt.

*/
void Oben()
{
  Strahl2();                      /* auf den Videostrahl warten */

  if(addr<Bytes_pro_Zeile*150)    /* wenn nicht unten angekommen,*/
   addr+=Bytes_pro_Zeile;         /* dann Adresse erhoehen */

  Anzeige(addr);                 /* Bildschirmfenster positionieren*/
}

/*

  FUNCTION: Rechts

  IN  : ---
  OUT: ---

  PURPOSE: Das Bildschirmfenster wird langsam um 8 Punkte nach
           links geschoben, so dass sich der Bildinhalt nach
           rechts verschiebt.
           Fuer die Verschiebung wird das Horizontal Pixel
           Panning Register mit den Werten 7..0 geladen.

*/
void Rechts()
{
  int j;                        /* Laufvariable */

  addr--;                       /* die Fensteradresse erniedrigen */
  Strahl2();                    /* auf den Videostrahl warten */
  Anzeige(addr);                /* Bildschirmfenster positionieren */
  for(j=7;j>=0;j--)
```

```
  {
    Strahl1();                    /* auf den Videostrahl warten */
    Hori_Panning(j);              /* Pixelposition einstellen */
  }
}

/*

  FUNCTION: Links

  IN : ---
  OUT: ---

  PURPOSE: Das Bildschirmfenster wird langsam um 8 Punkte nach
           rechts geschoben, so dass sich der Bildinhalt nach
           links verschiebt.
           Fuer die Verschiebung wird das Horizontal Pixel
           Panning Register mit den Werten 0..7 geladen.

*/
void Links()
{
  int j;                          /* Laufvariable */

  for(j=0;j<=7;j++)
  {
    Strahl1();                    /* auf den Videostrahl warten */
    Hori_Panning(j);              /* Pixelposition einstellen */
  }
  addr++;                         /* Fensteradresse erhoehen */
  Strahl2();                      /* auf den Videostrahl warten */
  Hori_Panning(0);                /* Pixelposition einstellen */
  Anzeige(addr);                  /* Bildschirmfenster positionieren */
}


/*

  FUNCTION: main

  Zuerst wird der Grafikmodus 16 durch eine TURBO-C Funktion
  aktiviert. Danach wird der Grafikmodus 13 mit einer Aufloesung
  von 320 x 200 Punkten und 16 Farben eingestellt.
  Das Programm laeuft somit im Grafikmodus 13, die Grafik-
  funktionen aus TURBO-C sind aber fuer den Grafikmodus 16
  initialisiert. Dies geschah aus dem Grund, damit das Hinter-
  grundbild korrekt in den virtuellen Speicher geladen wird.
  Anschliessend wird der Bildschirm ausgeschaltet.
  Mit einem Trick wird jetzt die Anzahl der Bytes pro Zeile auf
  80 eingestellt, obwohl der aktive Grafikmodus 13 nur 40 Bytes
  pro Zeile aufweist.
  Als Resultat daraus erhaelt man eine reale Bildbreite von 320
  Punkten und eine virtuelle Breite von 640 Punkten.
  Danach wird das Hintergrundbild geladen, das fuer eine Bild-
  breite von 640 Punkten ausgelegt ist.
  Jetzt wird der Bildschirm wieder angeschaltet und das
  reale Bildschirmfenster innerhalb des virtuellen Bildes
  bewegt.
```

```
*/
main()
{
  int i;                          /* Laufvariable */

  Grafik_an();                    /* Grafikmodus 16 aktivieren */
  Modus(13);                      /* Grafikmodus 13 aktivieren,
                                     mit einer Aufloesung von 320 x 200
                                     Punkten und 16 Farben */
  Bildschirm(AUS);                /* Bildschirm ausschalten */

  outportb(0x3d4,0x13);           /* Offset Register anwaehlen */
  outportb(0x3d5,Bytes_pro_Zeile/2); /* Einstellung der Bytes pro
                                        Rasterzeile */
  Bild_laden("MOVEDOS.PIC");      /* Hintergrundbild laden */
  Bildschirm(AN);                 /* Bildschirm anschalten */

  while(kbhit())getch();          /* Tastaturbuffer loeschen */

  for(i=0;i<150;i++)              /* das Bild nach oben bewegen */
    Oben();

  while(!kbhit())              /* solange keine Taste gedrueckt wird */
  {
    for(i=0;i<40;i++)
      Links();                    /* das Bild nach links bewegen */
    for(i=0;i<150;i++)
      if(!kbhit()) Unten();       /* das Bild nach unten bewegen */
    for(i=0;i<40;i++)
      if(!kbhit()) Rechts();      /* das Bild nach rechts bewegen */
    for(i=0;i<150;i++)
      if(!kbhit()) Oben();        /* das Bild nach oben bewegen */
  }
  getch();                        /* Tastaturbuffer loeschen */

  Grafik_aus();                   /* den Textmodus aktivieren */
}
```

Struktogramm:

den Grafikmodus 16 aktivieren
den Grafikmodus 13 aktivieren
den Bildschirm ausschalten
80 Bytes pro Rasterzeile einstellen
das Hintergrundbild laden
den Bildschirm anschalten
den Tastaturbuffer löschen
das Bild um 150 Zeilen nach oben bewegen
solange keine Taste gedrückt wird
das Bild nach links bewegen
das Bild nach unten bewegen
das Bild nach rechts bewegen
das Bild nach oben bewegen
den Textmodus aktivieren

Programmbeschreibung:

Das Programm schaltet zu Beginn in den VGA-Grafikmodus 16 mit einer Auflösung von 640 x 350 Punkten und 16 Farben. Dies geschieht aus dem Grund, damit die Grafikfunktionen aus TURBO-C 2.0 für diesen Modus initialisiert werden. Diese Funktionen werden z.B. beim Laden des Hintergrundbildes benötigt.
Danach wird in den Grafikmodus 13 mit einer Auflösung von 320 x 200 Punkten und 16 Farben geschaltet.
Anschließend wird der Bildschirm ausgeschaltet, damit man den Ladevorgang des Bildes nicht bemerkt.
Das Programm demonstriert die Technik des Scrollings. Damit dies aber überhaupt möglich wird, muß ein virtuelles Bild vorliegen, das größer als der sichtbare Bereich (Bildschirmfenster) ist, denn nur so kann man den sichtbaren Bereich innerhalb des virtuellen Bildes bewegen.
Um das zu erreichen, wird die Anzahl der Bytes pro Rasterzeile auf 80 eingestellt, obwohl der aktuelle Grafikmodus 13 nur 40 Bytes pro Zeile aufweist. Die VGA-Grafikkarte verwaltet jetzt den Bildschirmspeicher als ob eine horizontale Auflösung von 640 Punkten vorliegen würde.
Als Resultat erhält man ein Bildschirmfenster mit einer Auflösung von 320 x 200 Punkten innerhalb eines virtuellen Bildes mit einer Auflösung

von 640 x 350 Punkten. Die vertikale Auflösung ist bei alledem irrelevant.
Jetzt wird das Hintergrundbild in den virtuellen Bildbereich mit einer Auflösung von 640 x 350 Punkten geladen und der Bildschirm angeschaltet. Anschließend wird das Bildschirmfenster innerhalb des virtuellen Bildes solange bewegt, bis eine Taste gedrückt wird.
Für die einzelnen Bewegungen stehen die Funktionen *Oben, Unten, Links* und *Rechts* zur Verfügung. Die Funktionen *Oben* und *Unten* versetzen das Bildschirmfenster um jeweils eine Zeile. Die Funktionen *Links* und *Rechts* verschieben das Bildschirmfenster immer langsam um 8 Spalten. Die dazu notwendige Vorgehensweise wurde in dem einleitenden Text genau beschrieben. Vor der Beendigung des Programmes wird in den Textmodus geschaltet.

6.4.2 Blättern

Bei der zweiten Technik aus dem Bereich der Framemap-Animation muß man sich den Bildschirmspeicher als eine Ansammlung von Bildebenen oder Bildschirmspeicherabschnitten vorstellen, die wie bei einem Kartenstoß übereinander liegen. Durch ein Blättern innerhalb der Bildebenen bringt man sie nacheinander zur Anzeige, wodurch eine Animation erzeugt wird. Man kann sich diesen Vorgang als eine Art Daumenkino vorstellen.

Auf der VGA-Grafikkarte eignet sich dazu besonders der Grafikmodus 13, der genauso verwaltet wird wie der Grafikmodus 16 (siehe Der 16-Farben-Modus), aber eine geringere Auflösung von nur 320 x 200 Punkten aufweist.
Auf der Grafikkarte kann immer genau ein Segment des Bildschirmspeichers, d.h. 64 KByte oder 65536 Byte, linear adressiert werden. Bei einer horizontalen Auflösung von 320 Punkten benötigt man genau 40 Bytes pro Zeile. Innerhalb eines Segments kann man bei dieser Auflösung demnach 65536 / 40 = 1638,4 Zeilen adressieren.
Wenn ein Bildschirmfenster vorliegt, das genau 200 Zeilen aufweist, dann kann dieses 1638,4 / 200 = 8,192 mal innerhalb des Speichers unabhängig positioniert werden.

Diese 8 möglichen Positionen werden sozusagen untereinander im Speicher angeordnet (siehe Abb. 27). Beim Blättern wird das sichtbare Bildschirmfenster dann nacheinander auf die Adressen 0 bis 7 gesetzt. Dadurch kommt immer ein anderes Bild zur Anzeige und eine Animation wird erzeugt.

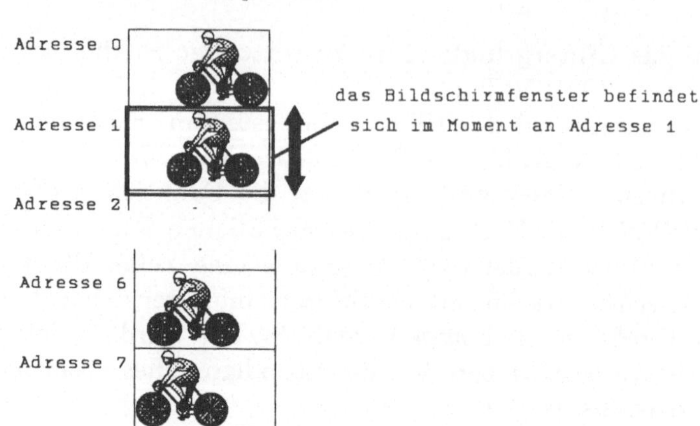

Abb. 27 Das Bildschirmfenster versetzen.

Zur Veränderung der Lage des Bildschirmfensters innerhalb des Bildschirmspeichers muß direkt die Hardware der Grafikkarte angesprochen werden. Dazu stehen die Register Start Address High und Start Address Low zur Verfügung. Die Adresse des Bildschirmfensters wird in diese beiden Register geschrieben. Dabei ist zu beachten, daß die Bildschirmfensteradresse 16 Bit breit ist, die Register der Grafikkarte aber nur 8 Bit aufnehmen können. Aus diesem Grund wird die Adresse in einen High- und einen Low-Anteil zerlegt und einzeln an die beiden Register übertragen. Dieser Vorgang ist der gleiche, wie der bei der Bewegung nach oben und nach unten bei der Technik des Scrollings.

Das folgende Programm *BLAETT* demonstriert die Technik des Blätterns und wurde in TURBO-C 2.0 geschrieben. Das Programm *BLAETT2* beruht auf der gleichen Technik. Aus diesem Grund wird es hier nicht zusätzlich aufgelistet.

<u>Das Programm BLAETT:</u>

```
/*

PROGRAMM: BLAETT

   AUTOR: Marc Schneider

   DATUM: 18.05.1991

 INHALT: Dieses Programm demonstriert die Technik des
         Blaetterns innerhalb von Bildschirmspeicher-
         abschnitten.
```

```
            Die Technik stammt aus dem Bereich der Framemap-
            Animation.

*/

#include <dos.h>                /* Headerdateien einbinden */
#include <stdio.h>
                                /* KONSTANTEN */
#define AN 0                    /* Schalter fuer den Bildschirm */
#define AUS 1                   /* Schalter fuer den Bildschirm */

/*

 FUNCTION: Bildschirm

 IN : unsigned char mode : entweder AN oder AUS
 OUT: ---

 PURPOSE: Je nach Uebergabeparameter wird der Bildschirm
          entweder an- oder ausgeschaltet.

*/
void Bildschirm(unsigned char mode)
{
  union REGS r;                     /* Variable fuer die Prozessor-
                                       Register */
  r.h.ah = 0x12;                    /* Funktionsnummer laden */
  r.h.bl = 0x36;                    /* Funktionsnummer laden */
  r.h.al = mode ;                   /* Bildschirmstatus */
  int86(0x10,&r,&r);                /* Bildschirm ein-/ausschalten */
}

/*

 FUNCTION: Modus

 IN : unsigned char nr : Nummer des Videomodus
 OUT: ---

 PURPOSE: Es wird je nach Uebergabeparamter ein bestimmter
          Videomodus aktiviert.

*/
void Modus(unsigned char nr)
{
  union REGS regs ;                 /* Variable fuer die Prozessor-
                                       Register */
  regs.h.ah = 0;                    /* Funktionsnummer laden */
  regs.h.al = nr;                   /* Nr. des Videomodus */
  int86(0x10,&regs,&regs);          /* Modus aktivieren */
}

/*

 FUNCTION: Bildladen
```

```
 IN : char *ptr: Dateiname des Bildes
      unsigned int: Adresse an die das Bild geladen wird
 OUT: ---

 PURPOSE: Es wird ein Bild an eine bestimmte Adresse innerhalb
          des Bildschirmspeichers geladen.

*/
void Bildladen(char *ptr,unsigned int adresse)
{
  union REGS r;                  /* Variable fuer die Prozessor-
                                    Register */
  FILE *handle;                  /* Dateihandle */
  int  t,j;                      /* Laufvariable */
  unsigned char far *videoram;   /* Zeiger auf den Bildspeicher */

  videoram = 0xa0000000 ;        /* Zeiger initialisieren */

  handle = fopen(ptr,"rb");      /* Bilddatei oeffnen */
  if(!handle)                    /* bei Fehler */
  {
    Modus(3);                    /* Textmodus aktivieren */
    printf("\n\007 Konnte das Bild %s nicht laden !\n",ptr);
    exit(0);                     /* Programm beenden */
  }
  outport(0x3ce,256*255+8);      /* Bit Mask Register anwaehlen
                                    und gesamtes Byte maskieren */

  for(j=1;j<=8;j*=2)             /* Bitebenen durchgehen 1,2,4,8 */
  {
    outport(0x3c4,256*j+2);      /* Map Mask Register anwaehlen
                                    und Bitebene einstellen */
    for(t=0;t<5;t++)             /* Daten fuer eine Bitebene
                                    einlesen und schreiben */
      fread(videoram+1600*t+adresse,1,1600,handle);
    fgetc(handle);               /* Bitplaneende einlesen */
  }
  fclose(handle);                /* Datei schliessen */
}

/*

 FUNCTION: Anzeige

 IN : unsigned int adresse: neue Adresse des Bildschirmfensters
 OUT: ---

 PURPOSE: Es wird das Bildschirmfenster innerhalb des Bild-
          schirmspeichers positioniert.

*/
void Anzeige(unsigned int adresse)
{
  outportb(0x3d4,0xc);           /* Register Start Address High */
  outportb(0x3d5,adresse/256);   /* Highwert schreiben */
  outportb(0x3d4,0xd);           /* Register Start Address Low */
  outportb(0x3d5,adresse%256);   /* Lowwert schreiben */
}
```

```
/*

    FUNCTION: Ablauf

    IN : ---
    OUT: ---

    PURPOSE: Es wird das Bildschirmfenster nacheinander auf die
             8 verschiedenen Bildschirmspeicheradressen gesetzt.
             Dadurch kommt immer eines der 8 Bilder aus dem Bild-
             schirmspeicher zur Anzeige.
             Durch Druecken der Taste k wird der Bildwechsel
             verlangsamt. Durch Druecken der Taste l wird er
             beschleunigt. Durch Druecken der Taste h wird die
             Animation angehalten und durch Druecken der Taste q
             beendet.

*/
void Ablauf()
{
  unsigned int adressen[8] = /* die 8 Adressen der Bilder */
                { 0,8000,16000,24000,32000,40000,48000,56000 };

  int    nr=0,                /* Bildnummer */
      taste=0,                /* Tastenwert */
    pause=200;                /* Pausenwert */

  while(taste != 'q')         /* solange nicht q gedrueckt wird */
  {
    taste = 0;                /* initialisieren */

    if(kbhit())               /* wenn Taste gedrueckt wurde */
      taste = getch();        /* Tastenwert lesen */

    while(kbhit())getch();    /* Tastaturbuffer loeschen */

    switch(taste)
    {
      case 'k' : pause+=10;   /* Pausenwert erhoehen */
                 break;
      case 'l' : if(pause>10)
                   pause-=10; /* Pausenwert erniedrigen */
                 break;
      case 'h' : getch();     /* auf Tastendruck warten */
                 break;
    }
    Anzeige(adressen[nr++]); /* Bildschirmfenster versetzen */

    if(nr==8) nr = 0;         /* Bildnummer ueberpruefen */

    delay(pause);             /* Pause */
  }
}

/*

    FUNCTION: main

    Es wird der VGA-Grafikmodus 13 mit einer Aufloesung von 320 x
```

```
 200 Punkten und 16 Farben aktiviert.
 Anschliessend werden die 8 Bilder der Animation geladen.
 Danach beginnt die Animation.
 Vor der Beendigung des Programmes wird der Textmodus aktiviert.

*/
main()
{
  Modus(13);                    /* den Grafikmodus aktivieren */

  Bildschirm(AUS);              /* den Bildschirm ausschalten */

  /* die 8 Bilder laden */

  Bildladen("GETPIC2.DAT",8000);
  Bildladen("GETPIC3.DAT",16000);
  Bildladen("GETPIC4.DAT",24000);
  Bildladen("GETPIC5.DAT",32000);
  Bildladen("GETPIC6.DAT",40000);
  Bildladen("GETPIC7.DAT",48000);
  Bildladen("GETPIC8.DAT",56000);
  Bildladen("GETPIC1.DAT",0);

  Bildschirm(AN);               /* den Bildschirm anschalten */
  Ablauf();                     /* die Animation starten */
  Modus(3);                     /* den Textmodus aktivieren */
}
```

Struktogramm:

```
+--------------------------------------------------------------+
| den Grafikmodus 13 aktivieren                                |
+--------------------------------------------------------------+
| den Bildschirm ausschalten                                   |
+--------------------------------------------------------------+
| die 8 Hintergrundbilder laden                                |
+--------------------------------------------------------------+
| den Bildschirm anschalten                                    |
+--------------------------------------------------------------+
|     solange die Taste q nicht gedrückt wird                  |
|    +---------------------------------------------------------+
|    | wurde eine Taste gedrückt ?                             |
|    |------------------ ja ----------------------+-- nein ----|
|    | Tastenwert lesen                           |            |
|    +--------------------------------------------+            |
|    | je nach Tastenwert vorgehen                |            |
|    |---- k -------+----- l ------+---- h -------|            |
|    | Pausenwert   | Pausenwert   | Animation    |            |
|    | erhöhen      | verringern   | anhalten     |            |
|    +--------------+--------------+--------------+------------+
|    | das Bildschirmfenster versetzen                         |
|    +---------------------------------------------------------+
|    | die Bildnummer erhöhen                                  |
|    +---------------------------------------------------------+
|    | eine Wartepause einlegen                                |
+----+---------------------------------------------------------+
| den Textmodus aktivieren                                     |
+--------------------------------------------------------------+
```

Programmbeschreibung:

Das Programm schaltet zu Beginn in den Grafikmodus 13 mit einer Auflösung von 320 x 200 Punkten und 16 Farben. Danach wird der Bildschirm ausgeschaltet und die 8 verschiedenen Hintergrundbilder geladen.
Die Bilder werden sozusagen untereinander im Bildschirmspeicher angeordnet. Die Offsetadressen der Bilder sind folgende: 0, 8000, 16000, 24000, 32000, 40000, 48000, 56000. Damit haben die einzelnen Bilder immer einen Abstand von 8000 Bytes. Auf genau diese Adressen wird bei der Animation das Bildschirmfenster eingestellt.
Nachdem die Bilder geladen wurden, wird der Bildschirm wieder eingeschaltet und die Animation beginnt.
Während der Animation wird das Bildschirmfenster kontinuierlich versetzt, so daß immer ein anderes der 8 Bilder zur Anzeige kommt. Die Bildwechselgeschwindigkeit wird durch eine Pause bestimmt. Durch Drücken der Taste l wird die Pause verringert und durch Drücken der Taste k erhöht. Durch Drücken der Taste h wird die Animation angehalten. Die Animation läuft solange, bis die Taste q betätigt wird. Darauf wird der Textmodus aktiviert und das Programm beendet.

Die beiden Programmbeispiele für das Scrolling und das Blättern haben gezeigt, daß eine Framemap-Animation nur durch die Änderung von Adressen zustande kommt. Aus diesem Grund sind Programme aus ihrem Gebiet meist einfach zu realisieren und haben zudem noch eine hohe Ausführungsgeschwindigkeit.

6.5 Colormap-Animation

Colormap-Animationen befassen sich mit der Veränderung von Palettenwerten.
Alle möglichen Farben eines Grafikmodus werden in einer dafür vorgesehenen Colormap und einer Farbpalette festgehalten (siehe VGA intern). Durch die Colormap-Animation werden genau diese Paletteneinträge verändert. Die Bitmap, also die eigentlichen Bildinformationen, bleibt dabei unangetastet. Da sich ausschließlich die Farben ändern, nennt man die Colormap-Animation auch Farbanimation.

Die Colormap-Animation ist die schnellste Technik, um ein Raster-Bild zu verändern. Da aber die Struktur der Bitmap unangetastet bleibt, das eigentliche Bild also identisch ist, sind die mit der Colormap-Animation erzielbaren Effekte natürlich begrenzt.

Durch die bloße Veränderung von Palettenwerten können Bewegungen simuliert werden. Die bekannteste Technik aus dem Bereich der Colormap-Animation ist das Color-Cycling.

6.5.1 Color-Cycling

Beim Color-Cycling werden bestimmte Paletteneinträge zyklisch ausgewechselt. So können in einer Animation z.B. die Paletteneinträge von Nr. 10 bis Nr. 20 rotiert werden. Dabei übernimmt der Paletteneintrag Nr. 10 den Farbwert des Eintrages Nr. 11, der Eintrag Nr. 11 den Wert des Eintrages Nr. 12 etc. Zum Schluß erhält der Paletteneintrag Nr. 20 den Farbwert des Eintrages Nr. 10, damit der Kreis geschlossen ist.

Damit durch dieses zyklische Auswechseln der Paletteneinträge eine Animation erzeugt wird, geht man wie folgt vor:
Das zu bewegende Objekt wird in allen seinen Bewegungsphasen nebeneinander auf dem Bildschirm erstellt (siehe Abb. 28). Beim Zeichnen wird für jede Bewegungsphase eine andere Farbnummer verwendet. Die Farbwerte der Farbnummern werden so eingestellt, daß sie alle den gleichen Farbwert wie der Hintergrund aufweisen. Dadurch ist keine der Bewegungsphasen des Objektes sichtbar.

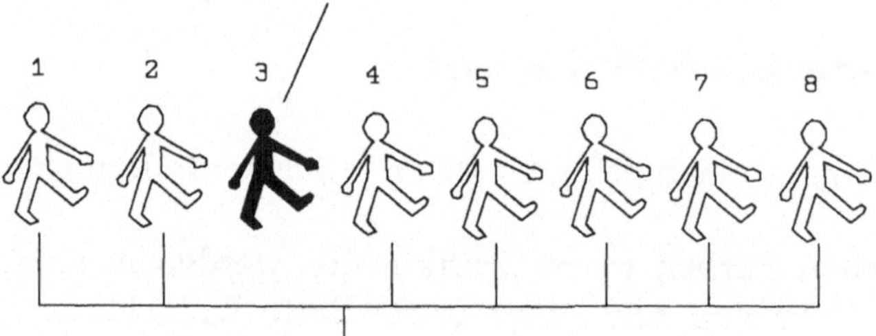

Abb. 28 Color-Cycling

Jetzt ändert man den Farbwert der Farbnummer, mit der man die erste Bewegungsphase gezeichnet hat, dahingehend, daß das Objekt sichtbar wird. Der Betrachter sieht jetzt das Objekt im ersten Bewegungsschritt. Darauf wird der Farbwert der ersten Bewegungsphase wieder auf den der Hintergrundfarbe eingestellt und der Farbwert der zweiten Bewegungsphase so eingestellt, daß diese sichtbar wird. Auf diese Art und Weise geht man alle Bewegungsphasen durch. Es kommen dadurch nacheinander die einzelnen Bewegungsschritte zur Anzeige, so daß der Betrachter eine Animation wahrnimmt.

Das Verblüffende bei dieser Animationstechnik ist, daß wirklich keinerlei Änderungen an der Bildinformation vorgenommen werden. Trotzdem kann man Animationen erzeugen, die sonst nur mit aufwendigen Kopierarbeiten, wie z.B. bei der Snap-Animation, realisiert werden.

Das Color-Cycling ist auf das Vorhandensein von vielen Farben angewiesen. Für jede einzelne Bewegungsphase wird eine andere Farbe benötigt und darüber hinaus beansprucht ein zusätzliches Hintergrundbild auch noch weitere Farben. Aus diesem Grund eignet sich der VGA-Grafikmodus 19 mit 256 Farben besonders für diese Technik. Die 16 Farben, die von den anderen Grafikmodi geboten werden, reichen meistens nicht aus.

Das folgende Programm *TROTATE* ist in TURBO-C 2.0 geschrieben und demonstriert die Technik des Color-Cyclings.

Das Programm TROTATE:

```
/*
 ______________________________________________________________________
|                                                                      |
|  PROGRAMM: TROTATE                                                   |
|                                                                      |
|     AUTOR: Marc Schneider                                            |
|                                                                      |
|     DATUM: 22.05.1991                                                |
|                                                                      |
|   INHALT: Dieses Programm demonstriert die Technik des               |
|           Color-Cyclings. Das Color-Cycling stammt aus dem           |
|           Bereich der Colormap-Animation.                            |
|______________________________________________________________________|
*/

#include <dos.h>                /* Headerdateien einbinden */
#include <stdio.h>
#include <string.h>
                                /* KONSTANTEN */
#define AN 0                    /* Schalter fuer den Bildschirm */
#define AUS 1                   /* Schalter fuer den Bildschirm */
 /* Makro zum ODERN von Bytewerten in den Bildschirmspeicher */
#define vram(adresse,wert) pokeb(0xa000,adresse,wert | peekb(0xa000,-
adresse))

                                /* VARIABLEN */
char farben[2][10] = {"NACHT.COL","HERZ.COL"} ; /* Dateinamen */
char bild[2][10] = {"NACHT.DAT","HERZ.DAT"} ;   /* Dateinamen */
```

```
char wahl;                          /* Parameternummer */

/*
 FUNCTION: Bildschirm

 IN : unsigned char mode : entweder AN oder AUS
 OUT: ---

 PURPOSE: Je nach Uebergabeparameter wird der Bildschirm
          entweder an- oder ausgeschaltet.
*/
void Bildschirm(unsigned char mode)
{
  union REGS r;                     /* Variable fuer die Prozessor-
                                       Register */
  r.h.ah = 0x12;                    /* Funktionsnummer laden */
  r.h.bl = 0x36;                    /* Funktionsnummer laden */
  r.h.al = mode ;                   /* Bildschirmstatus */
  int86(0x10,&r,&r);                /* Bildschirm ein-/ausschalten */
}

/*
 FUNCTION: Modus

 IN : unsigned char nr : Nummer des Videomodus
 OUT: ---

 PURPOSE: Es wird je nach Uebergabeparamter ein bestimmter
          Videomodus aktiviert.
*/
void Modus(unsigned char nr)
{
  union REGS regs ;                 /* Variable fuer die Prozessor-
                                       Register */
  regs.h.ah = 0;                    /* Funktionsnummer laden */
  regs.h.al = nr;                   /* Nr. des Videomodus */
  int86(0x10,&regs,&regs);          /* Modus aktivieren */
}

/*
 FUNCTION: Bildladen

 IN : ---
 OUT: ---

 PURPOSE: Es wird ein Bild im VGA-Grafikmodus 19 geladen.
          Dazu wird zuerst die Bildinformation geladen und in
          den Bildschirmspeicher geschrieben. Anschliessend
          werden alle Farbwerte geladen und in den Paletten-
          eintraegen abgelegt.
```

```
*/
void Bildladen()
{
  unsigned char byte,             /* gelesenes Byte */
                wert;             /* zu schreibender Wert */
  unsigned int  ypos,             /* Zeilenposition */
                xpos,             /* Spaltenposition */
                   i;             /* Laufvariable */
  FILE *datei;

  wert = 1;                       /* initialisieren */
  ypos = xpos = 0;                /* initialisieren */

  datei = fopen(bild[wahl-49],"rb"); /* Datei mit den Bild-
                                        informationen oeffnen */

  if(!datei)                      /* bei Fehler */
  {
    Modus(3);                     /* Textmodus aktivieren */
    printf("\n\007 Konnte die Bilddatei nicht oeffnen !\n");
    exit(0);                      /* Programm beenden */
  }

  /* solange die Datei nicht leer und der Bildschirm nicht
     fertig bearbeitet ist */
  while(!feof(datei) && (xpos+ypos < 320 * 200))
  {
    byte = fgetc(datei) ;         /* naechste Bildinformation lesen */

    /* gelesenen Wert im Bildspeicher ablegen */
    if( byte & 128 ) vram(xpos+ypos,wert);
    if( byte & 64 ) vram(xpos+1+ypos,wert);
    if( byte & 32 ) vram(xpos+2+ypos,wert);
    if( byte & 16 ) vram(xpos+3+ypos,wert);
    if( byte & 8 ) vram(xpos+4+ypos,wert);
    if( byte & 4 ) vram(xpos+5+ypos,wert);
    if( byte & 2 ) vram(xpos+6+ypos,wert);
    if( byte & 1 ) vram(xpos+7+ypos,wert);

    xpos += 8;                    /* naechstes Byte anvisieren */
    if(xpos == 320)               /* ist eine Zeile beendet */
    {
      xpos = 0;                   /* erste Spalte anwaehlen */
      wert = wert << 1 ;          /* Wert verdoppeln */
      if( wert == 32 )            /* maximal 32 Farben moeglich */
      {
        wert = 1;                 /* Farbwert ablegen */
        ypos += 320 ;             /* naechste Zeile anvisieren */
      }
    }
  }
  fclose(datei);                  /* Datei schliessen */

  datei = fopen(farben[wahl-49],"rb"); /* Datei mit den Farb-
                                          informationen oeffnen */

  if(!datei)                      /* bei Fehler */
  {
    Modus(3);                     /* Textmodus aktivieren */
    printf("\n\007 Konnte die Farbdatei nicht oeffnen !\n");
    exit(0);                      /* Programm beenden */
  }
```

```
  for(i=0;i<32;i++)      /* die ersten 32 Farbpaletten durchgehen */
  {
    /* Farbpalette einstellen im PEL Address Write Mode Register */
    outportb(0x3c8,i);
    /* Rotanteil lesen und schreiben */
    outportb(0x3c9,(fgetc(datei)>>2));     /* PEL Data Register */
    /* Gruenanteil lesen und schreiben */
    outportb(0x3c9,(fgetc(datei)>>2));     /* PEL Data Register */
    /* Blauanteil lesen und schreiben */
    outportb(0x3c9,(fgetc(datei)>>2));     /* PEL Data Register */
  }
  fclose(datei);                  /* Datei schliessen */

  for(;i<256;i++)                 /* restlichen Farben loeschen */
  {
    outportb(0x3c8,i);            /* Farbnummer */
    outportb(0x3c9,0);            /* Rotanteil */
    outportb(0x3c9,0);            /* Gruenanteil */
    outportb(0x3c9,0);            /* Blauanteil */
  }
}

/*

  FUNCTION: Rotate

  IN :unsigned int start: Startpalettennr. des Rotationsbereiches
      unsigned int stop : Stoppalettennr. des Rotationsbereiches
  OUT: ---

  PURPOSE: Es wird der Bereich, der durch die Start- und Stop-
           palettennummern begrenzt ist, rotiert. Die Rotations-
           richtung wird dadurch bestimmt, ob die Startnummmer
           groesser als die Stopnummer ist, oder nicht.

*/
Rotate(unsigned int start,unsigned int stop)
{
  int rot[255],gruen[255],blau[255]; /* Farbenspeicher */
  unsigned char durch,               /* Laufindex */
                ro,gr,bl;            /* Hilfsvariablen */
  int           farbe;               /* Laufindex */

  /* alle Farbwerte holen */
  for(farbe=0;farbe<=255;farbe++) /* alle Farbpaletten
                                     durchgehen */
  {
    outportb(0x3c8,(unsigned char)farbe+1); /* Farbnummer */
    rot[farbe] = inportb(0x3c9);    /* Rotanteil lesen */
    gruen[farbe] = inportb(0x3c9);  /* Gruenanteil lesen */
    blau[farbe] = inportb(0x3c9);   /* Blauanteil lesen */
  }

  /* solange keine Taste gedrueckt wird, die Farben rotieren */
  while(!kbhit())
  {
    outportb(0x3c8,start);          /* Farbnummer einstellen */
    outportb(0x3c9,rot[stop]);      /* Rotwert schreiben */
    outportb(0x3c9,gruen[stop]);    /* Gruenwert schreiben */
```

```
    outportb(0x3c9,blau[stop]);   /* Blauwert schreiben */

    ro = rot[stop];               /* Rotwert sichern */
    gr = gruen[stop];             /* Gruenwert sichern */
    bl = blau[stop];              /* Blauwert sichern */

    if( start < stop )
    {
      /* den Bereich um einen Schritt rotieren */
      for(durch=stop;durch>start;durch--)
      {
        /* Farbwerte schreiben */
        outportb(0x3c8,durch);          /* Farbnummer einstellen */
        outportb(0x3c9,rot[durch-1]);   /* Rotwert schreiben */
        outportb(0x3c9,gruen[durch-1]);/* Gruenwert schreiben */
        outportb(0x3c9,blau[durch-1]); /* Blauwert schreiben */

        /* Farbenspeicher um einen Schritt rotieren */
        rot[durch] = rot[durch-1] ;
        blau[durch] = blau[durch-1] ;
        gruen[durch] = gruen[durch-1] ;
      }
    }
    else
    {
      /* den Bereich um einen Schritt rotieren */
      for(durch=stop;durch<start;durch++)
      {
        /* Farbwerte schreiben */
        outportb(0x3c8,durch);          /* Farbnummer einstellen */
        outportb(0x3c9,rot[durch+1]);   /* Rotwert schreiben */
        outportb(0x3c9,gruen[durch+1]);/* Gruenwert schreiben */
        outportb(0x3c9,blau[durch+1]); /* Blauwert schreiben */

        /* Farbenspeicher um einen Schritt rotieren */
        rot[durch] = rot[durch+1] ;
        blau[durch] = blau[durch+1] ;
        gruen[durch] = gruen[durch+1] ;
      }
    }
    rot[start] = ro ;             /* ersten Wert einstellen */
    blau[start] = bl ;
    gruen[start] = gr ;

    delay(200-((wahl-49)*50));    /* Wartepause */
  }
}

/*

 FUNCTION: main

 IN:     int anz : Anzahl der Programmparameter
     char *arg[] : Zeiger auf die Parameter

 Das Programm ermoeglicht das Color-Cycling bei zwei
 verschiedenen Hintergrundbildern. Der beim Aufruf des
 Programmes mit angegebene Parameter waehlt ein Bild aus.
 Wurde ein korrekter Parameter uebergeben, schaltet das Pro-
 gramm in den VGA-Grafikmodus 19.
 Danach wird das Hintergrundbild geladen.
```

```
Anschliessend beginnt die Rotation der Farbpaletten und damit
die Animation.
Wurde eine Taste gedrueckt, wird die Animation beendet.
Das Programm schaltet dann in den Textmodus und terminiert.

*/
main(int anz,char *arg[])
{
  if(!strcmp(arg[1],"Nacht"))  /* Ubergabeparamter testen */
    wahl = '1' ;
  if(!strcmp(arg[1],"Herz"))   /* Ubergabeparamter testen */
    wahl = '2' ;

  /* wenn Paramter nicht korrekt Programm beenden */
  if(anz != 2 || ( wahl != '1' && wahl != '2'))
  {
    printf("\n SYNTAX: TROTATE [nacht\\herz] \n");
    exit(0);
  }

  Modus(0x13);                /* Grafik aktivieren */

  Bildschirm(AUS);            /* Bildschirm ausschalten */

  Bildladen();                /* das Hintergrundbild laden */

  while(kbhit())getch();      /* Tastaturbuffer loeschen */

  Bildschirm(AN);             /* Bildschirm anschalten */

  if(wahl == '1')
    Rotate(4,23);             /* Paletten rotieren */
  else
    Rotate(22,16);            /* Paletten rotieren */

  Modus(3);                   /* Textmodus aktivieren */

  getch();                    /* Tastaturbuffer loeschen */
}
```

Struktogramm:

```
den VGA-Grafikmodus 19 aktivieren
den Bildschirm ausschalten
das Hintergrundbild laden
den Tastaturbuffer löschen
den Bildschirm anschalten
solange keine Taste gedrückt wird
    den Farbwert des ersten Paletteneintrages dem
    letzten Paletteneintrag übertragen
    von der letzten Farbe bis zur ersten durchgehen
        den Farbwert des folgenden Paletteneintrages
        dem aktuellen Paletteneintrag übertragen
    den Farbwert des letzten Paletteneintrages dem
    ersten Paletteneintrag übertragen
    Wartepause
den Textmodus aktivieren
den Tasturbuffer löschen
```

Programmbeschreibung:

Zu Beginn wird der beim Starten des Programmes übergebene Parameter überprüft. Dieser Parameter wählt eines von zwei möglichen Bildern aus. Ist der Parameter nicht korrekt, bricht das Programm mit einer Fehlermeldung ab.
Ansonsten schaltet das Programm in den VGA-Grafikmodus 19 mit einer Auflösung von 320 x 200 Punkten und 256 Farben. Danach wird der Bildschirm ausgeschaltet und das Bild geladen. Die Informationen über das Bild werden zwei Dateien entnommen. Die eine enthält die Belegung der Bitmap und die andere alle Farbinformationen. Anschließend wird der Bildschirm wieder angeschaltet und die Animation gestartet.
Die gesamte Animation wird in der Funktion *Rotate* realisiert. In dieser Funktion werden die Farben zyklisch ausgetauscht. Dafür wurden die einzelnen Paletteneinträge zuvor gesichert. Der Bereich der Farbpalette, der rotiert werden soll, wird durch die Übergabeparameter *start* und *stop* begrenzt. Ist der Startwert kleiner als der Stopwert, wird in aufsteigender Richtung rotiert, d.h. der Paletteneintrag 10 erhält den Farbwert des Paletteneintrages 9. Andernfalls verläuft die Rotation in absteigender Richtung.

Durch einen Tastendruck wird die Animation abgebrochen. Daraufhin wird der Textmodus aktiviert und das Programm beendet.

6.5.2 Sonstiges

Im Bereich der Colormap-Animation ist die Technik des Color-Cyclings die einzige, mit der man direkt eine Animation erzeugen kann. Weitere Techniken dienen hauptsächlich dazu, Effekte zu erzielen.
So kann man z.B. durch eine Veränderung der Farbpalette Punkte auf dem Bildschirm blinken lassen und dadurch einen Sternenhimmel simulieren.
Weiterhin kann ein Hoch- oder Abdimmen der Farben dazu dienen, ein Bild langsam erscheinen oder verschwinden zu lassen. Dies wird häufig in Computer-Spielen benutzt, um z.B. die jeweilige Szene zu wechseln.

6.6 Techniken zur Geschwindigkeitssteigerung

Bei der Realisierung einer Echtzeit-Animation ist man immer von der Leistungsfähigkeit des verwendeten Computers abhängig. Ist die Leistung zu gering, muß man auf bestimmte Techniken verzichten. Mitunter kann es auch vorkommen, daß man den Umfang einer Animation reduzieren muß, um sie noch in Echtzeit realisieren zu können.

Da die Leistungsfähigkeit für einige Techniken wirklich sehr wichtig ist, wurden z.B. die Beispielprogramme für die Snap-Animation und Feldbewegung in ASSEMBLER geschrieben. Wären diese Programme in einer Hochsprache geschrieben worden, würden sie auf dem verwendeten Rechner niemals die gleichen Ergebnisse liefern.
Aus diesem Grunde setzt man immer schnellere Rechner für die Entwicklung und Präsentation von Animationen ein. Da schnelle Rechner aber viel Geld kosten, versucht man mit allen Möglichkeiten, die Programme zu beschleunigen. So werden immer wieder neue Algorithmen entwickelt, die gegenüber den herkömmlichen noch ein bißchen an Geschwindigkeit herausholen.
Besonders bei der Entwicklung von Computer-Spielen verwenden die Programmierer viele Tricks. Ein Teil dieser Tricks und andere grundsätzliche Möglichkeiten zur Geschwindigkeitssteigerung werden im Folgenden vorgestellt:

1)Verfügt die Grafikkarte über ein Hardware-Scrolling, sollte dieses für Framemap-Animationen immer benutzt werden, weil dadurch die CPU entlastet wird. Das Scrolling wird automatisch von der Hardware der Grafikkarte übernommen.
Der Nachteil besteht darin, daß die Programme dann immer auf eine Grafikkarte angewiesen sind, die diese Hardwareunterstützung bietet.

2)Unterstützt die Grafikkarte Sprites, so ist es bei Objektanimationen sinnvoll darauf zurückzugreifen. Sprites sind kleine Objekte oder besser gesagt Grafikfelder, die von der Hardware der Grafikkarte auf den Bildschirm projiziert und dort animiert werden können.

Wie bei dem Hardware-Scrolling spart man viel Rechenzeit dadurch ein, weil die Hardware der Grafikkarte die Arbeit übernimmt.

3)Bei Objektanimationen mit Hintergrund sollte man immer die Technik 2 verwenden (siehe Technik 2), bei der zwei Hintergrundbilder vorhanden sind. Man spart sich dadurch den Vorgang des Hintergrundrettens.

4)Um das Objekt-Shiften (siehe Objekt-Shiften) zu umgehen, entwickelt man alle acht Objektmuster vor der Animation und legt diese im Speicher ab. Bei der Animation muß man das jeweilige Muster dann nur noch an seine Zielposition kopieren. Genauso verfährt man mit den Objektmasken.

5)In dem Grafikmodus 16 ist der Bildschirm in vier Bitebenen eingeteilt (siehe Der 16-Farben-Modus). Durch diese vier Bitebenen werden 16 Farben ermöglicht. Kommt man bei einer Animation mit acht Farben aus, kann eine Bitebene weggelassen werden. Dadurch spart man natürlich Zeit beim Zeichnen von Hintergründen und Objekten. Die Techniken aus dem Bereich der Bitmap-Animation können dadurch in der Regel immer schneller ausgeführt werden.

Dieser Sachverhalt wird manchmal in Computer-Spielen ausgenutzt, was man dann an der geringen Farbenanzahl der Objekte erkennt.

6)Wird ein Objekt auf einer bestimmten Flugbahn über den Bildschirm bewegt, kann man sehr viel Rechenzeit dadurch sparen, indem man alle Objektposition schon vor der Bewegung berechnet. Diese Positionen werden dann nur noch durch eine Adresse repräsentiert, die im Speicher gehalten wird und von dort schnell ausgelesen werden kann.

Ebenfalls können sämtliche Körperkoordinaten für eine Rotation oder für eine Veränderung der Körpergeometrie schon vor der Animation berechnet und im Hauptspeicher oder einer Datei abgelegt werden. Bei der Animation muß sich der Rechner dann nur noch um die Darstellung der Körper kümmern und bleibt von jeglichen Berechnungen verschont.
Dieses Prinzip wurde in dem Beispielprogramm BUCHSTAB angewendet.

7)Reicht die Rechenleistung nicht für eine gleitende Bewegung der Objekte aus, bleibt als Möglichkeit immer noch die Schrittweite zu vergrößern. Bei schnellen Bewegungen fällt es dem Betrachter oft gar nicht auf, wenn in der Bewegung einzelne Positionen fehlen.

8)Besonders für Animationen, in denen viele Berechnungen anfallen, z.B. bei Rotationen, empfiehlt sich immer die Verwendung eines mathematischen Koprozessors.

9)Obwohl man schon mit in ASSEMBLER geschriebenen Programmen immer die höchste Animationsgeschwindigkeit erreicht, kann man trotzdem durch eine geschickte Programmierung die Programme noch optimieren.
So ersetzt man Multiplikationen und Divisionen immer durch logische Operationen:

```
X MOD 8    wird durch   X AND 7  ersetzt
X * 256    wird durch   X SHL 8  ersetzt
X * 24     wird durch   X SHL 4 + X SHL 3 ersetzt
X / 16     wird durch   X SHR 4  ersetzt
```

Eine Multiplikation zweier 16-Bit-Register benötigt zwischen 118 und 133 Taktzyklen. Dagegen benötigt die äquivalente Shiftoperation im günstigsten Fall nur 2 Taktzyklen und bei einer Verschiebung um z.B. 8 Bit (Multiplikation mit 256) nur 40 Taktzyklen. Es macht sich also sehr wohl bemerkbar, ob man anstatt einer mathematischen eine logische Operationen verwendet oder nicht.

Weiterhin kann man teilweise Befehle durch andere austauschen, die genau das Gleiche bewirken, aber weniger Taktzyklen benötigen. So ersetzt man MOV CX,0 durch XOR CX,CX und spart dadurch einen Taktzyklus. Statt CMP AX,0 verwendet man AND AX,AX und spart wiederum einen Taktzyklus ein. Besonders in Programmschleifen, in denen diese Befehle mehrmals hintereinander ausgeführt werden, macht sich ein Geschwindigkeitsvorteil bemerkbar.

10)Programmiert man in einer Hochsprache, ist es ratsam, möglichst nur Variablen zu verwenden, die durch eine ganze Zahl repräsentiert werden. Die Verwaltung und Berechnung von Fließkommazahlen benötigt ein Mehrfaches an Zeit.

Aus diesem Grund wurden auch von *BRESENHAM* die bekannten Algorithmen zum Zeichnen einer Linie und eines Kreises entwickelt, die vollständig ohne Fließkommazahlen auskommen.

Desweiteren gibt es einige Tricks, um C-Programme zu optimieren:

a) **if((taste = getchar()) != EOF) { ...**

wird schneller ausgeführt als

taste = getchar();
if(taste != EOF) { ...

Im ersten Fall wird der Wert der Variablen taste in einem Register abgelegt und für den Vergleich herangezogen. Im zweiten Fall wird die Variable taste im Hauptspeicher abgelegt, der einen 2 bis 40fach langsameren Zugriff als ein Register hat.

b) **if(wertb > 0) werta = wertb ; else werta = wertb + 1 ;**

wird ersetzt durch

werta = (wertb > 0) ? wertb : wertb + 1 ;

Im zweiten Fall wird der Wert von wertb für den Vergleich in einem Register abgelegt und kann anschließend bei der Zuweisung wieder verwendet werden.

c) **werta = wertb * 20 ;**

wird ersetzt durch

werta = (wertb << 4) + (wertb << 2) ;

Wie bei den zuvor besprochenen Optimierungen in ASSEMBLER, kann man auch innerhalb von C mathematische Operationen durch Shiftoperationen ersetzen.

d) **for(i=0;i<100;i++) feld[i] = 5 ;**

wird ersetzt durch

ptr = &feld[0] ;
for(i=0;i<100;i++) (*ptr)++ = 5 ;

Im ersten Fall wird innerhalb der Schleife 100 mal die genaue Adresse von feld[i] berechnet, um darin die 5 abzulegen. Im zweiten Fall wird einem Zeiger die Anfangsadresse des Feldes feld zugewiesen. Innerhalb der Schleife wird dieser Zeiger immer um ein Element weitergesetzt. Die Adreßberechnung fällt dabei völlig weg.

e) **feld[i] = feld[i] + 1 ;**

wird ersetzt durch

feld[i]++ ;

Im zweiten Fall wird die Adresse von feld[i] nur einmal berechnet.

f) **float f ; double d,e ;**

f = d ; ist sehr langsam
e = d ; ist 22 mal schneller

Man sollte immer, wenn möglich, Variablen gleichen Typs verwenden, da sonst interne Konvertierungsroutinen aufgerufen werden. Diese Konvertierungsroutinen sind sehr rechenintensiv und senken dadurch die Ausführungsgeschwindigkeit des Programmes.

g) **register int i ;** Definition einer Registervariablen

anstatt

int i ;

TURBO-C 2.0 erlaubt die Definition von zwei Register-Variablen. Der Variablenwert wird dabei nicht im Hauptspeicher gehalten, sondern direkt in einem CPU-Register. Operationen mit Register-Variablen werden um ein Mehrfaches schneller ausgeführt als Operationen mit Standardvariablen.

h) **int add(int x,int y)** **Funktion**

```
{
  return(x + y);
}
```

wird ersetzt durch

#define add(x,y) (x)+(y) **Makro**

Kleine Funktionen werden durch Makros ersetzt. Der Vorteil eines Makros ist, daß er direkt in den Programmkode eingefügt wird und somit die gesamte Stackverwaltung, die sonst für Funktionsparameter nötig ist, wegfällt. Darüber hinaus entfällt auch der Sprung in die Funktion hinein und am Ende dieser, der Rücksprung an die Stelle ihres Aufrufs.

7. Vergleich der Animationstechniken

Wie man an den Beispielprogrammen zu den verschiedenen Animationstechniken gesehen hat, ist der zu realisierende Umfang einer Animation von Technik zu Technik verschieden.
Die für die einzelnen Techniken benötigte Rechenleistung differierte zwischen sehr hoch und sehr gering.
Man kann demnach nicht eine beliebige Technik für eine zu erzeugende Animation heranziehen, sondern muß sich über Vor-, Nachteile und Möglichkeiten jeder einzelnen Technik bewußt sein.
Aus diesem Grund wird im Folgenden ein Vergleich der Techniken aufgestellt:

Als erstes wollen wir das zu erreichende Ausmaß der Bildveränderungen während der Animation betrachten.
Bei der additiven Bewegung werden die Bildveränderungen durch ein direktes Zeichnen oder Löschen im Bildschirmspeicher erzielt. Die Bildveränderungen sind meist ziemlich gering und beschränken sich im Allgemeinen auf geometrische Grundelemente und im Höchstfall auf gefüllte Polygone. Der Rechenaufwand ist sehr hoch, da neben dem Zeichnen der Körper meist noch mathematische Berechnungen ausgeführt werden müssen.
Mit der Snap-Animation und der Feldbewegung werden auch nur geringe bis mittlere Bildveränderungen erzielt, obwohl hierbei keine Berechnungen anfallen. Das Kopieren bloßer Bildinformationen ist aber sehr rechenintensiv und macht dadurch große Veränderungen unmöglich.

Bei der Datenkompression kann man ein hohes Ausmaß an Bildveränderungen dadurch erzielen, daß man wirklich nur die Bildinformationen manipuliert, die sich tatsächlich verändern. In Wirklichkeit werden dabei entweder genauso viele oder sogar weniger Punkte auf dem Bildschirm verändert als bei der Snap-Animation. Da die Veränderungen aber an vielen Stellen gleichzeitig vorgenommen werden, nimmt der Betrachter ein größeres Ausmaß an Bildveränderungen wahr. Die Rechenleistung steigt mit diesem Ausmaß, wodurch dann nach oben hin eine Grenze gesetzt wird. Die Bewegung eines vollständigen Bildes wird aber durch keine der Techniken aus der Bitmap-Animation ermöglicht.

Hier kommen nun die Vorteile der Framemap-Animation zum Zuge. Das Scrolling und das Blättern innerhalb von Bildschirmspeicherabschnitten sind Techniken, die sehr wenig Rechenleistung benötigen und trotzdem ein sehr hohes Ausmaß an Bildveränderungen, bis hin zum gesamten

Bild, ermöglichen. Das Besondere dabei ist, daß während der Animation die eigentliche Bildinformation nicht verändert wird.
Die durch das Color-Cycling zu erzielenden Bildveränderungen können ebenfalls ziemlich hoch sein. Ein großer Nachteil besteht aber darin, daß sich die Bewegungsphasen eines Objektes niemals überlappen können. Jeder Schritt muß für sich gesondert im Bildschirmspeicher vorliegen. Da die Technik darin besteht, nur die Palettenwerte zu ändern, benötigt man keine hohe Rechenleistung. Um ein hohes Ausmaß an Bildveränderungen erzielen zu können, müssen sich viele Bewegungsphasen im Bildschirmspeicher befinden. Die Bewegung eines gesamten Bildes ist aber auch mit dieser Technik nicht zu realisieren.

Die mit Abstand höchsten Animationsgeschwindigkeiten erreicht man mit den Techniken aus dem Bereich der Framemap- und Colormap-Animation, da diese wenig Rechenleistung erfordern. Die für eine Echtzeit-Animation erforderlichen 25 Bilder pro Sekunde können leicht realisiert werden.

Die Vorteile der Techniken aus dem Bereich der Framemap- und Colormap-Animation gegenüber den Techniken aus dem Bereich der Bitmap-Animation treten schnell in den Hintergrund, wenn man den Gesichtspunkt der Interaktivität hinzuzieht.
Eine Interaktivität ist unbedingt erforderlich für Spielprogramme und für Fahr- und Flugzeugsimulationen. Da beim Scrolling, Blättern und Color-Cycling keine Veränderungen an der Bildinformation stattfinden, sind diese Techniken dafür völlig ungeeignet. Sie werden nur in Kombination mit anderen Techniken verwendet. So bewegt sich z.B. in einem Spielprogramm der Hintergrund durch Scrolling, auf dem aber wiederum die Objekte mittels der Snap-Technik bewegt werden.
Auch die Datenkompression läßt keine Interaktivität zu. Vor der Animation stehen alle Bewegungsphasen schon fest, wodurch man keinen Eingriff mehr vornehmen kann.
Für Spiele wird oft die Technik der Snap-Animation verwendet, da man mit ihr schnell Objekte auf den Bildschirm kopieren und dort bewegen kann. Beinhaltet aber eine Animation sich bewegende 3D-Vektor-Körper (Grundlage der Flugsimulationen), dann kann man nicht die Fülle der Bewegungsphasen vorher berechnen und zwischenspeichern. Für diesem Fall bleibt nur noch die Technik der additiven Bewegung.

Neben der Interaktivität und dem Ausmaß der Bildveränderungen ist auch die Dauer der erzeugten Animation wichtig. Dabei ist die Zeit gemeint, in der ständig etwas Neues auf dem Bildschirm erscheint.

Bei der Datenkompression dauert die Animation genau solange, bis alle Bilder angezeigt wurden. Dann kann die Animation zwar wieder von vorne beginnen, wodurch sich aber am Animationsinhalt nichts ändert. Genauso ist es beim Blättern, wobei dort aber die Anzahl der Bilder zudem noch sehr stark eingeschränkt ist.
Auch beim Color-Cycling ist man von dem anhängig, was schon vorher in den Bildschirmspeicher an Informationen geschrieben wurde. Die Animationsdauer ist sehr gering, weil nicht viele verschiedene Bewegungsphasen in einem Bild abgelegt werden können.

Bei der Snap-Animation müssen alle Bewegungsphasen als Snaps vorliegen. Während der Animation werden die Snaps nacheinander auf dem Bildschirm dargestellt. Wurden alle Snaps einmal kopiert, kann keine neue Bildinformation mehr erscheinen. Aus diesem Grund kombiniert man die Snap-Animation oft mit zusätzlichen Bewegungen. Dadurch erhält man eine Animationsdauer, die unbeschränkt ist.

Bei der Feldbewegung kann man ebenfalls das Feld beliebig über den Bildschirm bewegen, ohne die Animation zu wiederholen.
Die beste Möglichkeit aber zu einer sich ständig verändernden Animation und damit unbeschränkten Animationsdauer bietet die additive Bewegung. Diese Technik unterliegt, von der Rechenleistung des verwendeten Computers abgesehen, keinen weiteren Restriktionen. Veränderungen von Körperformen, -farben und -positionen werden in Echtzeit berechnet und können dadurch uneingeschränkt erfolgen.

Jede Technik hat ihre eigenen Vor- und Nachteile, so daß man bei der Entwicklung einer Animation am besten die jeweiligen Vorteile miteinander kombiniert.
Je nach Animationsinhalt, muß man die richtige Technik auswählen. Einen Linienwirbel kann man z.B. nicht durch Scrolling oder Color-Cycling realisieren. Will man aber ein Bild verschieben, wäre außer dem Scrolling jede andere Technik zu rechenintensiv dafür.

8. Vergleich der Systeme

Bei diesem Vergleich geht es um die Geschwindigkeit der grafischen Ausgabe. Damit der Vergleich möglichst aussagekräftig ausfällt und nicht irgendwelche Algorithmen, z.B. zum Zeichnen eines Kreises, die Testgrundlage bilden, wurde auf komplizierte geometrische Figuren verzichtet und nur Punkte und Linien gezeichnet.

Auf dem MX500 wurden zwei Testprogramme geschrieben. Das eine verwendet die GKS-Funktionen und das andere die Steuersequenzen der DDS9754.
Auf dem PC läuft das Testprogramm im Grafikmodus 16. Dieser Grafikmodus wurde deshalb gewählt, weil er mit der Auflösung und Farbenanzahl in etwa der DDS9754 entspricht.
Die Testprogramme wurden auf dem MX500 in C und auf dem PC in TURBO-C 2.0 geschrieben.
Ein in ASSEMBLER geschriebenes Programm würde natürlich die Ausgabegeschwindigkeit steigern, den Test aber verfälschen.

Die Testprogramme haben alle den gleichen Inhalt. Zuerst werden nacheinander 300.000 Punkte in den Bildschirm gezeichnet und die benötigte Zeit ermittelt. Anschließend werden 1000 Linien in den Bildschirm gezeichnet und wiederum wird die Zeit ermittelt.

Die dabei entstandenen Resultate sind folgende:

	GKS	ESC-Seq.	PC
300.000 Punkte	30.000 sec	2800 sec	10 sec
1000 Linien	100 sec	20 sec	1 sec

Ich finde die Ergebnisse sprechen eindeutig für sich.

Die Grundlage für eine Echtzeit-Animation ist nuneinmal die Leistung des verwendeten Rechners. Ist diese Leistung zu gering, ist keine Echtzeit-Animation möglich. Es ist dabei nicht nur wichtig, daß der Rechner über genügend Leistung verfügt, er muß auch in der Lage sein, seine Ausgabegeräte schnell genug mit Daten zu versorgen. In diesem Punkt nämlich hapert es bei der DDS9754. Dadurch wird ihre Kombination mit dem MX500 für die Echtzeit-Animation unbrauchbar.

Programm-Übersicht

Bitmap-Animation

Additive Bewegung

WIRB_ESC

Es wird ein Wirbel auf dem MX500 unter Verwendung der speziellen Steuersequenzen der DDS9754 animiert.

WIRB_GKS

Es wird ein Wirbel auf dem MX500 unter Verwendung der GKS-Funktionen animiert.

WIRB_DOS

Es wird ein Wirbel auf dem PC animiert.

KOE_ESC

Es wird ein Würfel auf dem MX500 unter Verwendung der speziellen Steuersequenzen der DDS9754 animiert.

KOE_GKS

Es wird ein Würfel auf dem MX500 unter Verwendung der GKS-Funktionen animiert.

KOE_DOS1

Es wird ein Würfel auf dem PC animiert.

KOE_DOS2

Es wird ein Würfel auf dem PC animiert, wobei zur Verhinderung des Flimmereffektes die Videostrahlabfrage eingesetzt wird.

KOE_DOS3

Es wird auf dem PC ein Würfel animiert. Zur Verhinderung des Flimmereffektes wird die Videostrahlabfrage und die Technik des Pageflippings verwendet.

BUCHSTAB

Es werden Polygone auf dem Bildschirm rotiert.

Snap-Animation

SNAP_ANI

Es wird die Technik der Snap-Animation demonstriert.
Dazu werden 24 Snaps kontinuierlich aus dem Hauptspeicher in den Bildschirm kopiert.

Feldbewegung

FELDBEW

Es wird die Technik der Feldbewegung demonstriert.
Ein Bildschirmbereich wird dabei nach oben und nach unten bewegt.

Delta-Datenkompression

MAKE_KOM

Erstellt die Kompressionsdatei für die spätere Animation.

DELTAKOM

Liest die Kompressionsdatei ein und spielt die Animation ab.

Spezielle Objektanimation

OBJEKT

Es werden alle Schritte zur Objektbewegung ohne Hintergrund, mit Hintergrund und unter Vorhandensein eines Vorder- und Hintergrundes vorgestellt.

Framemap-Animation

Scrolling

MOVE_ESC

Unter Verwendung der speziellen Steuersequenzen der DDS9754 wird das Bildschirmfenster durch Soft-Scrolling bewegt.

MOVE_DOS

Das Bildschirmfenster wird durch Soft-Scrolling bewegt.
Dazu wird direkt die Hardware der VGA-Grafikkarte programmiert.

Blättern

BLAETT

Die Technik des Blätterns innerhalb von Bildschirmspeicherabschnitten wird demonstriert.

BLAETT2

siehe BLAETT

Colormap-Animation

Color-Cycling

TROTATE

Rotiert Palettenwerte und demonstriert dadurch die Technik des Color-Cyclings.

Literaturverzeichnis

Neal Weinstock
COMPUTER ANIMATION
Addison-Wesley Publishing Company, Inc.

W.D. Fellner
Computer Grafik
Wissenschaftsverlag Mannheim/Wien/Zürich

Lee Adams
Grafik Animation Simulation
Markt & Technik

Bomanns
Das grosse PC-Grafik Buch
Data Becker GmbH

Markus Rahlff/Hilmar Koch
HIGHLIGHT PC, Raytracing - Fotorealismus auf MS-DOS Rechnern mit VGA-Grafik
Vogel Verlag und Druck KG, Würzburg

Hahn
Computer-Grafik, Ein- und Ausgabe-Hardware
Franzis-Verlag GmbH, München

Herbert W.Franke
Computergrafik-Computerkunst
Springer-Verlag Berlin Heidelberg NY Tokyo

Bernd Willim
Digitale Kreativität
Drei-R-Verlag

Bernd Willim
Leitfaden der Computergrafik
Drei-R-Verlag

Axel Plenge
3D-Grafik und Animation
Markt & Technik

Fred Wagenknecht
Das 68000er-Animationsbuch
Vogel Verlag und Druck KG, Würzburg

Gerhard Hahn / Bernd Willim
Traditionelle und computer-generierte Animation
Veröffentlichung des Bundesinstituts für Berufsbildung

Gabriel Cuellar
Grafik auf den IBM PC's
Carl Hanser Verlag München Wien

Martin Althaus
PC Grafik
Sybex Verlag

Michael Tischer
PC intern
Data Becker GmbH

Spielprogramme

Als großer Freund von Computer-Spielen habe ich schon früh damit begonnen, selbst Spiele zu programmieren.
Für den PC habe ich mehrere Spiele programmiert, von denen zwei als Shareware-Programme im Umlauf sind.
Bei den Programmen handelt es sich um ATTENTION und FRUIT-HUNTER.
ATTENTION wurde in TURBO-C 2.0 und FRUIT-HUNTER in ASSEMBLER geschrieben.

ATTENTION ist ein Reaktions- und Geschicklichkeitsspiel. Da es kein Action-Spiel ist, ist die Ausführungsgeschwindigkeit des Programmes nicht wesentlich, so daß hierfür die Geschwindigkeit von TURBO-C 2.0 ausreichte.

FRUIT-HUNTER hingegen ist ein Action-Spiel, bei dem sich viele kleine Objekte (Früchte) über den Bildschirm bewegen. Die Objekte sind Grafikfelder, die nicht wie bei Vektoren nur aus Linien bestehen, sondern ausgefüllt sind. Diese Objekte fliegen über den Bildschirm und müssen abgeschossen werden. Die Spielidee ist der von GALAXY bzw. GALAGA nachempfunden. Da bei diesem Spiel die Geschwindigkeit des Programmes sehr wichtig ist, um möglichst viele Objekte gleichzeitig auf dem Bildschirm animieren zu können, wurde es vollständig in ASSEMBLER geschrieben.
Die Programme laufen auf AT's und 386ern mit EGA- oder VGA-Grafikkarte.

Beide Programme kann man bei mir bestellen:

```
ATTENTION      15.- DM
FRUIT-HUNTER   20.- DM
```

Diskettentyp (3½" od. 5¼") angeben !

Marc Schneider
Hundsteinweg 8
W-1000 Berlin 42

Anleitung zur Installation der Programme

Alle Programme laufen auf einem PC mit einer VGA-Grafikkarte und teilweise auch mit einer EGA-Grafikkarte.

Auf der Diskette befinden sich die Dateien SAVE.EXE und README.TXT. SAVE.EXE enthält die Beispielprogramme in gepackter Form und README.TXT enthält diese Installationsanleitung.

Das Programm *DELTAKOM Fractal* ist auf der Diskette nicht enthalten, da es alleine ca. 7 MBytes an Bilddaten benötigt.
Es demonstriert wie das Programm *DELTAKOM Raytracing* die Technik der Delta-Datenkompression, wobei hierbei als Bildgrundlage Fractals verwendet wurden.
Das Programm kann für 15.- DM gesondert bei mir bestellt werden !

Installation:

1) Zuerst muß die Datei SAVE.EXE von der Diskette auf die Festplatte kopiert werden.
   Die Festplatte muß mindestens 3,7 MBytes freien Speicher aufweisen !

2) Durch Eingabe von:

   SAVE <RETURN>

   werden die einzelnen Programme entpackt.

3) Die Beispielprogramme startet man, indem man das Programm ANIMATE aufruft.
   Aus diesem Programm heraus kann man alle Beispielprogramme starten.

   Eingabe: ANIMATE <RETURN>

   Ist eine EGA-Grafikkarte installiert, müssen die Programme einzeln von Hand gestartet werden !

Stichwortverzeichnis